なぜ意志の力はあてにならないのか

自己コントロールの文化史

Daniel Akst, We Have Met the Enemy: Self-Control in an Age of Excess

ダニエル・アクスト

吉田利子＝訳

NTT出版

なぜ意志の力はあてにならないのか——自己コントロールの文化史　目次

装幀　間村俊一
カバー写真　©KAZUMI NAGASAWA/orion/amanaimages

なぜ意志の力はあてにならないのか——自己コントロールの文化史

人生とは、当人が書くつもりだった物語とは違った物語が綴られる日記である。

——ジェームズ・バリ

はじめに

いまの世の中では、あたりさわりのない穏やかなことを書いたのでは嫌がられる。もちろんまっとうな市民生活はそれなりに尊重すべきだが、必死にがんばって老後の資金を貯めた話とか、早朝に車を相乗りして通勤する際のもめごとや、何十年にも及ぶ妥協の結果として添い遂げた夫婦の物語など、誰も聞きたいとは思っていない。物書きならそんなことは百も承知だ。「幸せな家庭の静かな時の流れは、物語の材料にはならない」『セルフ・コントロール』という教訓的な小説を書いたメアリ・ブラントンは二世紀も前にそう喝破した。「慎み深い愛情、穏やかな欲求、働きがいのある仕事、敬虔な黙想などは感じるもので、書くべき対象ではない」。これは誰もが認める事実だろう。だからメアリ・バートンの小説のヒロインは、悪人のボーイフレンドから逃れるために樺の樹皮で作ったカヌーに身体を縛りつけてカナダの滝に飛び込む。このエンディングは揶揄されたが、しかし小説はよく売れた。

同じことは現代にもあてはまる。ただし現代の危機一髪の逃走劇の主人公は著者自身で、敵は著者自身をせきたて追い詰める内なる悪魔である。いま書かれるべき『セルフ・コントロール』の本とは、(技巧を凝らして表現されるにしても)自らの激しい「耽溺や中毒、依存症」を克服する闘いの物語だろう。ところで、残念なことに、わたしはしごく平凡な暮らしをしている人間だ。eメールをチェックする回数はちょっと多すぎるかもしれないが、ほかに「依存症」はない。(嫌味かもしれないが、たまに痩せすぎるのは別として)体重の苦労すらない。やり過ぎや不摂生はいろいろあっても、情けないことに「過剰」というほどではない。宗教的情熱が恍惚や憤怒に発展したこともない。だいたいスピリチュアル系は苦手で、宗教的なほどの情熱を傾けるのは車のメンテナンスくらいだ。たしかに仕事で一度ラスヴェガスに行ったことがあるし、ギャンブルにはまった体験もある。ただしギャンブルと言っても、ペンシルヴェニア大学とダートマス大学のフットボール試合に賭けて一〇ドルすっただけだ(いまだに思い出して心が痛むが)。この若気の至りから何年かたって、わたしはかかりつけの歯科医と結婚した。そして妻がまた、比較すれば、わたしでさえスキャンダルだらけのエイミー・ワインハウスに輪をかけたやりたい放題の不品行、依存症に見えるかもしれないほど堅物ときている。

とはいえ、わたしだって自己コントロールの問題は抱えている。いまお読みになった文章を書き上げるまでにどれほど時間がかかったか? まずインターネットでジャズ・ピアニストのポール・ブレイの膨大なディスコグラフィを調べずにはいられず、おかげですっかり仕事が遅れた。そうこうしているうちに空腹になったので食事を取り、そのあとはしばし休憩してまどろんだ。さらに書きかけの文章はそっちのけで、ウィットのあるしゃれたeメールをあちこちの知り合いに送信するのに時間をとられた(いまの物書きの大半はみんなそうだろうが、わたしがいちばん量産するのはeメールの文章なのだ）。それから洗濯して、ジムに行き、延び延びになっていたうちのなかのあれこれの修理の心積もりをした。そのうえ何か格安の買い物はないかとバーゲンサイトまで熱心に見ていたのである。その何かが何なのか、自分でも見当がつかないのに。

こうして気を散らしているあいだずっと、いずれはこの「はじめに」を完成させなくてはならないと思っていたし、時間がかかればかかるほど収入は減り、自尊心も損なわれることもよくわかっていた。時間とともに不安はつのり、やがてたまらなく腹立たしくなって、ついに自分はもうダメなんじゃないかと絶望しかけたくらいだ。そんな思いをしてもなお、何日間かは自分が意図して始めたはずのことにとりかかれず、仕事を放り出したままだった。問題は、どうしてそんなことになるのか、ということだ。言い換えれば、自己コントロールとはそれほど難しいものなのか？

さらにある人々にはそうでもなくて、べつの人たちにはとてつもなく難しいらしいのはなぜだろう？　さまざまな環境のせいか？　それともたった一つの環境、つまり生まれつきのせいか。ご先祖さまによって「運命」づけられ、DNAによって定められているのだろうか？　ごくふつうの物腰の穏やかな家庭人である父親が、いつかは映画『クライシス・オブ・アメリカ』の主人公のように（あるいは突然狂気に走るというマレーシアのペンガモクのように）とつぜん正気を失って暴れだすプログラムが前もって組まれているとしたら？

このような疑問の回答を求めた結果として生まれたのがこの本である。その過程でわたしは興味深いことをたくさん発見した。なかには、優柔不断や先送りは物書きという仕事につきものの職業病らしい、ということも含まれている。一例をあげれば、ヴィクトル・ユーゴーは執筆せずにふらふら出かけたり何かほかのことをして怠けたりしたくなるのを防ぐために、執事に服を隠させた。金融危機にあたってドル紙幣を大量増刷したベン・バーナンキと同じくらい多作だったベストセラー作家アーヴィング・ウォレスでさえ、この問題に悩み、「著名な小説家の自己コントロール・テクニック」というアカデミックな記事を書いている。

こんな事実を知ると、まじめすぎて退屈なわたしのような人間でも少なくとも一つは作家仲間と共通の弱点があったか、とほっとずる。作家にとってはゆきすぎた品行方正は決して良いことではないからだ。コントロールを失って破綻したかに見える作家がどれほど多いか、仕事がらわたしもよく知っている。だから自己コントロールという問題に取り組んで苦労したあげくに、わたしのような人間はいくら努力してもしょせん大作家にはなれないのではないかと辛い気持ちになった。アヘンを吸引していた詩人コールリッジや大酒飲みだったフォークナーを考えてみればいい。アルコール中毒や放蕩その他のゆきすぎや過剰があれば偉大な作家になれるわけではないが、そのような特徴は神が文学的才能を恵んでくださった「徴候」であるとしたらどうだろう？　つまり、いろいろ疑問はあるにしても、結局は自分も選良の一人であることを示す貴重なしるしだったら？　そして、所得税申告書の職業欄に毎年「作家」と書き入れてはいても、このような特徴が自分にはまったく欠けていたら？

いやいや、何かが過剰だろうと欠落していようと無名の作家で終わる可能性はあると、わたしは自分に言い聞かせる。その一方で、依存症のない物書きとしては、「規則正しく秩序ある暮らしをせよ……そうすれば著作のなかでは荒々しく独創的になれるだろう」と述べたフローベルの言葉に共感し従っているのだ、と主張することもできる。

これから始まるこの本の内容は、わたしの力の及ぶ限り荒々しく、しかも独創的なはずである。読者よ、心していただきたい。

1. 過剰の民主主義

自由は危険だ。
――アルベール・カミュ

大柄で愛想のいいグレッグ・キルゴアは、自分が携わる業界の仕事にいまも驚異の念を抱き続けているらしい。彼は友人に聞いたエピソードを教えてくれた。三六〇キロを超える体重の男性が亡くなったが、遺体を保管できるフリーザーがないので地元の葬儀社が困り果てたというのだ。キルゴアがよくそんな噂を聞くのは、肥満体用の電動便座のセールスマンをしているからだろう。それもなみの肥満ではない。リフトシート600という電動便座は、体重六〇〇ポンド（二七二キロ）の人でも楽に押し上げて立ち上がらせるというので、この名がつけられた。こんな巨体の人物は滅多にいないだろうが、それでも超肥満体のアメリカ人の数は（そして体重も）急増しており、リフトシート社は市場の変化に遅れまいと努力している。次のモデルは「七五〇ポンド（三四〇キロ）を目指しています」、とキルゴアが明かしてくれた。

キルゴアと会ったのは、ダラス郊外のリゾート地で開かれたアメリカ代謝・肥満手術学会の第二六回年次総会の会場だ。そこでわたしは、いまや七五〇ポンド用の製品でも必ずしも充分ではないらしいと気づいた。会場には一〇〇グラム以内の誤差で一〇〇〇ポンド（四五四キロ）まで測れる電動体重計（測定結果は無線LANでコンピュータに送られる）や、幅が通常の九〇センチではなく一・二メートルある手術台が展示されていた。介護者に危険な負担をかけずに（あるいは重量物運搬チームを呼ばずに）肥満体を持ち上げられるアイデア製品の空気マットレスは、一七〇〇ポンド（七七一キロ）まで使用可能と表示されていた。なんと一トン近い荷重である。こんな製品を扱っている業者たちのテーブルの大半にキャンディが入ったボウルが置かれているのが、なんともシュールな光景だった。まるで減量関係業界の当事者にも減量手術をますます普及させようと企んでいるようではないか。

減量手術とは胃を縫い縮めたり腸の一部を切除したりしてカロリー摂取量を減らそうというものだが、この手術が増加している現状は、この本のテーマであるジレンマがいかに大きいかを物語っている。自由で豊かな社会で節度を保つのはそれほどに難事なのだ。一世代前なら病的な肥満は比較的少なかったし、外科手術で無理やりカロリー摂取量を減らすなんて聞いたこともなかった。ところがいまのアメリカでは成人の三分の二が太りすぎで、そのうち半数近くは病的肥満に該当する。減量手術が一般的になって、一つの産業が生まれているくらいだ。減量手術だけを専門に行なう医療センターや、減量手術の費用調達を手伝う金融機関があり、ある業者の言葉を借りれば「患者を手術台に載せるまでの障害物を取り除きたい」医師が参考にするウェブサイトまである。アメリカの自動車産業その他はここ何年も下り坂だが、業務用のストレッチャーや（脂肪層が分厚くても使える）超長尺の腹腔鏡の製造業者は大いに繁盛している。現在、減量手術は年間二二万件に達している。

減量手術は、あなたの欲求を（満たさないほうがいいと自分で思うような欲求まで）ますます効果的に満足させますよと語りかけてくる世界で、自分をコントロールすることがいかに難しいかを示す一つの徴候だ。だいたい「自己コントロール」という言葉からして謎である。誰かに銃で強制されているわけでもなく、自分の望みが物理法則に反しているのでもないなら、どうして一歩踏み出すとか電話番号を押すように簡単に意志どおりに行動できないのか？（あっさり意志どおりに行動できるなら「自己コントロール」など必要ではない）。だがこの謎は、現代ではとくに緊急性を帯びている。周囲の環境が過剰へ、過剰へと激しく誘いかけているからだ。たとえばまだ金融危機が表面化していなかった二〇〇六年、アメリカではクレジットカードを作りませんかと勧誘するダイレクトメールが八〇億通近くも送られていた。その一通一通が金銭トラブルへの招待状である。さらに新しく作ったクレジットカードの一部は、間違いなく肥満を助長する食べ物に使われている。なにしろ人口一人当たりのファストフード店の数は、一九七〇年から二〇〇四年までに五倍に増えているのだ。

ギャンブルはどうか？　一九七〇年、カジノが合法だった州はネヴァダだけ、宝くじがあるのはニューハンプシャー、ニュージャージー、ニューヨークだけだった。いまはまったく様変わりして、ユタとハワイ以外のすべての州でカジノか宝くじ、あるいは両方が合法化されている。しかも、それでもまだ足りないかのように、インターネットを使えば一日二四時間、わが家にいてオフショアの「バーチャル」カジノにアクセスできる。

誘惑だらけの世の中で

こんな変化のせいで、多くの人々は日々、自己コントロールの試練にさらされ続けることになった。現代人が昔の人に比べて意志の力が弱くなったというよりも、自分では処理できないほど多くの誘惑に毎日さらされ続けているということだろう。誘惑についての考え方も変化した。いまでは誘惑に負けて好き放題するのが悪いのではなく、罪悪感のほうが悪玉なのである。わたしたちは情熱を賛美することを覚え、長年気になっていた死後の報いを忘れ、清教徒的な禁欲の伝統を（自分ではまだ縛られているつもりかもしれないが）きれいに振り捨てた。唯一残されたのは、新たに発見した自由で命を落としたくないという心配だけだ。このすばらしい世界では大量消費の武器――マクドナルド、クレジットカード、インターネット――はどこにでもあるからである。

誘惑が郊外のファストフード店舗なみに増大する一方で、かつては衝動を抑制する役に立っていた社会の上部構造という外部的なブレーキは、社会的制約の緩み、間断ない技術進歩、そして耽溺や逸脱の手段を提供する強力な破壊的勢力――資本主義――のせいで、すっかり効かなくなってしまった。人によっては窒息しそうだったに違いない（政治学者のデヴィッド・マーカンドが「羽根布団のように心地よく柔らかいが、覆いかぶさって個人の息の根を止めてしまう」と言った）ヴィクトリア朝風の社会からわたしたちが逃れようと試みて約一〇〇年たつ。このプロジェクトはほぼ成功した。西欧世界の伝統やイデオロギー、宗教の強制力は低下した。現代人はもっと自由に生きて、愛し、自分を表現する。少なくとも西欧文明社会では、個人対社会という（ソフォクレスの昔からドラマを形作ってきた）テーマはかなり有効性を失った。

（食べ物や酒、マネーその他の）問題を抱え込む可能性が大きくなったことは、じつは人類の進歩の証しである。ここで取り上げていることは、誘惑の民主化にほかならない。誘惑の民主化は、人類の自由が猛烈に拡大した結果だ。そのプロセスは産業革命以来、勢いを増し、二〇世紀の到来とともにますます加速した。西欧社会のわたしたちは肉体的な重労働や、性的役割、肉体的喜びに関するタブーからほぼ自由になった。世界の市民が無知や貧困、因習の束縛から解放されつつあることは、文明の最大の成果だろう。だがその成果の代償として、自己コントロールしなければならぬというプレッシャーが増えた。伝統やコミュニティ、あるいは野蛮な社会的烙印によって行き過ぎや過剰を防ぐのが難しくなったからだ。

もちろん、自分を律する精神力はいつでも重要だろう。人間は矛盾する欲望を抱いていて、その欲望は誘惑との距離に従って潮の干満のようにふくらんだり縮んだりする。アダムとイブが自制心を失ったせいでエデンの園を追放された昔から、人は食欲と闘ってきた。古代のギリシャ人もこの問題をとても重視し、美徳や政治、さらには魂と結びつけて論じている。プラトンも再々この問題に取り組み、人は自分にとって最善なことは何かについて判断を誤るかもしれないが、実際には自分の意志に反する行動はしない、と考えた。一方アリストテレスは意志の弱さが深刻な問題であることをよく知っていて、強迫的なまでの正確さで克明に論じた。アリストテレスの分析はいま読んでも古びてはいない。

当然ながら、自制心の問題を考えたのはギリシャ人だけではない。それどころか、自己コントロールというテーマは、平凡なダイエット志願者やぐずな怠け者、浮気者だけでなく、哲学者、神学者、心理学者、エコノミストを初め、太古からあらゆる思想家を悩ませてきた。聖パウロは、美徳を求めようとする自分を悪徳にかりたてる異物のごとき衝動（「わたしのなかに巣食う罪」）を嘆いた。中世のキリスト教徒は七つの大罪を恐れたが、そのうち（傲慢と嫉妬を除く）五つまでが、自己をコントロールできないという罪だ。デヴィッド・ヒュームは、長期的な目標よりも短期的な楽しみを優先したがるのは人間の変わらぬ性で、政治に大きな影響を及ぼす、と考えた。図らずも欲望の抑圧に関して現代的な理論を打ち立てることになったフロイト自身、葉巻に対する飽くなき欲求をついに抑えられなかった。彼は口腔ガンとその手術で一六年も苦しみ続けたが、ついに生命を落とすまで、葉巻をやめることができなかった（あるいはその意志がなかったのか?）。

そのうえ社会もやりたい放題の無節制と抑制のあいだを行ったり来たりする傾向がある。たとえば一九世紀初め、アメリカ人は大酒を飲んでいたから、国家の象徴は白頭ワシではなく、酔っ払いが見る幻覚のピンクのゾウでもよかったくらいだ。しかしその後国家的な反動が起こって、アメリカ人の酒量は激減する。犯罪や一〇代の妊娠その他の無秩序の徴候も増えたり減ったりするし、エリオット・スピッツァーやジョン・エドワーズ、タイガー・ウッズと同じような性的スキャンダルは歴史上いくらでも見られる。社会学者のゲイリー・アラン・ファインは、「理想的な時代があるという考え方は誤解につながる。昔は女優が下着を着けていないことを誇らしげに口にしたりはしなかっただろうが、人種差別的発言をしたコメディアンのマイケル・リチャーズや口の悪いラジオ番組のホスト、ドン・イームズが浴びた激しい非難は、いくらコール・ポーターが『エニシング・ゴーズ、何でもありさ』と歌っても、わたしたちは何でもありだとは思っていないことを示している」と述べている。

アメリカ人にとくにアピールする物語があるとしたら、人類史上どの世代にも存在した、世界は破滅に向かっているという宗教的信念に近い終末論かもしれない。だが、世界は破滅に向かっていないし、わたしはあいにくと冗長な終末論を書けるほどヒステリックではない。寿命は毎年延び、暴力的犯罪はこの三〇年で最も少なくなり、（男女を問わず）ボスが秘書の尻を追い回したりすれば無事にはすまない時代になった。アメリカ人の浪費のおかげで、何億人かのアジア人が貧困から脱出している。別に道徳が崩壊したわけではない。自由と豊かさという――誘惑だらけの世の中で欲求をコントロールするという――問題は、まさにわたしたちすべてが望んだことなのだ。

とはいえ、問題であることは確かだ。それも自由な社会で暮らす人たちにとっては大問題で、大変に厄介な課題を突きつけてくる。節度をもって暮らせば神のご加護がありますよ、などという話ではすまない。なにしろ危機にさらされているのは魂ではなく、生命なのだ。喫煙や間違った食生活、過度の飲酒、無防備なセックスなどによってアメリカでは一〇〇万人以上の人々が命を落とし、その割合は死者の半数近くを占めている。彼らは自分が危険な行動をしていることを承知しており、しかも多くの場合、たとえば喫煙のようにできればやめたいと思っている。それでももう一服したい、あるいはもう一つカップケーキを食べたい、ドラッグをもう一回摂取したいという、自分の願いとは逆の欲求を抑えられない。そのような危険な行動で早死にする人たちの数はどれくらいか。過去から現在まで、どんな武力紛争もこれほどの死者を出してはいない。第二次世界大戦のアメリカ人死者は四〇万人だった。ヘルメット着用にしても、訴訟や規制の多さにしても、現代のアメリカ人は強迫的なほど安全にこだわっているように見える。ところが、その一方で緩慢な自殺としか思えない行動をとっている。

少々自制心を働かせれば寿命が延びるだけでなく、人生の質も向上するはずだ。男性なら結婚生活が長続きする。夫に衝動をコントロールする力があるなら、夫婦仲は安泰だと予測してほぼ間違いない。学生なら成績が良くて学歴も高くなるだろうから、生涯所得の増加につながる。一〇代を対象とした調査では、その後の成績の良し悪しを予測する手がかりとして優れているのは、IQよりも自制心のほうだという結果が出た。女子学生のほうが成績がいいのも、たぶん自制心が強いおかげだろう。自己コントロールができれば教育水準が上がり、暴力は減り、アルコールやドラッグに耽ることも少なく、所得が上がり、楽観的な（ただしほどほどに楽観的な）人生観がもてる。カトリック教会の関係者九九七人を対象とした調査によると、（衝動をコントロールし、目標に向かって努力する、と定義されている）良心の項目で高得点を取った人たちは、年齢や性別、教育水準を考慮してもなお、その後アルツハイマー病を発症するリスクが八九パーセント低かったという。

ジレンマ

これほど重要な自制心だが、その実体は謎に包まれたままだ。この本を書くために自己コントロールについていろいろ調べてみたが、調べれば調べるほど謎は深まるばかりだった。疑問を追求していくとますます疑問が増える。意志力とは親譲りなのか、それとも教育できるのか？　拒食症や強迫性障害の人たちは自己コントロールが足りないのか、それともしすぎるのか？　フロイトが示唆したように本能の抑圧は文明の代償なのか？　しばらくすると、自己コントロールという言葉そのものが矛盾している、あるいは同義反復ではないかと思えてきた。そもそも自分以外の誰が自分を律することができるのか？　自分が自分をコントロールできないなら、誰に、あるいは何にコントロールされるのか？　わたしたちはみなロボットのように自分でも理解できていない謎の衝動に動かされているだけ、ということはあり得るのか？　もしそうなら、わたしの過失に誰が責任を取ってくれるのか？

自己コントロールのジレンマがいちばんよくわかるのは、誘惑の民主化が極限にまで達したかに見えるアメリカだ。少なくとも先年の金融危機に端を発した不況までは、アメリカの暮らしは食べ放題の巨大なビュッフェのようで、歴史上のどんな時期にもなかったほど高カロリーの食べ物、借金、セックスからさまざまな刺激まで、つい暴走しそうな誘惑がふんだんに提供されていた。わたしたちは皿にご馳走を盛り上げながら、明日からダイエットしようと誓う。ところが明日も、ビュッフェテーブルはそこにある。そして明日になっても、わたしたちは満腹感を感じていない。

だからこそ、意志にかかわる障害がこれほど多くなっているのかもしれない。拒食症や強迫性障害はいまも比較的稀だが、それにしても五〇年前に比べればずっと増えている。注意欠陥障害やあらゆる種類の依存症の爆発的増加は言うまでもない。このような障害は診断例が多くなったという面もあるだろうが、しかし状況の変化も反映しているはずだ。コカインやショッピング、セックスに依存する可能性があるということ自体が、予算や習慣、そして世間体という制約をはるかに踏み越えてしまった証しだろう。サハラ周辺地域のアフリカには過食症やゲーム依存症、まして拒食症など滅多にないだろうが、何でもあるし何でもできる西欧社会では男女とも、拒食を含めたあらゆる事柄にのめりこむ可能性がある。強迫観念にとりつかれる機会があふれているのである。

アメリカ人はあらゆる領域における満足の追求で先端を走っているが、ほかの面と同様にこの面でも世界各地の人々がアメリカと同じ道をたどっている。中国やインドでは多くの人々が食うや食わずから抜け出した。北米やヨーロッパではずっと昔にその段階を過ぎ、豊かな消費社会になったおかげで、いまでは企業がありとあらゆる手段を使い工夫してモノを売り込もうと躍起だ。味わいや色彩、音、匂いまで駆使して消費者の抵抗を突破しようとしている（人々の選択にいちばん関心をもっているのは、モノを売り込もうとする人たちだ）。ごく最近まで充分な食べものを確保することが最大の問題だった地域まで含め、世界各地で病的肥満が増えている。韓国、トルコ、その他の国々ではクレジットカード破産が起こり始めた。カードは伝染するものらしい。ある銀行家は、「アメリカが海外に輸出したものの一つは借金文化だ」と言った。

二〇〇七年から二〇〇九年の金融危機は、現代の社会で自己コントロールがいかに難しいかをとりわけ鮮明に示した。金融危機にはワシントンと中国の低金利政策、政府の監視の不備、無謀なエグゼクティヴ、借金とリスクティクの乖離など、いろいろな原因があった。だがつきつめて言えば、自己規制を含めた規律のとんでもない崩壊だった。いや、最大の原因は自己規制が崩れたことだろう。数百万人の貸し手や借り手が返せるはずのないローンを積み上げることで、暗黙のうちに共同で未来をむさぼり、荒廃させた。消費者の借金はとてつもない額に達し、貯蓄率はゼロに落ち込んだ。銀行家は取ってはならないリスクを取り、歪んだ報酬システムで懐を肥やした。

以前にも金融危機は起こったが、今回は違っていた。破綻したのは一般大衆で、ふくれあがった住宅ローンとクレジットカードの借り入れ、四ドルのコーヒー、燃費のきわめて悪いSUVのレンタカー利用などを通じて、ほとんど全員が今回の危機に加担していた。後先を考えない浪費など、昔なら金持ちしかできなかったが、いまではほとんどすべてのアメリカ人に可能になっている。無謀な投資も同じだ。みんながボヴァリー夫人の気分になってしまった。退屈し、自分だって好きなように行動する権利があると考え、とつぜんツケを突きつけられて驚愕する。「エマ・ボヴァリーは社会が自分の想像力や身体や夢や欲求を束縛していると感じている」とマリオ・バルガス＝リョサは『果てしなき饗宴――フローベールと「ボヴァリー夫人」』に書いた。「だからエマは苦しみ、浮気し、嘘をつき、盗み、そして自殺して果てた」と。

欲求を過剰に満たせる場が広がるにつれて、欲求に対する考え方も変わってきた。最近では、自分の行動をコントロールできるという考え方に科学が疑問を投げかけ、司法や倫理に大きな影響を及ぼしている。わたしたちは自分の行動の理由をわかっていない場合が多いこと、自分で行動を決めているつもりでも、じつは遺伝子や昼食の内容、つきあう仲間など、意識的にコントロールできないいろいろな要因に左右されていることが、さまざまな実験でわかってきた。行動主義心理学の考え方によれば、わたしたちは環境からのインプットに反応するだけのロボットだ。遺伝学が性格にとって変わろうとしている現在、このロボットはますます再プログラミングが難しくなっている。そんな環境では自由意志などあるのかという懐疑主義が幅を利かせ、個人の責任という信念を脅かす。行動は無意識的なものだという見方がますます強くなり、逸脱を病気として考える傾向が強くなった。「自分で自分をコントロールできるなんて、ほんとに思っているのか？　そうなら、あんたはどうかしている」と歌うラップ・グループ、ナールズ・バークレイのシーロー・グリーンはみんなの思いを代弁しているのかもしれない。

同時に、かつては重視されていた自己規制は、少なくとも自己実現の前では輝きを失った。もちろんそれには理由がある。かつて人々はごく無邪気なものも含め、ありとあらゆる衝動や行き過ぎを抑えるように仕向けられていたが（子どもを抱きしめることまで非難された時代があったし、自慰は視力障害や精神病につながると言われた）、ようやく本能の抑圧は好ましくないと思われるようになったのだ。わたしが出席した肥満学会のような場では、もうだれも暴飲暴食を慎めなどとは言わない。ほかにも以前は性格的な問題だとされたこと（麻薬濫用、ゲームのやりすぎ）が病気として捉えられ、それとなく自己責任は否定されたが、同時にさまざまな行動を自分で決める力にも否定的な目が向けられるようになった。あるときニューヨーク州知事の関係者が（前任の知事は売春スキャンダルで辞職した）五年も所得税を納めていないと問題になった。すると弁護士は、くだんの人物は「無申告症候群」に罹っているのだと主張した。

無知か病気か、遺伝子か？

このような考え方の変化にはもともと人道的な意味合いがあったのだろうが、人間を人間らしくしているあり方、つまり大きな目的のために衝動を抑える力をかえって損なった面がある。わたしたちが困っているのは、何が意図的な行動で何がそうでないかがわからなくなっているからだ。プラトンが言ったように、自己破壊的な行動は意図的な行動ではない、という考え方がますます優勢になった。自分に有害な行動をするのは無知か病気か、遺伝子や環境の邪悪な影響のせいだ、という考え方だ。そうでなければ、どうして自分を傷つけるようなことをするだろう？

だが、これについては、プラトンではなくアリストテレスに耳を傾けるべきだろう。アリストテレスは、無思慮や弱さから自己破壊的な行動をする場合があることを理解していた。原因が無思慮にしても弱さにしても、その行動は「強迫行為」であるとか個人の選択を超えていると考えるべきではない。少なくとも当人の怠慢や黙認があるからだ。この本の目的は狭まった選択範囲を広げ、多くの行き過ぎた行動を病気の領域から取り戻すことにある。自分の意志でどうにかなる行動（と結果）の範囲は、いま考えられているよりももっと大きいのではないか。自分の行動の責任を（どの行動も完璧に意志どおりではないが）自分で引き受ければ、衝動に負けずに意識的に行動しようという気になるはずだ。そしていくらかでも自分自身の運命を自分で決めることになれば、それはすばらしい成果ではないか。そのためにはある種の信念が必要だが、要するに自分に選択する力があると信じればいい。また我慢をした結果として開かれる未来をありありと描く想像力も必要だろう。自分がこうしたいと思う行為を遂行するための方法論を考えだす賢明さも必要になる。

この事実を強く感じたのは、ダラス郊外で開かれた会議に参加していたある朝のことだ。モーテルで炭水化物たっぷりの朝食をとっているとき、肥満専門の看護師と出会ったのだが、自己コントロールの問題について本を書こうと思っていると言うと、彼女はうろたえた。彼女自身、減量手術を受けた経験があるのだが、とても太っていた。そして問題は自己コントロールではないと考えていた。彼女に言わせれば、体重の問題は遺伝か、果糖が多すぎるコーンシロップやファストフード、あるいは健康的な食品に関する無知、広告、さらには果物や野菜が手に入らなかったり買えないせいなのだ。裕福で教養もある介護専門職の彼女はそう主張しながら(どの主張にもそれなりの根拠はある)、発泡スチロールの容器に入ったクリームチーズたっぷりの大きなワッフルを一皿どころか、二皿も平らげていた。

この状況の明るい面は、世界の多くの場所では食えるかどうかよりも自己コントロールというもっと取り組みやすい事柄に問題が移ってきた、ということだろう。ただし、現代社会では自己コントロールは非常に難しい、という暗い面もある。自己コントロールがこれほど重要になっていることを考えれば、これはきわめて残念なことだ。こんなふうに言うのは気後れするが。というのも、ふつうはこんなことを言うのは道徳家ぶったほら吹きや偽善者で、陰ではバクチをしたり、売春婦と遊んだり、不特定多数とセックスしている連中だからである。この手の人間はアメリカの下劣な歴史にいくらでもいる。禁酒法時代のもぐり酒場にもいやというほどいたに違いない。ウィリアム・ベネットはあちこちで美徳を説いてまわり、『魔法の糸——こころが豊かになる世界の寓話・説話・逸話100選』という美徳の本まで出版している。それも彼がラスヴェガスのカジノで大金を賭けるのが好きだと世間に知られるまでのことだが。ホレーショ・アルジャーは勇気ある若者を描いた教訓的な小説の代名詞になっている作家だが、少年を好みすぎてマサチューセッツ州から逃げ出した(彼は聖職者でもあったことをご存じだろうか)。自己規律にはどうしても胡散臭い響きがあり、あまり声高に主張すると、「美徳を他人にあからさまに押しつけないのも紳士の条件の一つだ」といったジョン・デューイの助言に従っておけばよかった、と後悔するはめにならないとも限らない。

自己コントロールの道徳的側面を考えると、どうしても政治色を帯びてくる。自分の人生の決め手は自分の努力と意志だと信じている人と、人生は遺伝と環境のせいだと（自分ではどうしようもない要因のせいだと）信じている人とでは、税制や規制、所得再分配についての感じ方が大きく違う。一般的に保守派はリベラル派よりも、人には自分をコントロールする能力があると強く信じているようだ。ただし女性やマイノリティ、そして地球に有害な行動は例外で、これらの問題については両者の立場は入れ替わる。どちらにしても、意志の強さについて問題を抱えている者が多いという事実から、国民を当人自身から救うために政府がどこまで介入すべきかという大きな課題が生まれる。そして保守派もリベラル派も自由を主張しつつ、同時に離婚や中絶を制限するとか（保守派）、税や規制を増やす（リベラル派）などによって、人々の自由行使に政府が介入することを支持している。

自己コントロールとは何か

しかし自己コントロールは倫理的な問題なのか、そもそもそんな問題が存在するのかを決定する前に、自己コントロールとはいったい何かをはっきりさせたほうがいいだろう。二〇〇八年に俳優のデヴィッド・ドゥカヴニーが「セックス依存症」の治療を受けると発表したとき、病気のように見せかけてはいてもそれは自己コントロールの問題だろう、とわたしたちは感じた。しかし「自己コントロール」という言葉は簡単に使われるきらいがあるので、まともな議論をしようと思うなら言葉の意味を明確にしておくほうがよさそうだ。

「自分の感情や欲望、行動を自分の意志でコントロールすること」。『アメリカン・ヘリテージ・ディクショナリー』にはこう記されているが、この定義は適切な答えになっていないどころか、ますます問題が生じそうだ。ダイエットしているのに、スーパーボールを見ながらピザやポテトチップスを食べ過ぎたとしたら、ピザやポテトチップスを口に運んだのは誰の意志なのか？　アメリカのバーのホステス大勢に一人で仕事を提供していたタイガー・ウッズは、自己コントロールの問題を抱えていたのか、それともできるだけたくさんの女性とつきあおうという自分の意志に従って行動していたのか？

この問題を追求する手がかりとして、まず欲求について考えてみよう。人間と同じで、欲求も大きく二つに分けられる。望ましい欲求と、あまり望ましくない欲求だ。自己コントロールとは、どれが自分にとって望ましい欲求かを決めて、対立するあまり望ましくない欲求を退けることではないか、とわたしは思う。この（自分がもっているかもしれない本能的な欲求と、本当に好ましいと思う欲求）の違いはきわめて重要だ。前者を一次的欲求と呼ぼう。わたしたちが意識せずに抱いているさまざまな欲求や渇望だ。もうひとつ（ほんとうに望ましいと思う不可欠な欲求）が二次的欲求である。

『ウンコな議論』というベストセラーで一時アカデミックな哲学の世界の外でも有名になった哲学者のハリー・フランクファートは、人間を人間らしくするのはこの二次的欲求だと言う。フランクファートに言わせれば、考える動物はたくさんいるが、ホモサピエンスとほかの動物との違いは意志の「構造」にある。意志の構造とは、自分の動機（モチベーション）を選んだり、自ら動機づけたりすることができる、つまり意志を意志することができる、ということだ。ある意味で人間の人間らしさは何が望ましいかを選ぶところから生まれるし、望ましいと思う欲求に沿って行動できることが自由なのである。言い換えれば、自己コントロールこそが人間を人間らしくする。

さて、この二次的欲求をもっていない人間を考えてみよう。たとえば有害な麻薬を使用することに何の躊躇も感じない麻薬中毒者だ。彼は麻薬を欲しいと感じ、麻薬を摂取するが、ほんとうに麻薬が欲しいんだろうかとか、麻薬をやめるべきではないかと考えたりしない。フランクファートの見方によれば、この人物は自分自身の意志を気にかけないので、その意味で「動物と変わりがない」。フランクファートに言わせれば、人間ではなく「人間のかたちをしているだけ」なのだ（ところで、人間性の根源あるいは根拠を自分自身の欲求にたいする反応に求めたのは、フランクファートが最初ではない。ジョン・スチュワート・ミルも人格について同じような定義をしている。「欲求や衝動が当人の本質の表現であり、育った文化のなかで育まれ整えられたものである人、それが人格者である。欲求や衝動が自分自身のものでない者は人格者ではない」）。

そこで自己コントロールとは、（理性が教える）二次的な欲求（それが何であっても）を尊重し従うことである、と言うこともできるだろう。これなら、わたしたちの大半にとって可能だ。ある目的をもち、その目的を達成する方法を見つければいい。そのプロセスによってわたしたちは幸福で健全になるだけでなく、自由を得る。「わたしたちにはこの欲求、あの欲求の実現を棚上げにする力がある」とジョン・ロックは書いた。「誰でも日常、体験していることだ。これがすべての自由の根源であるとわたしは思う」。

ところで、自分が望ましいと思う欲求は、必ずしも禁酒や純潔などの伝統的美徳とは限らない。もっと無節操で無分別な欲求を望ましいと考えたり、配偶者を騙そうと考えたりするかもしれないし、このような欲求を実現するのにだって大変な自己コントロールが必要だろう。おわかりのように、ここでは何が美徳であるかは問わない。それどころか、人はときに、ほんとうに恐るべき二次的欲求と取り組んで苦しみもする。ハックルベリー・フィンは逃亡奴隷のジムと一緒に筏でミシシッピー川を下りながら、ジムの逃亡を通報しなかったことで自分を責めた。『罪と罰』のラスコーリニコフは殺人を恐れつつも、歪んだ二次的欲求を無理やり実現しようとして金貸しを殺害した。ナチの役人のなかには、ユダヤ人を殺すのをためらう自分を叱咤激励した者があったという。彼らの二次的欲求はナチス・ドイツのグロテスクな命令に従うことで、そのために銃の引き金を引くのをためらうという自然な一次的欲求を克服しなければならなかった。

そこで、本能（ジムに対するハックの同情心のような）を無視せずに二次的欲求を高めることが課題になる。人間にとっては本能も、どう生きるか、どんな人間になりたいかという意識的な選択と同じくらい大切だからだ。

本書で取り上げる自己コントロールとは、愚かな自己犠牲やワンパターンの克己心ではない。むしろ自己を肯定することにほかならない。それには本能を否定するのではなく、もっと完全なかたちで人格に統合することが必要だ。目先の快楽や苦痛ではなく、もっとたくさんのことに配慮しなくてはならない。わたしが言う自己コントロールとは、高いレベルの内省に従って行動することを意味する。

これはそう簡単ではない。この本を書くなかで学んだのは、自己コントロールの改善は可能だが、一人ではできない、ということだった。意志の力だけで成功させようと思っても難しい。制度や社会的仕組みの支援が、筋の通った法的な枠組みや強固な社会的つながりが必要なのだ。衝動を克服したいという気持ちのほかに、それを支えて望ましい行動を実行させる手段がなくてはならない。そうすれば意志がぐらついても（どうしたって意志が揺らぐことはある）簡単に負けないですむ。理性が情熱に力で勝つかどうか心もとないからこそ、いろいろな方策を活用しなくてはならない。

それに自己コントロールに関しては、意志の力よりもビジョンのほうが大事だろう。未来を見通し、いまこの選択をしたら長期的な結果はどうなるかを鮮明に描き出す能力である。その意味では自己コントロールの失敗は、じつは想像力の貧困に由来するのかもしれない。アンソニー・トロロープの小説に出てくる借金まみれの浪費家フェリクス・カーバリーのようなものだ。フェリクスは「将来、どんな悲惨なことになるかが想像できず」、将来はどうあれ「いま、この瞬間が楽しければ」かまわないと思っている。だが自己コントロールとは、いまだけでなくもっと先を考えることだ。自分にとってもっと大事な大きな目標のために楽しみを延期することも必要になる。運転する前に一杯飲むのは楽しいだろう。だが明日の朝トラ箱で目覚めるのを避けるほうがもっと大切だ。

残念ながら、いつだって霧のなかにかすむ未来よりも目先の楽しみのほうが見えやすいし、魅力的だ（それで愚かな行動は「近視眼的」と言われる）。このことは最新の神経科学でも再三、明らかにされているが、ソクラテスの言葉もおおいに参考になる。「どうか質問に答えてもらいたい」とソクラテスはプロタゴラスとの対話のなかで、さかしくも尋ねている。「同じものも近くで見れば大きく、遠くから見れば小さいのではないか？」

現代科学は終わりのないシジフォスの労働のような自制という営みにいくらか光を当てているが、その成果ははっきりしない。科学技術や手法はわたしたちがいちばん望ましいと思う部分を実現する手助けはしてくれるかもしれない。だが一方で、わたしたちにはたいした自己コントロール能力はないと示唆して、ことをさらにややこしくしている。なにしろ殺人事件の裁判で、弁護人は神経科学をさまざまに活用して個人の責任を否定しようと躍起になるのだ。自制という働きがどこで行なわれているかがようやくわかってきたかもしれないし、またごく初歩的にではあるが、その働きを操作するやり方も見えてきたかもしれない。だがそれとともに、ほんとうにわたしたちを動かしているのは誰（あるいは何）なのかについて、気がかりな疑問が生じていることも確かだ。

ことはもはや個人の問題に留まらない。違法な麻薬の需要はラテンアメリカからアフガニスタンにいたる地域に政治的、経済的影響を与えてきた。ドラッグを合法化すればそんな影響は緩和されるが、国内では自己コントロールの問題がいっそう大きくなるという代償を支払わされるだろう。また地球が温暖化するのは、わたしたち一人一人が化石燃料の使用を減らせないからだ。人間の行動が破滅的な気候変動を引き起こしている事実がある。とすれば、地球の運命はわたしたちの集団的な自制能力にかかっている。住みやすい調和のとれた地球を維持するという満足と引き替えに衝動を抑え、ある種の快適さや富、快楽を諦められるか、ということだ。さらに少なくともごく最近のグローバルな金融制度の破綻は、アメリカの借り手と貸し手の(わたしたちほぼ全員の)自己コントロールにとんでもない欠陥があったから起こったと言っていい。

つまるところ、自己コントロールの問題とは人間のおかれた条件の問題で、人間には自由意志があるのか、わたしたちは理性的なのか、それとも進化が育んだわたしたちの性質は現代の生活には不適応なのか、ということにいきつく。わたしたちのほとんどは、カウンターのおいしそうなチーズケーキに(あるいは会計課に新しく入った美人に)手を出すのを我慢するという「執行」機能が前頭前皮質にあるなどとはあまり考えていない。それにかつては自己コントロールは純粋に良いことであって、抑圧だと非難されたり病気の原因だと後ろ指を差されたりするようになったのはごく最近だ、ということも忘れている。辺縁系の働きや、進化の役割、ベンジャミン・フランクリンのいう公的人格、ブドウ糖の影響、ビリー・ワイルダーの映画、先を見通していたオデュッセウスのこともあまり考えていない。しかし、どれもチーズケーキへの欲求ではなく、欲求への反応と大いに関係がある。誘惑に屈するか、屈しないか?それが問題なのだ。

2. 病的な過剰

医療の真の目的は美徳ある人間をつくることではない。
悪徳の結果から人間を守り、救うのが医療である。
——H・L・メンケン

楽しくてこんなことを言うのではないが（ほんとうだ！）、悪徳はきわめて深刻な結果を引き起こす可能性がある。タバコを考えてみよう。アメリカ人全員に禁煙させれば、年間四六万七〇〇〇人の生命が救える。高血圧（ほとんどは不健康なライフスタイルが原因）を解消すれば三九万五〇〇〇人。全員が体重を適正水準まで落とせば、さらに二一万六〇〇〇人が救われる。

これは「アメリカの予防できる死因——食生活、ライフスタイル、代謝性リスク因子の相対的リスク評価」という、優れた科学者たちが公衆衛生の観点からさまざまな疾患に取り組んだ画期的な調査研究が示している数字だ。この調査研究は、喫煙、飲酒、肥満、高血圧、運動不足など一二のリスキーな習慣や行動を取り上げている。たとえば肥満は同時に高血圧の大きな原因であることなど、重大な重複があるので、それぞれで救われるはずの数を単純に合計することはできない。しかしこの調査研究に参加したハーヴァード大学の公衆衛生学教授マジド・エザッティは、重複する数字を除いたとしても年間一〇〇万人以上がこのようなリスキーな生活習慣のために生命を落としていると話してくれた。そのなかにはリスクが明らかなもの（過度な飲酒）もあれば、それほどでもない（魚をあまり食べないと、必須脂肪酸オメガ3が不足する）ものもある。

もう少し詳しく見てみよう。アメリカ人の年間死亡者のうち半数近くは、もっと健康的な暮らしをしていれば死を防げた（実際にはそうとう長い期間、遅らせることができた）はずだという。この数字を前にすると、環境汚染や医療の不備などのほかの要因がかすれてしまう。国民皆保険制度はたしかに良いことだし、エザッティ博士もわたしも賛成だ。だが先の調査研究に携わった研究者たちなら認識しているとおり、いくつかの大きなリスク要因と取り組むほうが、国民全員に医療保険を提供するよりも多数の生命を救うことになる。これもハーヴァード大学が発表しているいちばん最近の推計では、国民皆保険制度で救われる人は年間四万五〇〇〇人。前の数字に比べればバケツの水の一滴に過ぎない。

問題は医療ではなくライフスタイルなのだ。たくさんの不健康な誘惑がある環境で、その誘惑に太刀打ちできない意志の弱さである。これらの誘惑が約束する喜びは確実ですぐに手に入るのに、一度誘惑に負けたとしてもその影響はほとんどないに等しいからだ。言い換えれば、問題は自己コントロールということになる。

アメリカの死因の一位から一〇位までのほとんどに、自制力のなさが関係している。一九八〇年から二〇〇〇年までに、医学の進歩によって冠動脈疾患による死は激減したが、それでも毎年、心臓病が死因のトップに上がってくる。心臓病の大きなリスク要因は肥満、喫煙、劣悪な食習慣、そして運動不足だ。どれも自分でなんとかできるはずの（そしてなんとかしたいと思っている）ものばかりである。

ガンはどうか？　アメリカ・ガン学会によると、ガンのほぼ三分の一は喫煙に、さらに三分の一が肥満や劣悪な食習慣、運動不足に関係しているという。脳卒中はどうか？　脳卒中のリスク要因にも肥満と喫煙が含まれている。糖尿病は？　糖尿病も糖尿病と併発することが多い腎臓病も、まちがったものを食べ過ぎることに関連がある。結局、アメリカの死因のほぼ三分の一は三つの習慣、つまり喫煙と運動不足と不健康な食事に起因している。

健康上の問題のほとんどは、なんらかの物質の濫用、摂り過ぎが原因と言えるだろう。その物質のなかには一見罪のなさそうなチーズバーガーなども含まれている。しかし、わたしたちはもっとはっきりした有害なモノにも弱い。二〇〇一年から二年にかけて行なわれた「依存症」に関する大規模な調査によれば、アメリカ人成人のなんと三〇パーセントはアルコール濫用やアルコール依存症の経験があり、一〇パーセントはドラッグ濫用やドラッグ依存症の経験がある（もちろん、ここでも数字は重複しているが）。

アメリカ人の不摂生は恐ろしくなるほどだが、しかしアメリカ人に限ったわけではない。世界の高所得の国々ではだいたい肺ガン（喫煙が大きな原因）が死因の第三位を占めている。低所得あるいは中程度の所得の国々ではエイズその他、予防できる病気が死因の第四位に上がっている。世界保健機関（WHO）のレポートによれば、ヨーロッパではほぼ予防可能な慢性病が死因の八六パーセントを占めているという。

ほかに殺人や自殺で生命を落とす人々が年間、数千人いる。しかしわたしたちのほとんどはバターまみれの海老や酒の海に浸り、運動する代わりにくだらないテレビ番組を見て、緩慢で散文的なやりかたで自ら早すぎる死を招いている。自分を消してしまいたいというただ一つの猛烈な衝動に負ける代わりに、何千もの衝動に負けているわけだ。その衝動の一つひとつは大して危険に見えないが、積み重なれば死に至る。

だが、これはほんとうに自己コントロールの問題なのか？ 人々がリスクと報酬を秤にかけて、自分からリスクを選んでいるとしたらどうなのか？ それともリスクをよく知らず、無知なまま選択しているのかもしれない。自己コントロールではなく、無知が問題なのだろうか。

そうではないことを示すさまざまな証拠がある。おおざっぱに言って、人々はリスクを知っているし、違う行動をしたいと望んでもいる。実際に、生活を改善する人たちもいる。だが自己コントロールがからむ問題の大半はそうなのだが、不健康な暮らしをしている人たちは悪いとわかっていてもどうにもならないようだ。わかりやすい事例として、タバコを考えてみよう。

有害なタバコ

アメリカでは驚くべきことに毎年、死亡者の五人に一人は喫煙が原因で命を落としている。ほとんどは自分でタバコを吸っている人だが、三万八〇〇〇人（交通事故の死者とほぼ同数）は副流煙が原因だというから、殺人とはいえないまでも、少なくとも過失致死にはあたるのではないか。それどころか、副流煙はアメリカでは最大の凶器になっている。銃やナイフその他の凶器で殺害されるアメリカ人はその半数（年間約一万七〇〇〇人）なのだ。またタバコで死ぬ人が一人いるとすると、その陰ではもっと多くの人々が肺気腫などの重篤な病で亡くなっている。妊娠中の女性の喫煙は早産や幼児死亡の大きな原因だ。最近、研究者は第三次的な喫煙の害、つまり副流煙が消えたあとに残る有害な化学物質についても警告を発している。

これほど恐ろしいタバコだが、喫煙が自己コントロールの問題だと即断することはできない。実際の行動を見ていると、多くの人々が喫煙を楽しんでいるようだから、別に禁煙したいとは思わず、進んでタバコを吸っているのだと考えるべきかもしれない。エコノミストならそう判断するだろう。のちにノーベル経済学賞を受賞するポール・サミュエルソンは若いころに『経済分析の基礎』という名著で「顕示選好」説を打ち出した。人は口ではプルーストが好きで、日記を書いていると主張するかもしれないし、当人も本気で自分は文学愛好者だと思っているかもしれない。だが暇があれば泥んこレスリングを見たりテレビのホーム・ショッピング・ネットワークを見て過ごしているとしたら、その人の真の選好は明らかだ、とサミュエルソンなら言うだろう。風刺的な『蜂の寓話――私悪すなわち公益』を著したバーナード・デ・マンデヴィルは、三〇〇年も前に個人の悪徳は公益になると擁護した。マンデヴィルはこう言っている。

わたしが「快楽」と呼ぶのは、当人が最善だと言うものではなく、そばから見ていちばん楽しんでいるらしいものだ。一番楽しいのは心を磨くことだと言いつつ、実際には心を磨くのとは正反対の快楽に日々勤しんでいるとしたら、そんな言葉を信用できるだろうか。

これとは別の、同じくらいに古くて根強い考え方もある。こちらは、わたしたちにはほんとうの欲求を満たすことができない場合がある、と主張する。この見方によれば、自己コントロールの失敗は自分を損なう深刻な悲劇だ。たとえばロックは、人間は自由だと信じていた。だから、もし当人がこうしたいと口で言うことと違う行動を取っているなら、その行動のもとになっている欲求を自分では好ましく思っていないのだろう。

それでは喫煙はどう考えればいいのか？　ちょっと考えると、マンデヴィルのほうが正しいように思われる。アメリカでは四五〇〇万人がまわりからいやな顔をされながら、わざわざお金を払ってこの不健康な習慣を続けている。きっとタバコが大好きなので、病気や早すぎる死、まわりにいる愛する人を危険にさらすこともやむをえないと思っているのだろう。それに喫煙には利益もある。肺が紫煙で満たされ、ニコチンの吸引でドーパミンが噴出すると気分がいいし、喫煙はほかの面で自己コントロールをやりやすくしてくれる。たとえば食欲が抑えられるので体重のコントロールが容易になるし、集中力が高まるので仕事に没頭できる。

しかし、喫煙者は喫煙の害をよく知らないとか、致命的なガンに侵されたら人生がどれほど貴重なものに思えるか想像できない、という可能性もある。また脳がタバコの生化学的な影響を受けているために、正しい判断ができないのかもしれない。それとも、その日その日のことしか考えていないのか。一本のタバコが長期的な健康に大きな影響を及ぼすとは思えないから、タバコが好きなら、吸いたいときに火をつけるという判断をしてもおかしくはない。このような近視眼的な選択は「漸進的改良主義」と呼ばれることがある。何でも先延ばしにしたがるわけだ(「インターネットで数分遊んだからといって、どれほどの影響があるのか?」)。しかしこれが悪魔の誘惑であることは、経験から断言できる。

じつは、ほとんどの喫煙者は強烈なタバコの誘惑に負けたくないと思っている。喫煙が自己コントロールの問題だというのは、ほとんどのアメリカ人喫煙者がタバコをやめたいと考えているからだ。

これは単なる推測ではない。たとえば政府が行なった電話調査では、喫煙者の七〇パーセントが禁煙したいと答えた。こんなときにはほんとうのことを言わない場合もあるが、しかしただの煙幕でもないらしい。二〇〇六年の調査では、アメリカ人喫煙者の四四パーセントが、過去一年のあいだに禁煙を試みて少なくとも一日は我慢したと答えている(禁煙に成功するかどうかの最大の決め手は何か? 教育である)。長年喫煙していたジュリア・ハンセンは、なんとか禁煙したいあまりに自分で自分を監禁した。『紫煙に包まれた人生』という回顧録に、タバコに手を出すのを防ぐために夫のジョンに頼んで一週間、ダイニングルームのラジエーターに自分を鎖でつないでもらった、と記している。それだけでなく、あちこちに禁煙を宣言して自分にプレッシャーをかけたという。「失敗するわけにはいかなかった」と彼女は書いている。「自宅軟禁で禁煙するという話を実家の人たち、ジョンの家族たち、いろんな人にしてしまったからだ。これだけ大騒ぎをしたのだから……大言壮語の手前、何が何でもやり遂げなくてはならなかった」。

禁煙の努力をしない人でさえ——あるいは自分を鎖で縛ったり、世間に宣伝して恥をさらすのを覚悟するほどの努力はしない人でも——タバコをやめたいと思っているのではないか。魔法の杖の一振りであっさりタバコを忘れられると言われて、飛びつかない喫煙者がそう多いとは思えない。タバコにはタバコの楽しみがあるが、長年吸っている人にとっては、次の一本に火をつける喜びは、禁煙しろというプレッシャーをひとまず押しのけられることにあるのかもしれない。

そうなると喫煙は大きな自己コントロールの問題だ。どれくらい大きな問題か？　世界保健機関（WHO）は、温暖化で生命を落とす人は毎年世界で一五万人、二〇三〇年には倍増すると推測した。しかし、そのころにはタバコで死ぬ人は世界で八〇〇万人、温暖化の犠牲者の約二七倍になるだろうと見ている。この数字を比較すると興味深い疑問が湧き起こる。温暖化と自己コントロール、世界の人々の健康にとってはどちらの問題のほうが大きいのか？

体重の問題

ペルシャ湾の奥でまどろんでいたようなカタールの地で膨大な石油と天然ガスが発見されて以来何年も、カタール国民はこれらの資源がもたらす富とは縁がなかった。支配者がほとんどを独り占めにして、金が国内に流れなかったからだ。だが若い首長が政権を取って事態は変化した。経済は活況を呈し、現在ではカタール国民は世界で最も裕福な人たちの仲間入りをした。それだけでなく最も太っている人たちの仲間入りまでした。こちらのほうは競争がなかなか熾烈で、中国やブラジルその他さまざまな場所でも肥満がますます増えている。インターネットやバスケットボールと同じで、世界の肥満傾向はまずアメリカで始まったが、残る世界もアメリカに追いつこうと決意を固めているらしい。

自己コントロールという難題をなによりもよく表しているのは、世界じゅうの人たちが体重で苦労していることかもしれない。ほんの一世代前には世界最大の食糧問題といえば飢餓だったし、いまでも多くの場所で人々は飢えている。だがやっと豊かになった何億人もの人たち、そして前よりももっと豊かになった何億人もの人たちにとって、ますます大きくのしかかるようになった健康問題といえば肥満しかない。

とくにアメリカではその傾向が強い。アメリカ人の太い胴回りは過剰な暮らしのシンボルとなり、病的肥満は公衆衛生上の「第二のタバコ」問題と言われている。アメリカ人の肥満が深刻になったのはここ三〇年くらいで、おおざっぱに言うと現在、成人の三分の一は病的肥満、あとの三分の一は病的とはいかないまでも太りすぎだという。この驚くべき変化の原因は、自己コントロールの問題で毎度登場する技術の進歩、社会的な変化、豊かさである。このすべてを表す驚くべき事実がある。わたしたちはどんどん太りつつあるわけだが、インフレ率調整後のカロリー当たりの価格はたぶんエデンの園の時代以来、最低水準に落ち込んでいるのだ。たとえば一九一九年、アメリカ人は一・三キロほどのチキンを買うために平均して一五八分、働かなくてはならなかった。それがいまでは一五分程度の労働で内臓を処理したチキンが買える。ソーダ水や冷凍食品、ファストフードその他の調理済み食品の値段も急落した。ジャガイモはどうか。第二次世界大戦以前、アメリカ人はジャガイモをたくさん食べていたが、フライドポテトはめったになかった。手間暇がかかりすぎるからだ。ところが食品科学の進歩によって、マクドナルドでは冷凍のフライドポテトがいつでも安く手に入るし、家庭で電子レンジで調理するのも簡単になった。当然ながらジャガイモの消費量は激増し、そのほとんどはフライドポテトである。状況はこれほど変化したのに、人間はこの豊かな環境に適応できるほど進化していない。それがアメリカ人の大多数が太りすぎという結果になって現れている。

太りすぎのリスクについてはいろいろな議論があるし、対立する研究結果をいちいち追求しないとしても、太りすぎはかなり危険で、とくに病的肥満のリスクは高いと言って間違いないだろう。残念ながら肥満のアメリカ人の半数は病的肥満の域に達している。政府はアメリカ人の病的肥満は過去三〇年で倍増したと言っている。

「病的肥満」とは何か？　身長と体重をもとに計算するＢＭＩ（体格指数）という数値があっ

て、肥満度を示すうえで完璧とはいえないものの、だいたいの目安になる。計算式は次のとおり。

体重（キログラム）÷身長（メートル）の二乗

インターネット上のBMI計算式を使うと、簡単にBMIを出すことができる。政府はBMIが18・5から24・9なら正常としている。30を超えていれば病的肥満だ。BMIが30とは、身長一七五センチの人なら九二キロということになる。しかもアメリカでは病的肥満は急速に増加している。アメリカ疾病予防管理センターが行なった電話調査の結果を、ランド研究所の保健エコノミスト、ローランド・スタームが分析しているが、「きわめて不健康な肥満」（BMIが40以上）のアメリカ人は一九八六年に比べて二〇〇〇年には四倍増、約四〇〇万人になったことがわかった。スーパー肥満（BMIが50に達する）は五倍増で五〇万人だという（いまはもっと増えているはずだ）。スーパー肥満の典型は、身長一七八センチで一七〇キロの男性だ。単純な肥満（BMIが30以上）は同じ期間に倍に増えた。電話調査の対象者は身長をちょっと大きめに、体重をちょっと少なめに言う傾向があることを考えれば、肥満の人はもっと多いかもしれない。

どうしてこんなことになったのか？　アメリカ人が太りだしたのはわりあい最近のことだ。歴史を遡ると、栄養状態が改善されると身長が伸び、国家の生産性が上昇するのがふつうだった。二〇世紀になるころには金持ちだけが太っていた。当時の写真や小説にはでっぷりした富豪がよく登場するし、カリフォルニア州リヴァーサイドのミッション・インには、一九〇九年に巨漢の大統領ウィリアム・ハワード・タフトのために作られた特大の椅子がいまでも展示されている（それから一世紀、カロリーの民主化が進んだいまでは、エリートは痩せていると決まっている。現在タフトの地位にあるのは狩猟犬のようにしなやかな痩身のバラク・フセイン・オバマである）。一九六〇年から一九八〇年にかけて、肥満のアメリカ人成人の割合は横ばいで、一五パーセント前後で推移していた。ところがその後急激に増え始めて、二〇〇四年には三三パーセントに達した。

この期間に何が変わったのか？　遺伝子でないことは確かだ。移民によって全国的な遺伝子プールは変化しただろうが、進化という観点からすれば、わたしたちはいまでも食糧が乏しい時代の生物なのである。変わったのは暮らし方のほうだ。アメリカ人が太りだしたのは一九八〇年ごろ、文明の象徴とは言わないまでも、肥満問題の象徴のような電子レンジが普及したころと重なっている。電子レンジは犯人というよりも象徴だろうが、カロリー摂取のために必要な手間暇、努力が急減した事実をこれほどみごとに語っているものはほかになさそうだ。家族は（そして家族の食事も）ばらばらになった。運転時間も増えたし、（退屈なときに眺めるテレビのリモコンなど）消費カロリーを節約する技術も進んだ。産業界はわずかな時間とコストで魅力的かつ高カロリーの食事を提供する技術を磨きあげた。いまでは車から下りもせずに、そのような疑惑の食べ物を入手できる。

当然だろうが、食べる量も増えた。アメリカ農務省は廃棄分を勘案した「食品摂取量」のデータを公表している。これはほぼ一人当たりのカロリー摂取量にあたるもので、一九八〇年には一日当たり二一九六カロリーだった。ところが二〇〇八年には二二パーセント増えて二六七四カロリーになっている。しかも飲み物の選択の変化からうかがえるように、食事内容は貧弱になった。農務省のデータによると「一九四七年から二〇〇一年までのあいだに炭酸飲料の一人当たり消費量は三倍に増え、牛乳の消費量は半分近くまで減った。一九四七年には、アメリカ人は平均して四〇リットルあまりの炭酸飲料と一五〇リットルあまりの牛乳を飲んでいた。二〇〇一年になると牛乳の消費量は八三リットル余りに減少し、炭酸飲料は一八五リットル以上に増えている」。「液体キャンディ」と批判される甘い炭酸飲料がカロリー摂取量の一割を占めているのである。

食生活の劣化は肥満以外の生理的変化も引き起こしている。糖分の多い食べ物を摂り過ぎると、インシュリン感受性が低下し、糖尿病を発症することがある。脂肪分の多いえさを与え続けたラットは満腹を感じさせるホルモンの感受性が鈍くなって、ひたすら食べ続ける。またアメリカでは平均初潮年齢が一一歳まで低下しているが、主たる原因はカロリー過多の食事（と増加した脂肪細胞が産生する余分のエストロゲン）ではないかと見られている。もっと低年齢で初潮を迎える子どもも多い。炭水化物が多い高カロリーの食事が脳の成熟を一年から二年遅らせているという説もある。いまでは一九歳から二〇歳にならないと脳が充分に成熟しない。カロリーが多すぎると、脳がつくりだす神経栄養因子、つまり脳の発達に大切なタンパク質が減るからだ（脳の成熟の遅れは、充分な自己コントロール能力がつくのも遅れることを意味する）。

処方薬管理会社であるメドコ・ヘルス・ソリューションズによると、現在、保険に入っているアメリカ人の大半が少なくとも一つは処方薬を日常的に飲み続けている。いちばん多いのは高血圧とコレステロールの薬だ。「正直なところ、ほとんどは肥満と関連している」と、同社の医療部長ロバート・エプスタイン博士は言う。「アメリカ人はカウチポテトになった。（ダイエットしたり、運動したりするより）薬をのむほうがずっと簡単なのだ」。

それぞれの時代に特徴的な病気があるとすれば、現代の病気はメタボ症候群だろう。メタボリズム、つまり代謝は摂取エネルギーと消費エネルギーをバランスさせるために不可欠な化学プロセスだ。このプロセスはふつうならうまく調整されているから、おなかがすいたら食べる以外には、意識的な努力はほとんど必要ない。ところがメタボ症候群になると、このプロセスが重大な変調をきたしてしまう。たいていは技術が進歩し、カロリーが豊かになった現代生活の結果だ。メタボ症候群の定義はさまざまだが、国立心肺血液研究所によれば、高血圧、高血糖、肥満など特定の問題を抱え、心臓発作、脳卒中、糖尿病その他の健康問題のリスクが非常に高くなっていることを指す。

メタボ症候群の大きな要因は年齢と遺伝だが、食べすぎと運動不足も大きくかかわっており、それがメタボ症候群増加の原因と見られている。なんと四七〇〇万人のアメリカ人（四人に一人）がメタボ症候群で、肥満率の上昇を考えるとさらに増加し続けているはずだ。アール・S・フォード博士らはアメリカ糖尿病協会の機関誌に掲載された研究報告のなかで、「メタボ症候群の増加は将来糖尿病と心疾患の増加を招くと思われる」と述べている。

すでに2型糖尿病は恐るべき増加を示している。2型糖尿病は糖尿病全体の九割以上を占め、ふつうは太りすぎの成人がかかる。その数が急に増えているのだ。一九八〇年には糖尿病のアメリカ人は五六〇万人だったが、二〇〇七年になると四倍以上増えて二四〇〇万人近くになった。そのほかに糖尿病予備軍が五七〇〇万人いる。アメリカ人成人の一一パーセントが糖尿病で、その数は体重増加に比例して増えているが、この分野でも中国人が競争に参入してきた。豊かになった中国は、九二〇〇万人と糖尿病患者の多さでもいまや世界有数になっている。一〇人に一人という患者の割合は、残念ながらアメリカに迫る勢いだ。

　この悲劇的なストーリーの最大の特徴は、自分の体重を自然が想定した好ましい数値の範囲内に留めておけないことだろう。誰だって太りたいとは思っていない。アメリカ人は多額の金とエネルギーを減量に費やしている。一つには、太っていると社会的、医学的、金銭的にそうとうに不利益を被るからだ。だが食べるという行為はまったく論理的でなく、わたしたちが考える意志的行動にはあたらないらしい。食べ物に関する限り、わたしたちは自分の欲求をよいと思っていない。それなのに適正な体重を維持したいという欲求を優先して、食べ物への欲求を抑えることができないらしい。

　わたしたちが住む「新しい世界」がそうさせてくれないのかもしれない。これほどの規模の（成人の三分の二！）意志の弱さを考えると、アメリカ人は進んで大食しているのではないか、あるいは技術の進歩や豊かさ、社会的変化に細身でいたいという欲求を踏みにじられて、やむにやまれず太っているのではないか、と考えたくなる。なにしろドラッグ依存症のほとんどはドラッグから逃れることができるのに、肥満の人たちは（身体が減量に執拗に抵抗するせいもあって）いつまでも太っているのが現実なのだ。

多くの人にとっては、食べることはスローモーションの自殺のようなものだ。だが摂食の問題としては、飢えのバージョンも無視してはならない。こちらもまた自己コントロールについてさまざまなことを教えているからである。

未来はいま

毎年、世界で一〇〇万人くらいの人たちが自分で自分の生命を断っている。自殺を試みた人はもっと多い。悲しいことに、世界の自殺率はこの半世紀で六〇パーセントも上昇した。ただし豊かな国々ではこの二〇年ほど、自殺は減少している。アメリカでは一九五〇年以来自殺は減っているが、それでも年間自殺者は三万二〇〇〇人を超え、自殺は死因の一一番目に位置している（殺人よりはるかに多い）。アメリカの自殺者は女性より男性のほうが四倍も多いが、自殺未遂は女性のほうが二倍多くなっている。この結果の差は能力ではなく手段のせいだ。自殺の半数が銃によるものだが、銃を使って自殺するのは男性が多い。そして銃は死に至る確率がきわめて高い。

「自殺は自己コントロールの一つのかたちである」とB・F・スキナーが書いている。結局のところ、ハムレットが言ったように「心の痛みや肉体につきまとう幾多の苦しみ」を終わらせるのに、自殺ほど効果的な方法はない。「この世のわずらわしさから逃れる」ことが二次的欲求となるのも不思議ではないと思う。だが、そのような決断はふつうは熟慮されたものではない。それどころか、非常に衝動的だ。ハムレット自身が、（自殺しようという）「決意の生き生きとした血色（衝動）」は「思考によって青白く塗りつぶされて形無しになる」と不満を漏らしている。

銃と自殺の関係も、この事実をよく示している。アメリカでは銃の所有率が高い州は、貧困その他の要素を勘案したうえでもなお自殺率が高い。ただし、銃所有とほかの手段の自殺は相関関係がない。言い換えれば銃はわが生命を断って終わりにしたいという衝動をあまりにも簡単に満たしてしまう。このことを考えると、自殺は自己コントロールの一つのかたちというより自己コントロールが欠如した結果ではないかと思われる。自殺志願者が鍵をもっている場合でも、銃が鍵つきの場所に保管されていたり、弾薬が別の場所にしまってあると、当人が気を静めて自殺を思いとどまるかどうかに決定的な違いが出る。

自殺防止は、銃規制を求める大きな要因の一つかもしれない。そして、ときには人々を本人から守る必要があることをよく示す事例でもある。銃が自殺の誘惑になることは昔からよく知られていた。一〇〇年近く前に、ウィーン精神分析学会でデヴィッド・オッペンハイムが「装填したピストルは所有者に自殺を促すことがある」と述べている。人々の手から銃を取り上げるのは、橋に高いガードレールなどの障害物を取り付けるのと同じ効果がある。ガードレールの効果は、ワシントンDCのロック・クリークにかかった橋ではっきりと示された。ロック・クリークには相互に見える三八メートルの高さの橋が二つかかっている。そのうちの一つデューク・エリントン・ブリッジはサンフランシスコのゴールデン・ブリッジと同じで地元では自殺の名所だったが、一九八〇年代に自殺防止柵が取り付けられた。このとき反対派は柵を取り付けると歴史的景観が損なわれるし、自殺志願者は近くのタフト・ブリッジに移動するだけだと主張した。ところが柵が設置されると、エリントン・ブリッジの自殺はゼロになった。そしてタフト・ブリッジのほうの自殺には変化はなかった。

自殺が衝動的（自己コントロールの問題）であることをいちばんよく示しているのは、英国で天然ガスが導入されたときの出来事だろう。英国では長年、安くて豊かな石炭ガスが使われていたが、石炭ガスは一酸化炭素が多いので、ドアや窓が閉めきられていると不幸な結果を招いた。一九五〇年代末には自殺者の半数近くがガス自殺だった。一九六三年には詩人のシルヴィア・プラスがロンドンの自宅で、ガスを出したオーヴンに頭を突っ込んで自殺している。ところが一九七〇年代初めに天然ガスへの転換がゆきわたると、英国の自殺率は三分の一近くも低下し、その後も低いまま留まっている。人々はほかの手段を探して自殺しようとはしなかったわけだ。石炭ガスはあまりにも手軽だったので、ふと何もかもおしまいにしたくなった人たちは、どこかへ出かけたり何かを購入しなくても簡単に自殺を決行できた。これから繰り返し見ていくように、自己コントロールの問題ではスピードが決め手になる。だから、わずかな手間や面倒が生命を救う可能性があるのだ。

自殺が衝動的であることを示す生化学的な事実もある。セロトニンだ。たぶんプロザックなど選択的セロトニン再取り込み阻害薬（SSRI）関連でセロトニンのことを耳にしたことがおありだろう。SSRIはセロトニンがもっと必要な人のセロトニンの働きを強めるとされている。セロトニンもドーパミン（この物語のもう一つの主役である生化学物質）も神経伝達物質で、どちらも気分や行動に重要な役割を果たしている。自殺とセロトニンの働きの不具合の関連はかなり明確になった。前頭前皮質（自己コントロールにとって非常に重要な脳の領域）へのセロトニンの流れが低下すると衝動性が強くなり、抑制が効かなくなって、自ら生命を断つ危険性が高くなるという。主要なセロトニン受容体を破壊されたマウスは衝動的な攻撃性が強くなり、コカインやアルコールをより多く摂取するようになる。SSRIを与えたハトは衝動性が低くなるらしい。人間の場合、セロトニンが低下すると自殺や病的ギャンブル、盗癖などを含め、さまざまな衝動的で破壊的な行動につながる。

だが自殺のすべてが衝動的なわけではない。理性的な自己コントロール手段としての自殺もある。敵に捕らわれたスパイが拷問で口を割ることを恐れて、秘密情報の漏洩を防ぐために青酸入りカプセルをのみこむというような場合だ。スパイは生命を断つことで、望ましくない選択肢を自ら閉ざす。同じように悲劇的なケースとして、不治の病が重くなった患者はそれ以上の苦痛に耐えるという選択肢を自ら捨てるかもしれない。ジークムント・フロイトは人間には「死の本能」があるという不思議な主張をしていたが、何年もガンと闘ったあげく、苦痛を終わらせてくれと医師を説得し、安楽死している。

タバコを吸わなければ、フロイトはもう少し長生きしただろう。フロイト自身は、数年長生きするよりも長年の葉巻の楽しみを選んだ自分に満足していたのかもしれない。だが、わたしたちの多くは自分でもやめたいと思っている習慣のせいで、不本意ながらフロイトと同じ道をたどって死を急いでいるかもしれないのだ。

3. 自分を叱咤して

いつも賢明でいられるのであれば、高潔な人間になる必要はほとんどなくなるだろう。
——ジャン＝ジャック・ルソー『告白録』

気にかかる問題がある。テレビアニメのスポンジボブ・スクエアパンツと詩人のサミュエル・テイラー・コールリッジには何か共通点があるのだろうか？　長々しい名前やロマンティックな性質、それに水と縁が深いというのもそうだが、両者を同じように高く評価する文学部もどこかにあるかもしれない。しかしこのような驚くべき（かなり不気味でもある）つながりを指摘しただけでは、話は終わらない。

コールリッジから始めよう。『老水夫行』を書いたこの詩人にとっての大問題はアヘンだった。アヘンを遠ざけるために屈強な男たちを雇ったこともある。問題は、後になってアヘンが欲しくてたまらなくなったときだ。男たちはアヘン欲しさに半狂乱になっている雇い主にクビを言い渡されることなく、慎重だったときのコールリッジの命令を守るにはどうすればいいか、苦心することになった。イギリスの評論家トマス・ド・クインシーによれば、男たちの一人は、あなたは昨日、何がなんでもアヘンはやめると宣言したではないか、とアヘン依存症の雇い主を穏やかに諭した。詩人は答えた。「ばかばかしい。昨日なんてはるか昔じゃないか。必要なときにアヘンが吸えなくて死んでしまった人たちもいるのを知らないか?」

ドラッグがなければ死んでしまうなら、清潔な暮らしをしているスポンジボブはとっくに生命を落としているはずだ。だが、ここでもスポンジボブとコールリッジにはちょっと見にはわからない共通点がある。四角ばったアニメの主人公も、コールリッジに雇われた男たちと同じ状況に置かれて苦労したことがあるのだ。スポンジボブのボスであるケチンボのミスター・クラブ(日本語版ではカーニ)が恋に落ち、相手のミセス・パフへのプレゼントに大金を使った。自己コントロールが利かなくなったことに恐れをなしたミスター・クラブは信頼できるスポンジボブに金を預け、それ以上の浪費を防ごうとした。当然ながら、その後ミスター・クラブの気持ちは変わり、前の命令にそむかせようと、四角くて黄色い友人に哀願したり脅したりした。スポンジボブはコールリッジから麻薬を遠ざけるために一日五シリングで雇われた玄関番や御者とそっくりの不運な状況に追い込まれたのである。

そんな話は歴史のかなた、あるいはアニメの世界にしかないだろうと思うのは、大衆紙をあまり見ていない人だろう。大衆紙が報じるところによれば、いまのセレブは玄関番や御者ではなくプロの世話係を頼んでいる。世話係のなかには元アルコール依存症やドラッグ依存症だった者も多く、金持ちの依存症患者を大好きな薬物から遠ざけるために一日五シリングよりははるかに高い料金を取る。有資格のドラッグ・アルコール・カウンセラーが経営するハイアド・パワーという会社は一九の州で一〇〇人近い世話係を雇っているというし、ライバル会社のソバー・チャンピオンはニューヨーク、ロサンゼルス、ロンドンに支社を置いている。ある世話係の実話がもとになって(もちろん脚色されているが)、『ザ・クリーナー』というテレビ番組が作られたことさえある。

自分が何かをするのを防いでくれと誰かに頼むのがどんなことか、誰にでも覚えがあるのではないか。レストランに向かっているとき、今夜は二杯目や三杯目を頼もうとしたらとめてくれと配偶者に頼む、というような日常的なこともある。あるいは鬱病と闘っていた作家アンドリュー・ソロモンが自殺の衝動を予防するために購入した銃を誰かに預けたように、生死に関する重大事である場合もある。「馬鹿ばかしくはないか?」とソロモンは書いている。「自分の銃を自分に向けるのではないか、と心配するのは? また自分の銃をどこかにしまい、絶対自分に渡さないでくれと誰かに頼むのは?」

この手の行動のいちばん有名な例は、偉大な古典に出てくる。これもギリシャの物語だ。自己コントロールの問題を追求するとしょっちゅうギリシャ人にぶつかるのは、彼らがこの問題に強迫的な関心を抱いていたからかもしれない。頭のいいオデュッセウスは長い悪夢のようなトロイア戦争から船で故郷へ戻る途中、自分を帆柱に縛りつけろと命じたうえ、部下たちの耳を塞がせた。こうしてオデュッセウスは死に誘う魅惑的なセイレーンの歌を聞いても、海中に飛び込まないですんだ。われらが英雄は予想できる(そして致命的な)自分の欲求から自分を守る手段を事前に講じ、それによって自分の意志の強さを示した。もっと自己認識の甘い人間なら自分の意志の力を信じたかもしれない。だがオデュッセウスは誰でも誘惑には弱いことを知っていた。だからこそ、彼は自制心の歴史のなかでは重要な人物なのだ。オデュッセウスとセイレーンの出会いの物語に大きな意味があるのは、オデュッセウスが使った策がいまでも誘惑から身を守るための究極の手段だからである。

敵に立ち向かう

自分を拘束して行動できないようにするというオデュッセウスの方法は（金を払ってアヘン窟に行くのを阻止してもらうとか、自分に向けるかもしれない銃を預かってもらうのも同じ）、自己コントロールの分野では、将来強い欲求に襲われることを事前に見通して自らを拘束する「プリコミットメント」として知られている。勝てそうもない誘惑がまだ遠くにある安全なうちに選択肢を狭めておくのだ。

なぜ、こんな仰々しい自己コントロールの道具が必要なのか。『クリスマス・キャロル』のスクルージを苛んだ騒がしい亡霊のように、未来が現在を脅かしているようではないか。答えは、自己コントロールという厄介な問題の専門家ならよく知っている「時間の不整合性」にある。コールリッジの矛盾するアヘン観を考えてみよう。正気で冷静なとき、詩人は正気でいたいと強く願って男達を雇い、アヘンを遠ざけようとした。ところがアヘンが欲しくなると、今度は邪魔をするなと男たちに命じた。困ったことに、詩人の選好が逆転したのだ。

これは誰にでも起こる。仕事をしよう、ダイエットしよう、運動しよう、禁酒しよう、貞節を守ろうと殊勝な決心をしたのに、誘惑が目の前に現われると負けてしまった、ということはよくあるのではないか？　ジョン・チーヴァーは日記に記しているとおり、日々、矛盾する欲求に苦労していた。執拗なアルコールへの欲求と、良き夫、生産的な作家でありたいという欲求が衝突したからだ。朝起きると、今日はそれなりの時間が来るまで飲まないぞ、と決心する。だが来る日も来る日も誘惑に負け、ある意味では自分の意志に反して午前中から酒瓶に手を伸ばしていた。「雨模様の日でも散歩できる森の小道がある」と彼は書いている。「だがわたしはその道をたどる代わりに、食品棚を開いてマティーニを作るだろう。そうだ、見てくれ。ここにいるのはだらしのない男なのだ」。

チーヴァーが本気で禁酒するつもりなら、妻に頼んで酒を隠してもらうとか、アルコール依存症用のリハビリセンターに入って、酒瓶に手が届かないようにしただろう。多かれ少なかれ似たようなことはたいていの人がしている。オデュッセウスほど英雄的ではないにしても、ポテトチップスを買うのはやめよう（食べ始めたらきりがなくなるから）と決めたり、ジョーンという恋人の名を二の腕に彫ったり（バーバラとつきあうのを防ぐために）する。ジムに入会すれば体型を保てるだろうし、海兵隊に入隊すればさらに確実だ。クレジットカードを切り刻み、結婚し（容易には外れない結婚指輪をはめ）、（早期引き出しにペナルティが生じる）個人年金口座にお金を預ける。どれも日常的なプリコミットメントである。

映画『ヤング・フランケンシュタイン』のなかでジーン・ワイルダーも同じことをしている。ワイルダー扮するドクター・フレデリック・フランケンシュタインは怪物と同じ部屋に閉じ込めてくれと頼む。

フランケンシュタイン　気の毒な怪物を救うのは愛だけだ。ぼくは生命を賭けて、彼が愛されていると納得させようと思う。だから何が聞こえても、どんなにぼくが頼んでも、どんなに恐ろしい悲鳴をあげても、決してドアを開けないでくれ。それでないと、すべてが台無しになってしまう。わかったね？　決してドアを開けるなよ。

インガ　わかりました、博士。

アイゴール　すごい。がんばって。

フランケンシュタイン　（怪物と部屋に閉じこもって少しして）出してくれ。ここから出してくれ。頼むから、出してくれ。どうしたんだ？　あれは冗談だよ！　冗談じゃないか、なんでわからないんだ？　ははは、馬鹿ばかしい。頼む。お願いだから、ここから出してくれよ！

依存症にはプリコミットメントという手段がどうしても必要だ。だからコールリッジや現代のセレブたちは、依存症から脱出するために世話係を雇う。だが、もっと簡単な方法もある。たとえばアルコール依存症なら、ジスルフィラム（商品名ノックビン）やナルトレキソン（商品名レヴィア）、アカンプロセート（商品名キャンプラル）などの嫌酒薬を処方してもらえばいい。プリコミットメントという観点からも、嫌酒薬は非常に興味深い。この薬は体内のアルコール代謝を変化させるので、ほんの少し酒を飲んでもひどく気分が悪くなる（嫌酒薬を服用して酒を飲むと吐き気、嘔吐、発汗、動悸などの症状が出る）。嫌酒薬は服用すれば効果がある。だが毎日、薬をのまなければならない。二四時間ごとに意志の強さを試されるわけだ。それで体内埋め込み型の嫌酒薬も考え出された（おもにヨーロッパで使われている）。一度、薬を埋め込めば効きめは一年間続く。

飲酒はほかにもさまざまな自己コントロール上の問題をともなう。たとえば酔っ払うと、あとから後悔するような電話をかける人がいる。酔いが醒めたあと、ボスや元ガールフレンドに何を言ったのか覚えていなかったりする。エコノミストのタイラー・コーエンによると、「酔って電話をかける問題を解決するため、オーストラリアの電話局は酒を飲む前に『ブラックリスト』の番号を指定すると、そこには電話がかからないというサービスを始めた。また日本では飲酒検知器付きの携帯電話が販売されていて、運転して帰宅してもいいか、あるいは電話をかけていいかどうかを調べることができる。バスの運転手の飲酒が検知されると、ただちにGPSで居場所が上司に送られる」という。

もっとありふれたプリコミットメントの例も簡単に見つかる。わたしが好きなのは誘惑を描いた最高に洒落た作品、ビリー・ワイルダーの傑作映画『七年目の浮気』だ。トム・イーウェルが演じる出版社の重役は穏やかな人物で、禁煙するためにタバコをしまって鍵をかけ、その鍵を手の届かない高い棚に上げる。ところが上階に住む美人（マリリン・モンロー）が現われると、さっさとハシゴをかけてタバコを取り出すのだ。

セレブのアン・バスにも似たようなことが起こった。二〇〇七年にコネチカットにあるアン・バスの自宅に強盗が入り、無理やり金庫を開けさせたところ、金庫のなかには金目の品のほか、チョコレートがしまってあった。アン・バスはほんとうにチョコレート好きだったので、食べすぎないように金庫にしまっていたのだ。もちろん当人は金庫を開ける暗証番号を知っていた。

アーノルド・ローベルの童話に出てくる大真面目で愛らしい「がまくんとかえるくん」も、自制心がどれほどあてにならないかを身にしみて悟った。『クッキー』というお話のなかで、がまくんとかえるくんは焼きたてのクッキーを食べ始めてとまらなくなってしまう。そこでかえるくんがクッキーを箱に入れて紐で縛り、ハシゴを使って高いところにあげようとする。ところがそのたびに、そんなことをしたって無駄だとがまくんが言う。マリリン・モンローに頼まれたトム・イーウェルのように、簡単に箱を下ろすことができるからだ。とうとう、かえるくんはクッキーを持ち出して小鳥たちにやってしまう。小鳥たちは喜んでクッキーを食べつくす。

この物語は、プリコミットメントには拘束力がなくてはならないことを教えている。プリコミットメントがほんとうに効果的であるためには、ほんものの強制力が必要だ。だが、その強制力は自分で自分に科すものだ。ルートヴィッヒ・ウィトゲンシュタインはこのことをよく理解していた。彼は第一次世界大戦にオーストリア軍兵士として従軍し、恐ろしい戦争体験をしたあと、二度と以前のような安楽で快適な暮らしに戻るまいと決意する。哲学者ウィトゲンシュタインの父親は事業家で、戦争前に有り金をすべてアメリカ国債に注ぎ込んでいた。これは驚くべき慧眼で、おかげで息子はヨーロッパ一の金持ちの一人になり、フロイトなどほかの裕福だったウィーン人のように貧乏を経験せずにすんだ。だがウィトゲンシュタインはその金を全部捨てると決意し、反対を押し切って兄弟姉妹たちにすべてを譲る法的手続きを取ると主張した。姉のヘルミーネは書いている。「彼はもはやどんなかたちの財産も自分にはないということを、何百回も確認したがりました」。

現代の法律でもこのような欲求に配慮している。その名のとおり「撤回不能信託」を設置することも可能だし、信用できない相続者が元金に手をつけられないようにする「消費者保護信託」もある（「消費者保護信託」の受益者は受託者が少しずつ渡してくれる金で生活することを強いられる）。旅行作家のルディ・マクサは金にだらしがない裕福な友人のことを語っている。友人は少なくとも一財産を使い果たしたのに懲りて、残った財産を守るために、自分では手をつけられない一種の「消費者保護信託」にした。銀行のカードを持ち歩くのをやめて（カードをもっているとすぐに使ってしまうから）、金が必要になったら母親に電話し、たとえば夕食に出るのに必要な額を送金してもらうことにしたのだ。これは余分のコストがかかるし不便だが、そこが重要なのである。

心理学者のダン・アリエリーはこのようなプリコミットメントの事例をたくさん紹介してい

る。そのなかには、クレジットカードを水に入れてフリーザーで凍らせ、カードを使いたくなったとき、頭を冷やす時間（この場合は温める時間か）がかかるようにした女性や、決してベッドをともにしてはいけないとわかっている相手とのデートには「いちばん野暮ったい」下着をつけていく女性が出てくる。こうすれば、たとえ脱ぎたくなってもあまりにかっこ悪いからと我慢できるからだ。この女性は図らずも聖ヒエロニムスの助言に従ったことになる。聖ヒエロニムスは、「わざわざみすぼらしいかっこうをする」意志堅固な処女は「……もちまえの美貌を損なうことを急ぐ」と述べている。ベツレヘムの聖ヒエロニムスの修道院の近くで女子修道院を運営していた友人の聖女ポーラも、清潔と純潔については明らかに同意見だったようで、「清潔な身体と清潔なドレスは不潔な魂を意味する」と警告した。

充分な金も帰りのチケットももたずに新天地に足を踏み入れた昔の移民たちはプリコミットメントしていたと言える。だがいまの移民は違う。帰国するのも故郷と連絡を取り続けるのもずっと簡単になっているからだ。それがいいのか悪いのかはわからない。ただ、取り返しのつかない選択をした人のほうが幸せだという証拠はいくつかある。たぶん取り返しのつかない選択であれば、後悔への扉が閉じられるからだろう（もっとうまい取引はないかといつも探している者を、政治学者でノーベル経済学賞受賞者のハーバート・サイモンは「極大主義者」と呼んでいるが、この人たちが幸せではないことはよく知られている）。

退路を断ってはならないという人がよくいるが、アステカを征服したコルテスのように外国に上陸するときに乗ってきた船を焼き払ったり、同じような手段をとって（『アポロ13』でエド・ハリスが言ったように）「失敗という選択肢をなくす」場合もある。ノーベル賞を受賞したエコノミストのトマス・シェリングはタバコについての自己コントロールの体験を書いているが、古代世界にも似たような例があったと指摘している。「ペルシャ人に追われたクセノフォンはとても渡れそうもない渓谷まで来て立ち止まった。将軍たちの一人は、ここは逃げ場がないと警告した。するとクセノフォンはこうたしなめた。「逃げ場だと……われわれは渡るのが困難な渓谷を背に戦おうとしている。これこそ好機ではないか。敵がどちらの方向にでも撤退できると思っていれば、ますますけっこう。だが、われわれには勝利するしか脱出の道はないのだ」。

抑止力が最大の関心事だった冷戦時代にシェリングが指摘したように、国をあげてプリコミットメントを実行する――それによって敵に間違えようのない警告を発する――ことがある。たとえば核攻撃をしかけた敵には自動的に大量報復が行なわれる仕組みができていて、報復を止める手段はこちらにもない、と知らせる。これほど危機的ではない、そして考えてみればあまり民主的ではない国家的なプリコミットメントもある。二〇〇年以上も前、生まれたばかりのアメリカ合衆国は後世の政治家が（それに膨大な数の後世の有権者も）簡単に憲法を変えられないように手を打っておいた。

老後の困窮に備える社会保障制度も一種のプリコミットメントだろう。アメリカ人は年金の掛け金として所得の一部を差し出さなくてはならない。自分で貯金したり投資したりするほうがうまくいくのではないか？　そうかもしれないが、有権者は社会保障制度を支持している。

たぶん個人に任せておいたらきちんと金銭を管理できるか心もとない、という健全な懐疑主義があるからだろう。（プリコミットメント支持派は、自分の意志は強いと確信する――つまりは「単純な」――人たちよりも自分たちのほうが「賢明」だと思っている。人間は自信過剰に陥り、自分の意志を信用しすぎる傾向があるからだ。その意味で社会心理学者ロラン・ノルドグレンの研究は興味深い。ノルドグレンによると、禁煙しようとしている人のなかでは、自分は意志が強いと思っている人ほど禁煙に失敗するという結果が出たという）。

かつて、アメリカドルは一定量の金と交換できた。これは非常に効果的なプリコミットメントの手段だった。だがしばらくすると固定した交換レートの維持は不可能なことが明らかになり、同じ量の金を買うためにますます多くのドルが必要になった。現在、通貨政策に自信がもてない国々は紙幣の大量発行を防ぐために、自国通貨をアメリカドルと連動させている。なかには法貨としてドルを採用しているところさえある。自国が発行する通貨でなければ、貨幣価値を暴落させることも不可能だからだ。

国家は金本位制を採用し、（未来の戦闘を不可能にするために）兵器を廃棄し、核の膠着状態が続いている場合には、攻撃されたら人為的な介入なしに自動的に反撃して自他共に滅ぶ最終システムを導入するなどして、プリコミットメントを行なうことができる。この最終システムは、「ポイズンピル（毒薬）」として知られた政治的戦術の一種だといっていい。自分たちに不利な法案には、たとえ賛成派といえども同調できないほど好ましからざる修正条項を付け加えるというやり方だ。ビジネスの世界では好ましくない買収を防ぐために「ポイズンピル」が使われる。外部のものが一定割合以上の株式を取得したら、自動的に大量の株式を発行するという規則をつくっておくのだ。これで買収希望者は非常に不利になる。

マンハッタンのローワー・イーストサイドにあるエルドリッジ・ストリート・シナゴーグ(一八八七年創建)は、純粋な信仰のかたちを保ちたい会衆のために一種のポイズンピルを仕掛けている。「エルドリッジで祈るために会費を払って座席を獲得した人々との契約で、教会がオルガン音楽の演奏や混声合唱団を認めた場合には会費を倍にして返却することになっている」とシナゴーグの歴史家アニー・ポラードは言う。「これは反改革の強力な表明でした」と。

自国の通貨政策が信用できない国々と同じで、高度なプリコミットメントは外部の助けを借りる。ジョージ・エリオットの『ミドルマーチ』には、金をギャンブルに使い果たすのを防ぐため、正気のときに母親に八〇ポンド預けるフレッド・ヴィンシーという浪費家が登場する。レベッカ・ウェストの傑作『泉は溢れて(*The Fountain Overflows*)』のクレア・オーブリーは家賃を前払いできると大喜びする。「一家のお金には不思議な力が働いているらしく、いつでもあとかたもなく消え失せてしまう。その力に逆らっていくらかのお金を確保できたクレアはとても嬉しかった。きちんと家賃を支払い、一時でも借金を背負わずにすむなんて、クレアには何年も味わえなかった贅沢だった」。

文字として記す

文学のなかにプリコミットメントのエピソードがたくさん出てくるのは、当然といえば当然だろう。実生活でそういうことがなければ、文学に書かれることはなかったに違いない。なにしろ作家というものには、何でもいいから書く以外のことをしていたいと思う傾向があるからだ。ビュフォン伯という名のほうが有名なジョルジュ・ルイ・ルクレールは非常に多作な一八世紀の作家でナチュラリストでもあったが、寝るのが大好きだった。「彼はジョゼフという年配の従者に夜明けに起こしてくれと頼んだ」とリチャード・コニフは『ニューヨーク・タイムズ』に書いている。「そして、うまく起こしてくれたらお金をやると約束した。ある朝、手段がつきたジョゼフは冷水を汲んでビュフォンの顔に浴びせ、うまくお金をせしめた。『わたしの作品のうち一〇冊から一二冊は気の毒なジョゼフのおかげで完成した』とビュフォンは記している」。

(ギャンブルに関する)自己コントロールの体験をテーマにして小説を書き、問題を芸術に昇華させたのはフョードル・ドストエフスキーだ。その作品が生まれた経緯もプリコミットメントの典型で、わたしに言わせれば作品そのものよりもおもしろい。いつも金に困っていたドストエフスキーは、過酷な違約金条項のついた契約を出版者のステロヴスキーと結んだ。作家は契約金の一部を前金で受け取るが、締め切りを守らなかった場合には、ステロヴスキーにドストエフスキーの著作のすべてを九年間、無償で出版する権利が与えられる。人間というのは困ったもので、ドストエフスキーもぐずぐずしているうちに約束の締め切り――一八六六年一一月一日――が迫ってきた。あと一カ月を切ったころ、作家はアンナ・グリゴリエヴナ・スニトキナという若い速記者を雇って、『賭博者』を口述筆記させ、やっとのことで間に合わせた。しかも数カ月後にはこの速記者と結婚した。

締め切りは誰にとっても効果があるようだ。ダン・アリエリーは学生たちに短いレポートを書かせるにあたって、締め切りがない（学期末を過ぎてもいい）、自分で締め切りを選ぶ、アリエリーが決めた締め切りを守る、の三種類のどれかを選ばせた。するといちばんいいレポートを書いたのは学期内の早めの締め切りをきちんと守った学生だった。締め切りがない学生は準備時間がたっぷりあったはずだが、出来は最低で、自分で締め切りを決めた者は両者の中間だった。自分で締め切りを決めた学生のなかには自分の怠け心を甘く見て（どこかで聞いたような話ではないか?）、余裕のない日付を選んでしまい、あわてて拙いレポートを出した者がいたからだ。

こうしてみると、ステロヴスキーは文学に貢献したのかもしれない。ドストエフスキーの出版契約は過酷だったかもしれないが、しかしこれは愛の鞭というものだっただろう。そして作家のほうもよく承知していた。批評家のジョン・レナードは「締め切りがわたしの支えだ」と言ったが、この言葉はわたしたちみんなにあてはまりそうだ。

身体に刻む

人間の身体は欲求がぶつかりあう戦場だから、ここでいろいろなプリコミットメントのテクニックが発揮されるのも不思議ではない。刺青は身体に細工するプリコミットメントとしてはいちばん古いものの一つだろうし、その性質からしても目的にぴったりだ。身体アートは恒久的だから、いま選択された装飾は将来同じ身体に宿るはずのたくさんの自分を拘束する。将来の自分はホームである身体から逃れられない。刺青はもっと具体的なプリコミットメントを意味することもある。現代のニュージーランドで顔に伝統的な刺青をするマオリ族の若者は、白人社会への融合を全力で防いでいるわけだ。

イサベル・アジェンデの『天使の運命』に出てくる香港の医師タオ・チェンはファンタンという賭博で有り金残らずすってしまい、二度とギャンブルをしないというプリコミットメントとして、賭けをするときに使う右手に「ノー」という言葉を彫る。現在のアメリカでは、タオ・チェンと似た性質を自覚した人たちがカジノの立ち入り禁止者リストに一定期間自分を登録できる州がある。もちろん、ほかの州に行って賭博をするのは自由だ。

大切な相手の名前を刺青するのは非常にロマンチックなプリコミットメントだが、残念ながら不都合が生じる場合も多い。タトゥー（刺青）をしていれば、関係が波乱含みになってもなお頑張るかもしれないが、たいていは破綻を免れるほどの力はない。ハリウッドのセレブたちにとってはタトゥーの拘束力は結婚と同じくらいらしい。たとえばジーナ・デイヴィスは夫の一人の名前を足首に刺青していたが、離婚後、そのタトゥーに手を加えてデニーズのロゴにしたという。パメラ・アンダーソンは関係破綻後、薬指のトミー（TOMMY）というタトゥーをマミー（MOMMY）に変えた。ジョニー・デップのウィノ・フォーエバー（アル中よ 永遠に）というタトゥーはもともとウィノナ・ライダーを意味していたが、別れてから綴りを変えている。

技術がプリコミットメントの効力をなくしてしまうことがある。タトゥーも何回かのレーザー手術で（痛いけれど）消すことができる（新技術によって一度のレーザー手術で消せる新しいタトゥーもできるかもしれない。そうなると、肉体に記された名前の拘束力も象徴的な意味も薄れてしまうだろうが）。タトゥーを消したいという要望は非常に多く、タトゥー除去のチェーン店も一つある。ドクター・タトゥオフというチェーンで、顧客のほとんどはボーイフレンドの名前を手首に刺青したケリー・ブラニガンのような若い女性だ（相手もケリーの名前を刺青した）。一年後、恋人と別れたケリーはビヴァリー・ヒルズのドクター・タトゥオフの支店でタトゥーを消してもらった。料金は一平方インチ（六・四五平方センチメートル）あたり三九ドル。タトゥーを消すのは痛いし時間がかかるが、（レーザー装置製造者の）推計では、年間一〇万人のアメリカ人がタトゥー除去手術を受けているという。

4. 便利な発明のコスト

時代は変わった。「貞節に問題がある」人たちはもう身元を偽ってデートサービスに加入する必要はない。ウェブサイトがあるからだ。AshleyMadison.com は、配偶者に内緒で楽しみたい既婚者のためのサイトだと宣伝している。いまでは浮気志願者が利用できるオンライン・サイトは一つではない。既婚未婚を問わず相手を見つけたいと思えば、お近くにパートナー候補がいますよと、わたしのところに定期的にメールを送りつけてきた adultfriendfinder.com のほかにも、Craigslist や PlentyofFish などを利用できる。本を書くのにはいつも代償がともなうものだが、わたしも、こういうサイトを徘徊しているのは人類の知識を高めるためであると妻に説明しなければならなかった。

AshleyMadison はなかなか華々しいサイトで、浮気者に率直なアピールをしている。その謳い文句、「人生は短い。浮気しよう」もとても興味深い。このシンプルな言葉はまさに現代生活の課題を言い表している。前半の「人生は短い」を考えてみよう。実際にはいまほど人生が長いことはなかった（寿命は毎年、伸びている）。だが人生は短いんだからというのは、浮気の言い訳としては典型的で、非常によく使われる。この言葉は時間の感覚を一挙に叩き潰し、未来を色あせさせてしまう。未来は不確実だし、もしかしたら自分では知らなくても、未来はほとんどないかもしれない。それにAshleyMadisonの浮気の勧めは人間の最も基本的な衝動に訴えかける。セックスだけでなく、冒険や甘い言葉、興奮への誘いだ。匿名でこのようなスリルを楽しめますよと勧誘するAshleyMadisonは、インターネット時代の最も自由な（あるいは単に解放的な）展開を象徴しているのかもしれない。『ニューヨーカー』の有名なマンガにあったように、インターネット上では相手がイヌでもわかりはしないのだから。

では自己コントロールはどうしてこうも難しいのだろう？ まずすべてを安価に、迅速に、そして容易にした仕組みから見ていこう。いつか誰かが自己コントロール力を鍛える技術を発明するかもしれない。そんな技術が実現したすばらしい未来には、新しい学習ツールやコミットメントのテクニック、さらには誘惑を撃退してほんとうに望んでいるとおりに生きるためのドラッグもできるのではないか。残念ながらいまのところ、技術は問題であって、解決策にはなっていない。

より安価に

自己コントロールにとってテクノロジーはじつに厄介物だというのは、ほとんどあらゆるもののコスト引き下げと消費の民主化の過程で、冒険や楽しみが安く手に入りますよという誘惑をしつこくつきつけてくるからだ。消費の民主化そのものはすばらしいことだ。経済学者のヨーゼフ・シュンペーターは「資本主義の成果は、女王さまにたくさんのシルクのストッキングを提供することではなく、シルクのストッキングを購入するのに必要な労働量を確実に減らし続けることで、工場で働く娘たちにも手が届くようにしたことだ」と言っている。

だがテクノロジーは過剰消費も民主化した。前にも見たとおり、農業や食品科学、輸送、冷凍技術などの進歩のおかげで、アメリカの食品は驚くほど安くなった(一例をあげれば、農務省統計によると、一九七〇年から二〇〇五年までのあいだにアメリカ人の税引き後の所得に占める食費の割合は一四パーセントから一〇パーセントに低下した。そして食費一ドルのうち四〇セントは外食に使われている)。その結果の一つが、昔より食料事情がよくなったこと。そして、もう一つはほとんどの人が太ったことである。

ものが安くどこでも手に入るようになると、大きな社会的変化が起こる。小さなもの、たとえばトランジスタを考えてみよう。ラジオが登場したてのころには、人々は場所を取る大きくて高価な受信機で放送を聞いていた。だから、ほとんどの家庭では一台しかないラジオをリビングでみんなで聞いた。当時の家族向けの番組はそんな聴取者の状況を反映していたし、おとなたちが共有したいと思う価値観で作られていた。ところがトランジスタができて、状況は一変した。まもなく、みんなが個人用のラジオをもち、それぞれ違う番組を聴くようになった。とくに若者向けほどなく、小さなラジオから若者向けの番組がどんどん流れるようになった。とくに若者向けの音楽の大半はセクシーで反体制的だった。親たちは眉をひそめたが、このような音楽は爆発的に売れた。若いリスナーに選択権があったから、そしてパパやママのいないところで聞いていたからだ。二〇世紀半ばに歴史上なかったような若者文化が花開いたのは、テクノロジーがそれを可能にしたからだった。

より迅速に

自己コントロールにとってはスピードが最大の敵なのに、技術の進歩であらゆることのスピードが上がり、抑制がとても難しくなった。怒りを鎮めるために一〇数える、というのは昔ながらのやり方だし、熟慮が必要な重大な事柄の場合には、規則で待機期間を設ける(銃の購入や妊娠中絶などのように)こともある。

ところが技術進歩のおかげで暮らしは一方的に加速した。大西洋を数時間で飛び越えたり、微生物学の最新の成果を数秒で知ることができるのはすばらしい。だが加速化は自制という前線では良いニュースではない。衝動から行動まで、誘いから決断までの時間がほとんどなくなって、どうしても熟慮よりも衝動、将来よりも現在が優位に立つようになった。スピードは熟慮を妨げ、楽しみを後回しにする習慣が薄れて、考え直すチャンスがなくなる。何でも手軽になれば、すぐに欲求を満たしたくなる。食べたいと思えばいつでもフライドチキンや熱々のポプコーンが手に入るから、いくらカロリーが高くても我慢できない。鶏の羽根をむしり、衣をつけて揚げて、台所まわりの油汚れを掃除するという手間があれば、そして考え直す余裕があれば、胴回りやコレステロールへの影響を思って我慢できただろうに。

何か、買いたくなった？　たぶん近くの店が開いている（ウォルマートの多くは休みなしに二四時間営業している）し、クレジットカードがポケットにあれば無敵だ。知り合いの警察官が犯罪はチャンスだと言った。チャンスがあってコストが小さければ、たぶん誰でも誘惑に負けてしまうだろう。毎日の昼食を思い浮かべてみよう。特別の日のサラダではなく、ハンバーガーとフライドポテトやミートボール・サンドイッチのほうだ。それでは一週間分のランチを前もって決めて紙に書いておき、一度決めたらほかのものは食べられないとしたらどうだろう。あなたのランチはもっとヘルシーになるのではないか？　間違いない。

暮らしのあらゆる面が加速化したために、外国語の習得や工学の勉強、車で行かずに歩くなど、時間のかかる（だが結果として見返りの大きい）ことをしたがらなくなった。技術やますます効率が良くなる市場が安易な代替策を提供してくれて、極端な専門化が有利になると、この種のことはやらなくなる。（テレビのように）安くてすぐに楽しめるものが手近にある現在、努力と忍耐が必要でもっと永続的な満足を得られることは相対的にお金がかかるうえに、敬遠されがちだ。

テレビが（とくにテレビを長時間見てしまうという面で）自己コントロールを脅かす装置であることは言うまでもない。インターネットが普及しても、アメリカ人はいまだに平均して一日五時間、テレビを見ている。テレビの視聴時間を減らしたほうがいいのはたしかなのだが。たとえば所得や教育水準などの要素を勘案しても、テレビを見る時間が長い人ほど幸せではないという。調査によると、長時間テレビを見ている人たちのほうが不安が強く、他人を信用せず、物質主義的で、自分の人生に満足していない傾向がある。それに肥満も多い。事実、この人たちはテレビを見る時間を減らしたいと思っている。自己コントロールの問題を抱えていて、当人も自覚しているのだ。一九九〇年代のギャラップ調査では成人の四〇パーセント、一〇代の七〇パーセントがテレビを見すぎると思うと答えているし、ほかの調査でも成人の一〇パーセントは自分がテレビ中毒だと思うと言っている。

「長い目でみれば、テレビは社会参加や新聞ほどの満足を与えてくれない」と、生活時間の研究で知られたメリーランド大学の社会学者ジョン・P・ロビンソンは言う。「テレビは受身で、逃避的だ——景気が停滞して、暗いニュースが多いときはとくにそうなる。データから見ると、テレビを見る習慣は目先の楽しみを与えてくれるが、長期的には病むことになりそうだ」。

テレビと同じように、自動車も生活を変えた。たぶん日常生活を加速化させる技術としてはテレビよりも大きな役割を果たしている。昔は金持ちしか自動車をもっていなかったが、一九三〇年になるとアメリカでは二三〇〇万台の自動車が走っていて、一九六〇年には六二〇〇万台に増えた。

自動車はすべて脱走手段だ。自動車は古いコミュニティとそこにあった社会的な絆を崩壊させ、多くのアメリカ人の欲求を抑える力になっていた村の暮らしの代わりにだだっ広い匿名社会を作り出した。自動車は自由とプライバシーを意味する。若者がハンドルを握れば恋愛のかたちも変わる（まるでオペラのようなミート・ローフのロック『ダッシュボードの明かりのもとで

(Paradise by the Dashboard Light)』を思い出すといい。元ニューヨーク・ヤンキースの選手だったアナウンサー、フィル・リズートの野球中継が車内で演じられる熱い攻防戦にぴったり合っていた)。

自動車がもたらした大きな変化の一つは、隣人の目が届かなくなったことだ。電子データの安全性や守秘義務が問題になっているが、アメリカ人のほとんどはいま、物理的にはかつてなかったほどのプライバシーを享受しているし、それには自動車が大いに貢献している。自動車が普及したおかげで、それぞれの家が独立した郊外住宅地が増えた。もう誰がいつ帰っていつ出かけたのか、目的地はどこなのか、そこで何をしているのか、誰も知らないことが多い。いまなら、姦通者を表す緋文字はナンバープレートに貼り付けなくてはならないだろう。

アメリカ人にとって自動車は魔法の絨毯だ。呼べばいつでも飛んできて、たちまち(誰にも知られずに)ほとんどどこにでも連れて行ってくれる。自動車があるとは、思いついたとたん、どこにでも行けて何でもできるということだ。それに自動車があれば、たくさんモノを買ってうちに運べる。アメリカ人は自動車を手に入れる方法をみつけ(自動車そのものは高いが、運転する分には費用がかからないように思えるし、とくに減価償却を考えなければ負担を感じない)、そのせいでどの年齢層も歩かなくなり、カロリーの必要量が減少したが、食べる量は減っていない。それに自動車のおかげで、ハンバーガー通りと呼ばれる通りがあるほど、アメリカのはしからはしまでファストフードの店が普及した。

より手軽に

アメリカの暮らしが巨大な食べ放題ビュッフェのようなものだとすれば、インターネットは巨大な自宅配送装置かもしれない。事実上すべてのものの値段が下がった大きな原因はインターネットだし、わたしたちを自制させてくれたはずの摩擦コストが消えたのもインターネットのおかげだ。たとえば、わざわざ怪しげな店に出かけて恥ずかしさを我慢して購入しなくても、ポルノを楽しめる。お金だけでなく恥ずかしさもポルノのコストだったのに。学生にとってもインチキの誘惑はたしかに大きくなった。インターネットは買い手と売り手を結びつけるのが非常に上手だから、学生は自分の代わりに学期末レポートを書いてくれる者を簡単に見つけられる。セックスも同じで、少なくともCraigslistで探すゲイの男性は文字どおりよりどりみどりだ。このサイトでは求めればすぐにどんなタイプとでも出会うことができるという。

アメリカではギャンブルを厳しく取り締まろうとしているが、インターネット上の賭博場はしつこく存在し、世界じゅうのギャンブル好きはパジャマを着たままで賭け事ができる。もちろんインターネット・ショッピングも膨大な時間と金を食う。それにインターネットほど仕事を邪魔する手段もないのではないか。なにしろ、仕事に使うのと同じマシンで楽しみや気晴らしができるのだから、抵抗するのは容易ではない。

またインターネットのせいで、正直さと勤勉さを損なう誘惑が職場にも入り込んだ。マウスをクリックするだけで、ショッピングや野球、セックス、その他ありとあらゆる楽しみを提供しているサイトに飛べるのだ。二〇〇五年にSalary.comとAOLが行なった調査によれば、おもにインターネットが原因でアメリカ人は毎日、労働時間のうち二時間を空費しているという。この調査はあまり科学的とはいえないかもしれないが（回答者は自分から調査に参加しているのだが、いちばん多忙な者にはそんなことをしている暇はないはずだ）、それにしても驚くのは全員が二時間はさぼっていると告白していることだ。

ついインターネットで遊んでしまうのを自分でもどうすることもできないと認めるインターネット・ユーザーには、閲覧したウェブサイトをすべて記録し、その危ないリストを自分が選ぶ「監視相手」にメールで知らせるCovenant Eyesというソフトウエアがある。相手は上司、配偶者、牧師、あるいは母親でもかまわない。Covenant Eyesは芳しくないサイトをウエイト付けしているので、オンラインのマーケット・リサーチをしていたのか、それとも覗き見ショーを見ていたのか、監視者には一目瞭然だ。このソフトのおもしろいところは、自分でインストールして監視相手を決めることだ（ソフトを停止すると相手に通知される）。もちろんこのソフトの目的は、インターネットに接続して時間を浪費し悪さをした記録を送って相手にショックを与えることではない。自己コントロールという闘いの強力な武器を獲得するのが目的だ（「ママに叱られるぞ！」と書いたポストイットをモニターに貼っておくのはどうだろう）。

Covenant Eyesは典型的な、そして拘束力あるプリコミットメントの道具だ。ちょっとした助けがあればがんばれる人なら、マック用のFreedomというプログラムがあって、これを使うと再起動しなければインターネットに接続できない（もちろん再起動は難しくないが、それでも充分なハードルになる）から、セレブのゴシップを漁って半日過ごすことは防げる。またある種のサイトへのアクセスを制限するプログラムや、一日のうちの特定の時間や一定の長さの時間はアクセスを制限するプログラムもある。ブラウザーのファイアフォックス用の追加プログラムSelfContorolはフリーのアプリケーションで、時間を無駄にして遊ぼうとすると警告してくれる。ほんとうに仕事がしたくないなら、警告をオフにすることもできる。このようなプログラム（とくに制限力の大きいもの）は子どものインターネット利用を制限する親が使うソフトウェアと同じで、違うのはコントロールする親が自分自身だということだ。

将来、こういう仕掛けを必要とする人たちはますます増えるだろう。技術の進歩によって何もかもが一つの装置ですむようになると、何かに集中するのがますます難しくなるからだ。昔は電話やeメールで気を散らされることがなかったから、本に熱中するのもわりあいに簡単だった。だが近い将来にはアップルのiPadのような電子デバイスで本を読むようになるだろう。その同じ電子デバイスがコンピュータで電話でステレオでゲーム機で映画もテレビも見られる。もちろんすばらしいことだが、こんなにいろいろと気を引くものがあったのでは、退屈な冶金学の教科書に集中するのは容易ではない。

技術は真のコストを隠して、すべてを手軽に見せる働きもする。クレジットカードで買い物をすれば、ポケットから現金を取り出すよりもずっと痛みが少ないから、ついつい買いすぎてしまう。いろいろな清算システムが生まれているが、これも同じ効果がある。たとえばわたしはE-Zパス（ETC）のおかげで、すんなりとジョージワシントン・ブリッジを渡れる。その代わり、昔は通行料がいくらか知っていたが、いまではわからない。地下鉄でも同じだ。自動チャージされるニューヨーク市のメトロカードを使っているいまでは、運賃がいくらなのか知らない。

テクノロジーの落とし穴

先年の金融危機で人々が破綻しかけたのも、テクノロジーが原因だ。危機にまでつながった無茶なローンを可能にしたのは、一九六〇年代のコンピュータの急激な普及だった。もちろん何世紀も前から金融にはパニックがつきものだ。しかし破壊的なテクノロジーが一役買ったことも多かった。今回の主犯の一人はデジタル革命だろう。それどころか先般の金融危機は、テクノロジーがコントロールという幻想を与えつつ、その実リスクを増幅させていた究極の事例だった。

まず、どんどん高性能になるコンピュータがあらゆる金融取引の効率を著しく向上させたが、それ自体が一つの問題だった。住宅ローンを考えてみよう。一九九〇年代末以来、金利が長期的に低下して、銀行は消費者に住宅ローンの借り換えを積極的に勧めるキャンペーンを展開した。おかげで一九九五年には一四〇億ドルだった住宅ローンが、一〇年のちには二五〇〇億ドル近くにまで膨れ上がった。そして、ほとんどのケースで借り手は住宅ローンだけでなくキャッシングも行なって、これが驚異的な景気刺激策になった。

借り換えブームがこれほどの規模になったのは、信用格付けの自動化や、ローン手続きのコンピュータ化、そして複雑な変動金利型ローン（これ自体がイノベーションの産物）が原因だったが、どれも計算やその後の処理にコンピュータが必要だった。デジタル革命のおかげで、顧客は地元のホームセンターでほんの数秒のうちに何千ドルものローンを組むことができた。あるいは国の反対側にいる貸し手の助けで、住宅を担保にお金を借りることができた。さらにその貸し手は世界の反対側の資本を入れて商売をしていたのだ。

信用力の高い借り手が尽きてしまうと、貸し手側は信用度の低い相手に金を注ぎ込み始めた（サブプライム・ローンは二〇〇一年には一四五〇億ドルだったが、二〇〇五年には六二五〇億ドルに増えた）。この過剰な貸し出しを可能にしたのもテクノロジーだった。コンピュータ・ネットワークのおかげで大量のローンが証券化され、パッケージにされてから切り刻まれて、リスクの不透明なわけのわからない投資商品になった。さらに貸し手はコンピュータを使ってこの証券を世界じゅうの投資家に売りさばいて資本を補充し、住宅ローンを第三者に押し付けた。リスクはコントロールされているはずだった。大手の債務格付け機関は高度なモデルを使って商業用不動産担保証券の債務不履行のリスクを推計していたし、そもそも債務のパッケージ化や細分化はリスクを分散する（それによって軽減する）ためのものだったからだ。

ところが蓋を開けてみると、リスクを軽減するはずのイノベーションは実はリスクを増幅させていた。たとえばクレジット・デフォルト・スワップは（銀行のような）大手のプレーヤーが料金を取って第三者のローンを保証する仕組みだ。このスワップの対象額は二〇〇一年には一兆ドルだったが、二〇〇七年には四五兆ドルに膨れ上がった。理論上はこのような仕組みはすばらしいもので、あらゆる種類の債務の分散、リスクの軽減、利益創出が可能になるはずだった。ところが実際にはこのようなデリバティブ商品は、ウォーレン・バフェットの言葉を借りればリスクを増幅し、システムに広がって、しかも傍目には見えない「大量破壊兵器」だった。

金融工学は強力だ。資本主義には抽象化の力があることはよく知られているが、これらのデリバティブ商品は人間には理解不能なレベルにまで金融取引を抽象化してしまった。ギリシャ人は流動性ということについて、わたしたちよりもよく理解していた。彼らは富が簡単に使われるかたちになることを恐れた。資産が流動化されると消えてなくなる傾向があることを知っていたからだ。目に見えなくなる（オリーブの木と違って、お金は隠すことができる）だけでなく、簡単に使えるものはどうしても無駄遣いされる。結局、流動化すると蒸発してしまうのである。

5. 繁栄の代価

宗教が繁栄を生み、その娘は母親を喰らった。
――コットン・メイザー

インディアナ州北部のアーミッシュのコミュニティは、州間高速道路を使えばシカゴから東へほんの二時間ほどだが、まったく別世界のように見える。アーミッシュの人たちはほぼ現代世界の罠に陥ることなく暮らしている。馬車で行き来し、必要なものは自分たちで作るか育てるかする。ふつうは物質主義が大きな問題となることはない。

ところが二〇〇七年ごろ、アーミッシュの社会に変化が起こった。インディアナ州のそのあたりはRVやプレハブ住宅の工場があるところで、賃金がいい。アーミッシュの人たちは働き者だ。シプシュワーナやトペカなどのコミュニティの男性たちの半数以上がフルタイムで勤務し、ある推計によれば平均三〇ドルの時給を稼ぐようになった。『ウォールストリート・ジャーナル』によると、アーミッシュで四人の子の父親であるマーヴィン・リーマンは二〇〇八年一一月に解雇されるまで「RVの工場の職長として時給五〇ドル以上で、週に六〇時間働いていた」という。

お金が流れ込んでくると、アーミッシュの暮らしにプレッシャーがかかった。電話を使わないという伝統も揺らぎ、アーミッシュの起業家のなかにはファックスを使う人たちも現れた。馬車にビロードの内装をほどこし、高価なオランダ製の馬具をつけたりもした(カムリにレクサスの内装をとりつけるようなものだ)。結婚式は大規模に豪華になった。買い物に出かけるときタクシーを使ったり、隣人に助けを頼むと自分も相手を助ける義務が生じるのを嫌って、お金で人を雇う人たちも出てきた。フロリダに別荘を買った者までいるという。少なくとも支出に関する限り、アーミッシュはふつうのアメリカ人と同じようにふるまい始めたのだ。

この変化は過渡的だったが、RV工場が人員整理を始めた二〇〇八年に急ブレーキがかかった。するとトライ-カントリー・ランド・トラストというアーミッシュが運営している地元の貯蓄貸付機関の預金が減少した。このような貯蓄貸付機関はアメリカ各地にあるが、ここはアーミッシュだけを相手にしていて、連邦政府の預金保証機構に加入していなかったし、ローン申込者の信用調査も行なっていなかった。その代わりに多額の現金を準備金として保有するとか、住宅ローンの支払いが借り手の所得の三分の一を超えないようにするなど、以前は貯蓄貸付機関としてはふつうだった超保守的な運営が行なわれていた。トライ-カントリーは信用や相互扶助、堅実な金銭観などアメリカの伝統のシンボルだったのだが、そのすべてが地元の景気過熱で切り崩されてしまった。RVの売れゆきが減ってまもなく、トライ-カントリーが危ないらしいという噂が広がり、六週間にわたる取り付け騒ぎが起こった。パニックになった預金者は自分たちの金融機関を信用できなくなって、預金を引き出そうとしたのである。

豊かさはときとして行き過ぎるものであることを、アーミッシュの人たち以上に理解している者はいないだろう。また伝統的に「プレイン・ピープル」と呼ばれてきたアーミッシュの人たち以上に典型的なアメリカ人もいないかもしれない。だが突然富を手にしたアーミッシュの体験は、繁栄と取り組むアメリカの、とりわけ債務と人工的に水増しされた資産価値に火をつけられたバブル経済と取り組むアメリカのもっと大きな闘いを象徴している。インディアナ州では、自己コントロールやそれを支えるコミュニティの絆を含め、アーミッシュを長いあいだ支えてきた価値観をじゃぶじゃぶ流れ込んだ金が破壊してしまった。

同じことはほかのアメリカ人にも起こったし、それどころか、アメリカだけでなく世界の各地で生じた。先年の金融危機まで、世界じゅうに低利融資の金が溢れていたからだ。アイスランド社会も低利融資で一変し、無謀に貸し出しを膨らませた銀行のせいで、ついには国家全体が事実上破産した。オーストラリア、アイルランド、スペイン、英国その他各地で低利融資のバブルが膨らんだ。さらにギリシャ(古代ギリシャではなく、現代のギリシャ)では、当のギリシャ人たちも知らないうちに膨大な赤字が積みあがり、歳出と脱税で国家が破綻の瀬戸際に追い込まれた。

お金が簡単に手に入ると、簡単に借金するし、誰も楽しみを先延ばしにしようとは思わなくなる。借金そのものが悪いわけではない。それどころか信用(借金)はイノベーションや繁栄を可能にして文明社会を支える血液だ。信用（クレジット）という言葉の語源は「わたしは信じる」という意味のラテン語 credo で、借り手と貸し手双方の未来への信頼を表している。だが投資ではなく消費のために借金するとなると、未来に投資するのではなく、未来を先取りして食いつぶすことになる。つい先ごろまではそれがほぼ全世界に広がっていた。たとえば二一世紀になるころから、どこでもクレジットカードの発行が爆発的に増加した。二〇〇八年には全世界の三六億七〇〇〇万枚のカードの三分の二以上がアメリカ以外の国で発行されていた。人口四九〇〇万人の韓国では、ある時点で一億四八〇〇万枚のカードが発行されていたが、やがてカード破産の率が二八パーセントに達し、クレジットカード業界が崩壊してしまった。トルコのクレジットカード債務残高は二〇〇七年に一八〇億ドルと、五年間で六倍に増えている。

貨幣という諸刃の剣

貨幣ほど楽しみを先延ばしにする人間の能力に貢献した発明はない。貨幣が登場するまでは、蓄えるということはほんとうに難しかった。せいぜい魚を干したり、木の実を溜めるだけだっただろう。だが貨幣には価値を保存できて、しかも計算が簡単で交換手段として便利だというユニークな性質があり、貨幣のおかげで効果的に将来を計画して計算することが可能になった。だが貨幣の登場で富を使うことも容易になり、気をつけていないと文字どおり湯水のように使われて消えていくことにもなった。

貨幣が諸刃の剣なら、資本主義も同じだ。アダム・スミスは、わたしたち一人一人に（市場での成功を確実にできるような）社会的に生産的な方法で慎重に行動しようという強いインセンティブが生まれた、と資本主義を賞賛した。実際、勉学や非暴力などのブルジョア的習慣を植え付けるとともに、そのような美徳を支える法的、社会的構造を生み出した資本主義は、責任と自制を促す強い原動力でもあった。サミュエル・ジョンソンは「お金を稼げるときほど、人間がすなおに他人に使われることはない」と述べている。

この伝統どおり、職場ではだいたい穏健で抑制的なふるまいが幅を利かす。とくに現代のオフィスでは、以前にもまして自己コントロールが求められている。いまでは動物や機械を相手にするのではなく、人と交流しつつ働くからだ。職場では（家庭の外で働く人たちがかつてないほど増えている）行動をつつしみ、態度に気をつけ、感情の爆発を抑えて、訪問者には微笑みかけ、下品な言葉を口にせず、食後いくら眠くなっても睡魔に負けず、全体として肉体的な欲求をしっかりと閉じ込めておくことを求められる。一日じゅうお客を相手にしているなら、こっけいな身なりの人を見て笑うのも、失礼な相手を張り倒すのも、魅力的な相手に服を脱いでごらんというのも禁止だ。一日の仕事が終わったあとでようやく、内心の声が激しく囁き始める。「やっと解放されたぞ！　さあ、買い物をしよう。食べよう。セックスしよう」。

ここでトラブルが始まる。消費者にとっての資本主義とは、贅沢して遊び呆けようとありとあらゆる手段で誘いかけるものだからだ。そこで先の世界的な金融危機に示されたとおり、ときには野放図になりすぎ、システムそのものが危険にさらされる。カール・マルクスは資本主義システムの不安定な性質を見抜き、資本主義が「支配的になると、あらゆる封建的、家父長的、牧歌的な関係に終止符が打たれる。人間を『生まれながらの上位者』と結び付けていたもろもろの封建的な絆は情け容赦なく解体され、後にはむきだしの私利私益、『味気ない現金支払い』という人間関係しか残されない」と述べた。

これは実はすばらしいことだ。昔からそうだったし絵になるというだけで、封建社会で労役者の身分を生きるのは、誰だっていやだろう。だがある程度の道徳や文化的な枠組みによって暴風を封じ込めるか、少なくともうまく抜け道を作ってガス抜きしなければ、資本主義も繁栄できない。資本主義システムの根本的な矛盾は、自己コントロールの効いた労働者を生み出す一方で、消費者の抑制をとっぱらう（それによって植えつけたはずの人々の自制心を切り崩す）ところにあるからだ。アダム・スミスはそこを理解しており、自己コントロールが不可欠だと考えていた。スミスはまた、資本主義社会が生み出す大きな富によって可能になる大きな国家の必要性も予言している。

残念ながら、資本主義はせっかく役に立つ抑制をかなぐり捨てる傾向がある。ロビイストはコントロールに反対するし、人々はうまく規制をすり抜ける。資本主義は躁鬱病にかかっているようだ。躁状態のときには有頂天になって、自分の欠点に気がつかない。そこをどけと偉そうに喚き、自分の驚異的なパワーに目がくらんでいる。そんなときには、そろそろ破綻が近いとわかる。まもなく手に負えない事態が生じ、傲慢な巨人はわけのわからないことを口走る図体の大きな病人になって、壮大な仕組みがぼろぼろになる。

公平に言えば、繁栄は自己コントロールに寄与することも多い。一般に豊かな人たちほど楽しみを先延ばしにする力がある。だからこそ豊かになれる、つまり楽しみを先延ばしにする力は結果ではなく原因かもしれない。豊かなアメリカ人ほど食費を安いと感じるはずなのに、太りすぎが少ないのも、同じことではないか。しかし突然大金を手にすると問題が生じることは、宝くじ当選者の多くがそのうちレールを踏み外す例を見てもわかる。クレジットカードの増加スピードが支出を抑える習慣や努力を凌駕したときのように、豊かさが文化や習慣を追い越したときが難しい。そこで借金が大きな問題になる。持ちなれた金額を大きく超える大金を手にするからだ。この三〇年間続いた借金の爆発的な増加は、とくに問題につながる可能性がある。なにしろ人々は支出を抑える気持ちをなくしたのに、所得は増えていない。これは白紙小切手をみんなのポケットにねじこんで、好きな金額を書きなさいと言うようなものだ。所得が当人の自己コントロール能力を表しているとしたら、莫大な借金で収入を増やせば、必ずトラブルにつながる。

アメリカ人とお金

前述の白紙小切手を喜んで金に替えよう（借金しよう）とするのは、わたしたちの金銭観が変化したからだ。いつから節約に浪費がとって代わったのだろう。簡単に言えば、浪費できるようになったときだ。本格的になったのは一八八〇年代から一九二〇年代、アメリカが欠乏の国から欲望の国へと変容したころだろう。とどまるところを知らぬ経済成長に克己心や控えめなどのプロテスタント的な倫理は影をひそめ、台頭した商人階級は長く続いた贅沢を嫌う風潮を変えようと全力をあげた。消費者信用が普及し、宗教的な気分が薄れて、地獄の業火を恐れるよりもセラピーで幸せを獲得しようという傾向が強くなった。大都市のデパートは女性を対象にあらん限りの贅沢品を提供した。女性たちがかつてのように苦労して作るよりも買うほうを好んだのも無理はなかった。

アメリカは変わり、アメリカ人も変わりつつある。もう快楽が疑惑の目で見られることは少なくなった。「消費や安楽さ、肉体的な快適さ、贅沢、支出、獲得、去年よりももっとたくさんのものを手に入れる今年、という考えに取り憑かれた社会」になった、と歴史家のウィリアム・リーチは指摘し、一九一二年に新しいカルチャーを要約した商人ハーバート・デュースの言葉を引用する。「語られるのはわたしたち自身のこと、わたしたちの楽しみ、わたしたちの暮らしだけだ。『祈り、従い、汝自身を犠牲にし、王を敬い、主人を恐れよ』とは言わない。そして『楽しめ、自分のことを考えろ』と囁く。個人主義の時代なら自然で必然的なことではないか?」

大量消費(広告で大衆の欲望を刺激することが可能になった)をきっかけに都市近郊の中産階級が台頭して、消費が重要な地位に躍り出た。一八九〇年から一九〇四年までのあいだに、ピアノ(豊かさの民主化の象徴のひとつ)の年間販売台数は三万二〇〇〇台から三七万四〇〇〇台に急増した。チャールズ・R・モリスは「一八八〇年代から一八九〇年代までのアメリカほど、新製品が爆発的に登場した時代は歴史上なかった」と断言する。

このような消費の風潮に、二人の重要な社会学者が着目した。一人は有名で、一人はほぼ忘れ去られている。しかし倹約に対するアメリカ人の愛憎交じり合った関係の物語のなかで、誰もほとんど覚えていない思想家の教えどおりにわたしたちが生きているのは皮肉なことかもしれない。

まず、よく知られているほうから。ソースティン・ヴェブレンは逍遥学派のノルウェー系アメリカ人エコノミストで(一九二九年、大恐慌の直前に死亡。大恐慌を経験したら陰気な満足を感じたのではないか)、いちばん有名なのは、消費のほとんどは他人に強い印象を与えたいという無駄な試みだと主張した顕示的消費の理論だ。ヴェブレンは大量消費を地位とみせびらかしという観点から説明し、経済と消費者行動についての革命的な、そして影響力の大きな考え方を提示した。ヴェブレンを読むのは程度こそ違うがフロイトやダーウィンを読むのと同じで、読んだあとは二度と以前と同じ見方ができなくなる。

偶像破壊的なヴェブレンは周囲の顕示的消費に皮肉な目を向け、どこまで無駄遣いできるかの競争が桁外れになった巨大なポトラッチ(高価なプレゼントを競い合うアメリカ先住民の習慣)のようだと考えていた。ヴェブレンの言葉は倹約派の声だと考えることもできるだろう。いまでも身分保障された教壇や美術と工芸品に飾られた家庭からもっともらしく他人の消費を非難する左翼インテリが同じようなことを口にしている(彼らの多くはブルジョワの消費を槍玉にあげる。これに対して保守派は貧乏人の消費を非難する)。だが実際には誰もそんな言葉には耳を傾けない。自分でも避けるつもりのない罪の償いをしようと自罰的な気分になったときは別だろうが。

倹約派が引導を渡されたころ、声を上げた者がもう一人いた。サイモン・パッテンだ。パッテンもヴェブレンと同じく学会にうまく適応できなかったエコノミストで、消費について確固たる考えをもっていた。いまの人間には素朴で無邪気に見えるかもしれないが、パッテンはペンシルヴェニア大学ウォートン・スクールの教壇で、マルクスが恐れたとおりのことを主張していた。産業界と消費者が古い体制を一掃し、豊かさという原則に沿って世界を作り変えるだろう、というのだ。豊かさは単調な重労働の負担を軽くすることで人々の自制心を強化し、豊かさのなかで美徳が花開くだろう、とパッテンは言った。しかし人々がほんとうに豊かさを享受するためには、教育と外部的な制約が必要なことも認識していた。学校で若者に豊かさの意味を教え、大学は自己コントロールその他の良い習慣を植え付ければいい。政府にも、一方で消費者クレジットや投機の限度を定めるなどの法的制約を採用し（パッテンは禁酒法にも賛成していた）、もう一方では税制と再分配によって階級のない社会を実現する役割がある。パッテンは一度ならず、野放しの欲や支出は「暴飲暴食と悪徳がはびこる社会を生み出す」と警告した。

しかしパッテンがヴェブレンとは違って、節約を称えるどころか葬り去る側だった事実は変わらない。「諦めの精神を叩き込み」「欲望を抑えるべきだと強く主張する」古い美徳は捨てなければならない、とパッテンは言った。「抑制、否定、否認」は古い。「道徳家はなおも犠牲の精神を崇めているが、原始的な世界はゆっくりと沈没し、無限の資源と掘り起こされたおびただしい富をもつ新たな土地が現れて、社会的構造は変わりつつある」。

当時、パッテンの影響力は大きく、とくに「普遍的な豊かさ」は目標であって、決して恥ずべきことではないというアダム・スミスのような考えをリベラル派に抱かせるうえで力があった。パッテンの優れたところは、中世の抑圧された民衆が夢見た「怠けて贅沢できる楽園」が資本主義によって実現する可能性を見抜いていたことだろう。パッテンの思想はその後のエイブラハム・マズローやヘルベルト・マルクーゼのような欲求の満足を重視する知識人に道を開いた。彼らは暗黙のうちに（あるいは明確に）満足を先延ばしにする考え方を否定した。それはあの世まで幸せを先延ばしにするのと同じで、無駄な自己犠牲としか考えられなかったからだ。

労働組合や八時間労働の主張者も豊かさ（とくに支出）を肯定した。たとえばジョージ・ガントンは、消費が増えるのは労働者にとって良いことだという前提に立った。労働者の余暇が増えれば消費も増えるし、そうすれば需要が増えて、それがまた労働需要の増大と賃金上昇、そしてすべての人の生活水準の向上につながる。ガントンは豊かさは純粋に善であると考え、抑制すべきかどうかなどと悩まなかった。そのために結局はあらゆる種類の消費を正当化し、ついには、一八九五年にジョージ・ヴァンダービルトがノースカロライナに建てた顕示的消費のきわみとも言うべきシュールな大邸宅まで褒めそやした。このビルトモアという大邸宅の敷地は五〇五平方キロメートルあまり、部屋数二五〇で、バスルームが四三、暖炉が六五、それに室内プールやボーリング・レーンまで備えていた。

八時間労働は徐々に浸透した（一九一六年に連邦法で定められた）が、ガントンは最後までパッテンやヴェブレンほどの地位や影響力をもつことはなかった。パッテンもヴェブレンもそれぞれ大量消費について重要な正しい指摘をしていたが、どちらかといえばパッテンのほうが真に過激だったし、ヴェブレンのほうは空想的な理想主義は別として、陰気な保守主義者であることは一目瞭然だった。ときが流れたいま、わたしたちはパッテンの世界に住んでいる。その世界を理解するために使っているのはヴェブレンの言葉だとしても。

パッテンとヴェブレンはどちらも一九二〇年代に亡くなった。豊かさとテクノロジー、そして社会の道徳観の変化があいまって、金銭に対する抑制的な考え方がすっかり威力を失った時代だ。そして大恐慌が起こると、パッテンやヴェブレンよりももっと重要なもう一人のエコノミストが、知的な根拠に基づいて質素倹約に決定的な止めを刺すことになる。豊かになったのだから倹約を捨てることは正しいとパッテンが考えたなら、ジョン・メイナード・ケインズは豊かさの欠如から出発して同じ結論に達した。

ケインズに言わせれば倹約は敵だった。成長を促すのは消費だからだ。貯蓄をするのはいいが、しかしその後「節約のパラドックス」として有名になったパラドックスがある。人々が貯蓄しすぎてお金を使わなくなると、経済が停滞し、みんなが貧しくなる、というパラドックスだ。健全な経済の鍵は消費であり、大恐慌に対するケインズの処方箋は、民間支出を増加させるために政府支出を増やせというものだった。必要なら政府は穴を掘って現金を埋め、人々を雇って掘り起こさせろ、そうすればその分、失業を減らせる、とまでケインズは言った。みんながまたお金を使い出せば（それが当然あるべき姿なのだが）景気は回復するだろう。ケインズの説は基本的には正しかった。

第二次世界大戦後（この間アメリカ人は所得のほぼ四分の一を貯蓄していた）、アメリカ経済は過熱した。一九五四年の『アメリカの富と国民性』という著書のなかで、デヴィッド・M・ポッターはこんなふうに言う。「社会はアメリカ人それぞれに一定の生活水準を維持し、それなりの消費支出を（自動車、ウィスキー、テレビなどを買うことを）期待している。自分の割り当て分を消費してこそ『いいやつ』だとみなされ、前の世代なら尊敬されたはずの用心深くて克己心が強い禁欲的な倹約家は冷笑される」。それから二年後、ウィリアム・ホワイトは『組織のなかの人間』で、「節約はあまりアメリカ的でなくなった」と言った。

自己コントロールが分水嶺にさしかかったのは一九六〇年代だろう。六〇年代の知的な（そしてファッション面での）行き過ぎはその後なりをひそめても、貴重なリベラリズムは明るく生き延びた。健康的とは言えないこの時代に強調されたのは、資本家による横暴な社会的コントロールから逃れることだけでなく、これも同じように怪しげな素性をもつとみなされた自己コントロールからも逃れよう、ということだった。若者たちが意識を変性させるドラッグに走ったのは、自分を制約し操る（あまりに隠微で効果的なので、その抑圧的性格に気づくどころか、むしろ慣れ親しんで心地よいと感じるほどだった）超自我（スーパーエゴ）を覆そうとして薬物に助けを求めたのだ、と考えることもできよう。東洋の神秘主義や瞑想、フリーラブ、その他の自分自身を乗り越えたり出し抜いたりする――すべてを解放する――手段も、同じ革命的な高まりの一部だった。ブリンク・リンゼイはこの仇花のような熱狂を次のように要約している。「アメリカ人は基本的な欠乏と物質的な不安定から解放され、大挙してマズローのいう欲求の階層を上昇し始めた。克己心という昔ながらのプロテスタント的な道徳をいっせいにかなぐり捨て、人間的充足を求めるというまったく前例のない道に飛び込み、そうすることで所属意識や地位を求めるという昔ながらの探求のかたちを変え、活性化させたのである。かつては静謐でいつまでも幸せが続くユートピアだと思われていた自由という領域は、万人の際限のない熱い欲望の場と化した」。

そして七〇年代がやってくる。物価はじわじわと上がって、楽しみの先送りはますます流行らなくなった。インフレは明日になればすべてが値上がりするという予測を抱かせる。それなら今日買うほうが賢い。先に行けばお金の価値は下がるのだから、貯蓄なんて馬鹿ばかしい。借りるほうが利口だ。今日借りた金は将来、価値が減った金で返済すればいい。思い出してほしいのだが、お金の価値は何が買えるかで決まる。インフレが進めば、誰でもお金の価値は下がっていくと信じる。

アメリカのインフレはますます昂進し、肩の力が抜けた新しい子育ての成果である新しい世代（ベビーブーマー）が成人した。大恐慌や第二次世界大戦で犠牲を強いられて育った親たちは、戦後の好景気にぬくぬくと温められつつ、郊外で子ども中心の天国のような家庭をつくった。理由はいろいろと入り組んでいるが、その戦後の好景気が七〇年代のスタグフレーションをもたらし、そしてロナルド・レーガンが大統領に選出されることになる。

一九八〇年の大統領選挙の対立候補は当時現職のジミー・カーターだったことを思い出そう。カーター大統領はバプティスト派の敬虔な信者で、こうるさい説教をすると多くの有権者やコメディアンに思われていた。自己コントロールの権化のようなカーターはいっさいの欲望を心のなかに留め、イランの大使館人質事件でも大変な自制心を発揮した。彼は国民の我慢のなさやだらしなさを叱責し、ベージュのカーディガン姿で現れて暖房の設定温度を下げようと提案した。カーターを見ると、アリストテレスのいう自制心ある人間ともともと地味で控えめな人間との違いがわかる気がする。前者は放埒や贅沢が好きだが、有害だと考えるから抵抗し、後者はどっちみち当人にとっては楽しいはずのない行き過ぎを控える。カーターのように地味で控えめな大統領の再選を期待するのは、多くの有権者にとって無理難題というものだっただろう。

金ぴかのロナルド・レーガン大統領はこれまた、なかなかの人物だった。自分で責任を取る限り、限度だの禁欲だの節制だのはいらない。レーガンにとって物質的欲望は恥ずかしいどころか、完璧にまっとうで追求する価値があるものだった。レーガンは減税し、労働組合にノーと言い、前政権から始まった規制緩和を拡大した。両政権下で連邦準備制度理事会議長を務めたポール・ヴォルカーは英雄的ながんばりを見せて、容赦なくインフレを退治し、金利を引き上げて、陳腐化した産業が遺した広大な跡地をきれいに片づけた。

ベビーブーマーたちのエネルギーと自由な場を得た資本、技術革新、そしてますますふくらんでいく莫大な年金基金の資産に支えられて、ときおりつまずきはあっても、二一世紀に入るまで好景気が続いた。アジアからの廉価な輸入品や働き者の移民、そしてヴォルカーの後任でリベラルな傾向がありクラリネット奏者でもあったアラン・グリーンスパンの（のちに正気の沙汰ではないとみなされる）通貨政策なども好景気を助けた。そのすべての効果は、歴史家のジョン・パトリック・ディギンズが説明するように巨大な、それどころか革命的なものだったのだろう。「一九八〇年代とともに、アメリカでは『快楽は良いことだという徹底した個人主義』の時代が始まった。人々は国家ではなく自分自身を信頼し、罪悪感や恥の意識をもたずに富と力を追求しろと勧められた。レーガンは保守主義者どころかアメリカ現代史の偉大な自由の精神そのものであり、現状維持に我慢できない政治的ロマンティストだった」。

残念ながら、規制緩和して人々に財力をもたせるべきだというレーガン政権が遺したのは、自分自身に振り回されて身を危うくする人々だった。

金融危機の教訓

「わたしたちを誘惑に出会わせず、悪からお救いください」と新約聖書のなかでイエスは祈る。レーガンが残したもののなかには悪もあったかもしれない。ディギンズが結論づけているように「レーガンはアメリカを誘惑に出会わせた」ことは間違いなさそうだ。以来、わたしたちは金を使うのをやめられずにいる。

いくつかの数字を見ると、それがよくわかる。一九八〇年代はじめには一〇億ドルだった住宅ローンは、二〇〇八年の金融危機のころには一兆ドルに増えていた。レーガン政権時代の初めに比べて、国民総生産に占める世帯債務の割合は倍以上に増加している。貯蓄率は二〇〇五年、二〇〇六年にゼロになった。その後、上昇はしているが。第一期レーガン政権当初以来、個人破産件数は六倍に増えた。二〇〇八年だけで一〇〇万件を越えている。

どうしてこんなことになったのか。レーガンが消費を奨励したからではない（実際、奨励したが）。もっと具体的には、レーガン時代に消費者として、また投資家としてわたしたちが享受する（そして取り組まなければならない）選択の自由が大幅に拡大したのだ。それまでのような雇用主が掛け金を払って運営する年金システムに代わって、個人がお金を貯めて管理する個人年金商品が増えた。将来のためにお金をとっておくだけでなく、それをどう投資するかまで労働者が考えなくてはならなくなった。借金も以前にくらべてはるかに簡単になった。かつては遠いものだった担保付金融商品が一般市民にも広く普及したが、人々はこれらの商品をよく理解していなかった。

このすばらしい新しい世界に対して、ほとんどの人は準備ができていなかった。わたしは一流大学の大学院生を教えたことがあるが、彼らには株式と債券の区別も、それどころか貯蓄と投資の区別もついていないことにびっくりした。政府がどこから金を得ているかもよくわかっていなかった（院生たちは、税金は所得ではなく主に資産に課されるものだと思っていた）。教育があって世間を知っているはずのこれらの若者たちがお金についてはこれほど無知だとしたら、一般市民については推して知るべしだろう。

だが、知識があっても用心深いとは限らない。「今回の金融危機を避けられる人間がいたとすれば、わたしだろう」とエドマンド・アンドリューズは書いている。『ニューヨーク・タイムズ』の経済記者であるわたしは過去六年間、連邦準備制度理事会を取材する新聞社の最大の目と耳だった。アラン・グリーンスパンも後継者のベン・S・バーナンキもごく近くで観察してきた。二〇〇四年には早々と手軽な住宅ローンに警告を発する記事をいくつか書いた……ところがその二〇〇四年に、ほかのことなら良識を働かすことができる大勢のアメリカ人と一緒になって、わたしも無謀なローンを組んで高騰した不動産に手を出すという大失策を犯した」。

いまではよく聞く話だ。アラン・グリーンスパンと中国のおかげでローンがあまりにも容易になった。野放しにされた銀行家は慎重さよりも貪欲を選び、消費者はけばけばしい豪邸にとびついて、返せるはずのない住宅ローンを借りた。レーガン大統領が選出された一九八〇年、アメリカの世帯債務は当時としては巨額な一兆四〇〇〇億ドルに達していたが、二〇〇八年には数字は一〇倍にふくらんだ。この年、申請された個人破産が一〇〇万件を越えたのは不思議ではないだろう。あるいは国全体の銀行制度が崩壊に瀕したのも当然ではないか。こうしたあらゆる行き過ぎの結果、国民は大盤振る舞いしたあげくの二日酔いに苦しみ、酒屋の請求書に仰天している。

借金が恥で、破産すれば事実上社会から追放される時代があった。アメリカ人は節約のカルチャーのなかで暮らし、多からぬ所得やつましい社会通念のせいだけでなく、地元の住宅金融会社や（『素晴らしき哉、人生！』という映画を覚えておられるだろうか）高い頭金、貸し手が課す金利の上限を決めた利息制限法など、倹約志向のさまざまな制度や慣習によって支出を控えていた。規制の網の目のおかげで銀行業は単純で退屈で、そこそこの利益をあげる商売だった。

ところが一九七〇年代のインフレと八〇年代の規制緩和、そして急激な社会の変化によって、節約のカルチャーは徐々に浪費のカルチャーにとって代わられた。これはとくに労働者階級のアメリカ人には危険だった。自己コントロールにも関心を抱いているらしい学者のバーバラ・デフォー・ホワイトヘッドは書いている。『小口預金者』は置き去りにされ、高利益を出す新しい金融機関の餌食になる可能性が高くなった。サブプライムのクレジットカード発行者や住宅ローン・ブローカー、最初は賃貸でそのうちに住まいを買い取らせる仕組みの住宅金融業者、サラ金業者、自動車担保ローン業者、税還付金を当てに金を貸す金融業者、学生向けローン会社、フランチャイズの納税組合、小切手換金業者や州運営の宝くじなどだ。かつては社会のかたすみに存在したこのような金融機関が、いまでは反倹約部門の主役になって攻撃的な拡大を続け、何十万人ものアメリカ人消費者を浪費と借金漬けの道に引きずり込んでいる。アメリカの金融機関はいま、二層に別れている。一つは「投資家階級」のためのもので、もう一つは「宝くじ階級」のためのものだ」。

住宅ローンと並んでわたしたちをトラブルに陥れる最大手のクレジットカードの増加を考えてみよう。金融危機が起こるまで、アメリカ人の家庭は平均して一三枚のカードをもっており、四〇パーセントの家庭にはカード残高、つまり未払いの借金があった（一九七〇年にはカード残高がある家庭はわずか六パーセント)。わたしのところにニューヨーク州の自動車管理局から登録を更新しなさいという通知があったとき、「ディスカヴァー」の広告が同封されていたが、それには新規にカード発行を申し込めば当初金利が非常に有利(ゼロ)で、そのほかにもいろいろと特典があります、と甘い言葉が連ねられていた。

平等もここにきわまれりと言うべきか。無鉄砲な投資への道と同様に、無鉄砲な使いすぎへの道も、事実上すべてのアメリカ人に開かれた。借金に対する姿勢の変化や金利制限法の撤廃、株価や住宅価格の上昇による含み資産、ほとんどのアメリカ人の横ばいの所得などのすべてがここで一役、担っている。金融危機が起こったころには借金のないアメリカ人は二四パーセントだった。半世紀前には四二パーセントが借金ゼロだったのに。

その後の金融危機の犯人はたくさんいるのだろうが、自己コントロールの大失敗を示していることも明らかだ。むろん、こう言ったからといって、無思慮にふるまった金持ちの権力者を免罪する気は毛頭ない。モルガン・スタンレーのジョン・マック会長でさえ、「わたしたちは自分をコントロールできなかった」と認めている。だがあらゆる儲け主義者に踊らされて住宅ローンを借り、クレジットカードを使い、借金に借金を重ねて、明日のことを考えもしなかった労働者階級や中産階級の家庭には罪がないとも言えない。すべてが終わったとき——不可避の結末として、すべてが崩壊したとき——人は銀行が貸したからいけない、政府が銀行を規制しなかったからいけない、と非難した。それがおとなのふるまいだろうか。情けないではないか。「ぼくたちは敵に出会った。その敵はぼくたち自身だったんだよ」と言った(アメリカでは著名な新聞マンガの主人公）ポゴの言葉をわたしたちは警告として聞くべきだったのではないか。

6. 自己コントロールと社会の変化

希望のない結婚に終止符を打つことを認める寛容な契約では、ご都合主義で相手を取り替えることを防げるはずがない。

——ロバート・フランク

フランクリン・エレノア・ローズヴェルトの結婚は四〇年続き、一九四五年に夫の大統領が死去して終わった。ローズヴェルト夫妻は離婚したほうが幸せだっただろうか。それはわからない。わたしたちにわかっているのは、二人が太ったときも痩せたときも別れなかったこと、そしてときとして辛いこの夫婦関係から多くの善が生み出されたことだけだ。

フランクリンとエレノアの五人の子どもたちと二九人の孫たちとなると話は別だ。彼らには一九の結婚と一五の離婚があった。結婚のかたちが進化して、鉄壁の契約から破られるかもしれない取り決めに変わったことは、現代のジレンマや社会的変化が自己コントロールという風景を一変させたことを雄弁に語っている。

『オズの魔法使い』のドロシーが言ったように、わたしたちはもうカンザスにいるのではない。お行儀よくさせるのに並々ならぬ効果があった小さな町の暮らしはなくなった。ほんの五〇年前と比べても、女性の役割はすっかり変わった。現在のアメリカ人はそのころよりも豊かで、移動性が高まり、一人暮らしが増えた。この地上に留まる年数も平均して伸びた。現代の医療水準ならフランクリン・ローズヴェルトはもっと長生きしただろう。婚前セックスはあたりまえ、避妊も若い頃のドラッグ体験も特別なことではなくなった(「(試してはみたが、吸い込まなかった」と言った政治家その他を考えてみるといい)。同性愛も隠すことではなくなった。セカンド・キャリア、セカンド・ホーム、二人目の配偶者、それどころか長寿で呆けて二度目の子ども時代に帰ることも珍しくはない。

このような変化は社会の構造的な適応の一部である。先進国では伝統が廃れて、個人の選択や自己投資を重視する社会的構造が受け入れられるようになった。イスラム社会は別として、もう昔ほど教会やイデオロギーが個人の行動を制約することはない。多かれ少なかれ強権的だった共産主義は廃れ、小説家のドナルド・バーセルミの物語の主人公が言ったように(宗教ではなく)薬物が人々のアヘンになった。

急いで言っておかなければならないが、もちろん行動を指図されるのを好む者など誰もいない。お金のことにしてもそうだ。豊かさを批判する人は多いが、ほんとうに貧乏を切望している人には会ったことがない。だが先に述べたような社会的変化によって、身を慎むということでは自分を頼るしかなくなった。かつては外から枠をはめられていたのに。「(当時は)わたしたちは両親の道徳観のなかで生きていた」と、つい先ごろ、歴史学者のトニー・ジャットが一九六〇年代の社会革命以前の暮らしの窮屈さを語った。「デートは難しかった。誰も車をもっていなかったし、自宅は狭くてプライバシーが保てなかった。避妊薬はあることはあったが、渋い顔をする薬剤師に売ってもらわなければならなかった。少年も少女も無垢で無知だと思われていたし、それには根拠もあった。わたしが知っている少年たちのほとんどは男子校に通っていたし、女性と出会うことはほとんどなかった」。

この大変化をもたらしたのは何か？ 簡単に言えば、社会が自由になったのは自由な社会が可能になったからだ。政治学者のロナルド・イングルハートは書いている。「規律や克己を大切にして成功を求めるべきだという考え方や規範が世界各地で薄れ、個人が自由にライフスタイルを選んで自己表現する余地が大きく広がった」。

これはすばらしいことだが、代償もある。現代社会学の父エミール・デュルケームは一八九七年に自由や豊かさ、テクノロジーが引き起こす変化について警告した。彼がとくに指摘したのはアノミー（無規範）の危険性だった。アノミーの語源はギリシャ語で無法を意味するアノミア（anomia）で、明確な規範や基準、理想が欠けていることを指す。アリストテレスはテロス（目的、目標）を強調したが、アノミーはアリストテレス的なテロスのない一種の真空状態といえる。急激な変化はときとして目的も意欲もない状況を生み出す。デュルケームは、人間は価値観を提供してくれる相互関係のネットワークと制度のなかで暮らすべきだ、と考えていた。その価値観がなければ完全に利己主義になり、肉体的欲求に動かされて行動することになりかねない。「所属する集団が弱ければ弱いほど、人は集団に依存しなくなり、結果として自分だけを頼りにして、私利私益だけを元に行動し、ほかの行動規範を認めなくなる」。

デュルケームの理想はわたしたちの多くが暮らしている現代社会とは大きく異なる。「デュルケームが言う社会では、自己表現よりも自己コントロールが、権利よりも義務が、外の集団への関心よりも所属集団への忠誠心が重んじられる」と、心理学者のジョナサン・ハイトは言う。そのような社会の手本は階層的な家族だが、アジア以外の先進国ではそんな家族はもうほとんど見られない。離婚が増加して親の権威は損なわれ、親の躾や訓戒は力を失った。親同士が対立していたのでは権威も何もあったものではない。成人した子どもたちが親元から遠く離れる（逆に引退した親が遠くに移る）ことが多くなって、かつてはわたしたちの行動を縛っていた絆はさらに弱くなった。世界の多くの地域で家庭の役割が経済的生産から感情的な満足へと変化し、躾や教育よりも甘やかしのほうに偏ることになった。それぞれの家族が影響を受けないはずはない。父親がいても、家父長的な家族のころのような権威ある存在ではなくなった。

それでは母親が権威ある存在になったのかというと、どうもそうではないようで、ときにはその役目はアウトソーシングされているらしい。武道を習う子どもたちが増えていることにも、それはうかがえる。子どもたちは人を叩きのめす能力によって選ばれたインストラクターに、服従や時間厳守、礼儀、尊敬などを教えられている。かつて父親が教えていたように。

家庭の存在理由が変化したために、若者文化がいっそう盛んになった。当然、忍耐や分別その他、成熟にともなう重苦しい価値観は重視されない。そんな状況では「捨てる」ことが美徳だ。若者だけでなく若者ぶりたい人たちも、まだ老いていないと自分にも他人にも思わせたいというだけの理由にせよ、若者文化に同調する。言い換えれば、髪を染めるのと同じ理由で行動も染め上げているのかもしれない。昔は半ズボンを履いた少年がおとなのような格好をしたがったが、いまではいい歳をした男性が少年のような格好をする。歴史家のエリ・ザレッキーは、二〇世紀の人々は「伝統的な家庭のモラルから離れ、自己コントロールや倹約という強迫観念を捨て、個人生活の新たなあり方として大量消費というセクシーな『夢の世界』へと移行した」と言う。

結婚という絆

フランクリン・ローズヴェルトとエレノアは一九〇五年に結婚した。当時、男性も女性も若者は結婚するまで親元で暮らすか誰かの家に下宿していて、収入の大半を親に渡していることも多かった。そして良いか悪いかは別として、そのころは一〇組の夫婦のうち一組しか離婚しなかった。

その後、結婚がどう変化したかを見ると、テクノロジーと豊かさと社会的変化が自己コントロールに及ぼした影響がよくわかる。フランクリンとエレノアが結ばれてから一世紀のあいだに、避妊が普及し（ピルは二〇世紀で最も画期的なテクノロジーの一つだろう）、婚外セックスが非常に容易になった。女性は参政権を獲得し、さらに中絶の合法化その他の権利も得た。女性も高い収入を得ることが可能になって、伝統的な家父長的結婚のかたちは影をひそめた。（大衆に選出された議員によって）離婚に関する法律も改正され、フランクリンとエレノアのような不幸な夫婦関係を簡単に解消できるようになった。離婚が社会的な信用失墜への片道切符だった時代はとうに終わった。

フランクリンとエレノアの時代、結婚はプリコミットメントの仕掛けとしてそうとうな効力があった。拘束力があり、（表向きは）他のパートナー候補には近づかないように行動を制約したし、破綻の代償は大きかった。古いかたちの結婚は時代遅れになったコルセットのようなものだ。魅力的に見えるかもしれないが、窮屈で心地よくないし、とくに女性にとっては不自由だった。だが簡単に解消できるいまの結婚はまったく違う。配偶者のどちらにも衝動を制約するものが少ないから、すぐに離婚にいたる。現代の結婚は自己コントロールを支えるのと同じ程度に（それ以上ではないかもしれないが）、自己コントロール能力を消耗させているかもしれない。

こうした変化にもかかわらず、アメリカ人はいまでも（いままでどおり）結婚が大好きだ。アレクシス・ド・トクヴィルは一八三〇年代に、「アメリカほど結婚の絆が尊重されているところは世界のどこにもないだろう」と書いた。しかしアメリカでは社会制度としての結婚がいまほど重要性を失ったこともない。結婚件数は減少し、結婚年齢は上昇している。また、いまの傾向が変わらないなら、結婚したカップルの半数は離婚するだろう。

それでもわたしたちは諦めようとはしない。ほかの国々に比べてアメリカ人は結婚志向が強い。結婚したいし、結婚を信じたいのだ。だがそれ以上に、ほかのどこの国の人たちよりも自己実現せねばならぬと強迫的に考えていて、それで不満のある暮らしを我慢するよりも新しい人生を求めたがるのではないか。この矛盾した価値観のせいで、アメリカ人の結婚は波乱の多いものになる。アメリカ人は結婚率も離婚率も高く、同棲は多いが長続きせず、育てている赤ん坊の父親と一緒に暮らしていない女性の割合も高い。結婚や同棲の解消率の高さのせいで、アメリカ人の家庭生活はきわめて不安定だ。婚姻を研究しているアンドリュー・J・チャーリンは「アメリカほど、何度も結婚したり同棲したりする人の率が高い国はない」と言う。

アメリカ人の離婚率の高さと自己コントロールには関係があると知ったら、驚くだろうか？ アメリカ人の結婚には二つある。一つは学歴が高い人たちの結婚、もう一つは学歴が低い人たちの結婚で、こちらは前者に比べてずっと不安定だ。（自己コントロールという面ではたぶん最高点を取る）大卒女性の離婚率は高校卒の女性たちに比べてはるかに低い。そして教育が高ければ高いほど衝動をコントロールする力が大きいと見られている。

アメリカ人はよく離婚の多さを嘆く。だが無過失離婚を認める法律を廃止するという考え方はほとんど支持されない。アメリカの場合、無過失離婚が認められるまでの待機期間は他の西欧諸国の大半よりも短いし、前にも指摘したように、スピードは自己コントロールの大敵なのだが。しかし無過失離婚が認められなくなっても、最悪のかたちの離婚が長引く以外にはあまり変化はないかもしれず、どっちにしても女性にとっては非常に不利だろう。それに無過失離婚が認められていないところでは、夫婦は法律が求める過失をでっちあげることが多い。貧しいカップルの金銭的な負担を軽くしてやることも、離婚率を下げる役に立つかもしれない。だがそれを言うなら、昔のアメリカのほうが貧しかったのに離婚は少なかった。

　ほんとうに大きく変化したのは法律ではなく、わたしたちのほうだ。みんなが自分の幸福を最優先するようになった。結婚に満たされない思いを抱いている人たちは別れたがるし、もう夫婦を結びつけておく社会的圧力もあまりない。社会的圧力があったほうがいいのだろうか？　そうかもしれない。喫煙の場合と同じで、少々の社会的圧力は世の中を良くする可能性があるし、禁煙のように第三者の利益にもなるだろう。この半世紀の結婚の変化は、子どもたちを犠牲にしておとなを優先するという方向への変化だからだ。

　離婚が子どもにどれほどの悪影響を及ぼすかについてはさまざまな議論がある（子どもたちに悪影響を及ぼすのは結婚の解消よりも家庭不和や貧困、不安定な家庭生活だという調査もある）が、結婚・離婚の多さが子どもたちにとって良いことだと主張する人には会ったことがない。離婚と子どもたちの関係でたしかなのは、自殺や非行、ドラッグやアルコール依存症、学業成績の不振、虐待、その他の問題が多いことだ。親の離婚を経験した子どもたちはおとなになったとき離婚する率が高いともいう。

　同棲となるともっと状況は暗い。先進国ではアメリカほど家族が高率でシャッフルされる国は少ない。しょっちゅう家族が入れ替わることでいちばん負担を強いられるのは子どもたちだろう。落ち着きなく現在の満足を求め続けるわたしたちは、惨めさを次世代へと先送りしているのかもしれない。そうだとすれば、過剰消費や地球の温暖化と同様に、現在を優先するあまりに未来を犠牲にしていることになる。

簡単な答えはない。現代の家庭が失ったのは、（将来、気持ちが変わるとしても）他人のために役立つ行動をしたいと思わせる柔軟であっても強力な構造だ。その代わり、大勢の女性たちの人生が救われている。いまのところ結婚というかたちをとらずにパートナーとして暮らしつつ結婚を研究しているエコノミストのベッツィ・スティーヴンソンとジャスティン・ウォルファーズの調査によれば、「一方の意志による離婚を認めた州では、長期的に見て女性の自殺者が約二〇パーセント減少している」。これらの州では家庭内暴力の割合も一九七六年から八五年までに約三分の一減った。殺される女性が減ったことにも関係があると思われる。暴力が大幅に減少したのは、不幸な結婚生活が終了しただけでなく、結婚生活を続けている夫婦の暴力も減ったからだろう、と二人は言う。離婚が簡単になると、妻たちに対する男性の態度が変わるらしい。当然だとモンテーニュなら言うだろう。彼はローマ時代に「長いあいだ結婚が尊重され安定していたのは、自由に解消できたからだ。失う可能性があるからこそ、男性たちはいっそう妻を愛した」と主張した。

離婚が自由になると、結婚の法的側面が重要なのかどうかはっきりしなくなる。わたしの知人は、花嫁と花婿の秘密を知っている数少ない客の一人として豪華な結婚式に参列した経験を話してくれた。じつはこの結婚式はみせかけで、二人にはすべてが揃っていたが、結婚許可証だけは取得していなかったのだという。このカップルは、法的な結婚は税制上非常に不利になると判断し、国に介入してもらわなくても結婚の利点はすべて享受できると考えた。だが正式な結婚ではないという秘密は何としても守らなくてはならなかった。誰かが秘密を漏らしたら、二人が結婚生活を続けるうえであてにしている社会的プレッシャーが薄れるからだ。

良くも悪くも結婚というコミットメントの手段をもう一度強化しようと試みている人たちもいる。三つの州（ルイジアナ、アリゾナ、アーカンソー）では「盟約結婚」というかたちが認められていて、これは結婚も難しいが離婚はさらに難しい。盟約結婚はキリスト教福音主義の産物のようで、認められている州でも盟約結婚を選ぶ人はあまりいないし、そもそも盟約結婚を選ぶような人たちはどっちにしても離婚しそうにない。だが、この考え方はもっと広く取り入れられてもいいのではないか。それも子どもたちのためだけではない。人は選択が撤回できないときのほうが自分の選択に幸せを感じる、という事実もあるからだ（盟約結婚も解消することができるが、その理由は服役や浮気など非常に限られている）。盟約結婚は結婚のコミットメントという機能をもう一度強化しようとする試みだが、以前の結婚は単に法的に認められた同棲とは違っていた。人々が自発的に自分の行動を制約する手段を政府が提供することに、わたしは原則的に賛成なのだが、このことは、あとでもっと取り上げる。

ところで、自分で同じようなことを実行することもできる。たとえば離婚する場合には特定の第三者に夫婦の資産の相当部分を与えると婚前契約で決めて、法的拘束力をもたせる方法もある（その第三者には通知しておく。喜んで資産を受け取るだろう）。これと似た実例が『ウォールストリート・ジャーナル』のブログで報じられていたが、これも離婚防止の効果があるだろう。婚前契約で浮気の罰金を定めたというもので、「浮気をした配偶者は相手に自分の資産の一パーセントを支払う」ことになっているという。

家庭の力が弱くなったことは、自己コントロール能力をひそかに蝕むもう一つの現象にも関係しているだろう。孤独である。「自由は多くの場合、孤独である」というW・H・オーデンの言葉は正しいし、たしかにいまのわたしたちは自分を非常に自由だと考えている。社会的孤立が増大しており、研究者はそれが過食や劣悪な食事、ドラッグやアルコール濫用、過食症、自殺にかかわっていると見ている。どれも現在に比べて未来を過小評価するという基本的な過ちがもとにある。孤独な人たちはなかなか集中できず（集中力は自己コントロールの重要な要素）、離婚が多くて、隣人や同僚と揉め事を起こしやすい。また孤独な人は運動せず、眠りの質も良くない傾向がある。

孤独は自分の行動をコントロールする力を蝕むだけでなく、健康を維持する身体能力もいつのまにか低下する。孤独は「身体内部の重要な規律ある細胞プロセスを破壊する」と、社会的孤立を長年研究してきた心理学者ジョン・カシオポは述べている。孤独な人は免疫システムが損なわれ、心臓の働きが不調になって、有害な食べ物や酒に抵抗しにくいというだけでも、「何百万人もの人たちを早すぎる死に」追いやっているかもしれない。たとえば味覚テストを装った調査では、孤独なひとたちは味の濃いクッキーがおいしいと感じてたくさん食べる傾向がある。トーマス・マンの小説『ブッデンブローク家の人々』に出てくる老いた家長トーマス・ブッデンブロークも孤独と喫煙という問題を抱えていた。（一八七四年に！）なぜタバコをやめられないかを医師に訴えて、この男性らしい男性は孤独を嘆く。「人は恐ろしいほど孤独だ……」。

宗教と制約

わたしたちはあまりそこに思い至らないが、家庭の目的が変わったとしたら、人生の目的も変わっているはずだ。歴史家のダリン・マクマホンは、美徳や名誉などの「人生の目的や目標がどんどん薄れて」、ただの快楽がこれらにとって代わったと指摘する。「気分のよさや前向きの感情が最優先される世界で、ほかの目的は昔のようにわたしたちの選択を導いたり制約したりする力を失った。同じことは――長いあいだ、究極の目標とされてきた――宗教にも言える。現在、アメリカのように信仰がそれなりに強い力をもっているところですら、善良で幸せな人生のための手段とは思われない傾向がある」。

もちろん宗教のなかにはまったく恣意的な制約を課しているものがある。わたしがよくひきあいに出すのは、レビ記のなかの「二種類の糸で織った衣服を身につけてはいけない」という禁制だ。だが、ほとんどの伝統的な宗教がいろいろなかたちで強調しているまじめな生き方、性的抑制、節度、注意深さなどは役に立つはずだ。たとえば仏教は、誘惑には近づかないなど、誘惑を退けるさまざまな理性的な手段を推奨している。「神の法はわたしたちを私たち自身から守るためにある」と述べたのは、なんとアルゼンチンまで愛人に会いに行ってきたサウスカロライナ州知事マーク・サンフォードだ。

迷える州知事はともかくとして、信仰をもっている人たちのほうが自己コントロール能力は高いようだ。たぶん敬虔な人は「いま、ここ」よりも永遠の魂や神秘な合体への参加のほうが重要だと感じ、その輝きの前では浪費や浮気など馬鹿ばかしい小さなことに思われるからだろう。死後の世界について考えることそのものが未来志向だし、そのために昔の人たちは楽しみを死後にとっておいたものだった。それでは待ちすぎるとわたしは思うが。

わたしのような不信心者でも、宗教は生きる意味や所属意識を感じるのに役立つし、先のわからない厳しい世界で生きる慰めになるのはたしかだと思う。宗教がないと、人はあまり感心しない欲望に生きがいや慰めを求めたくなる。宗教を取り払ってしまうと真空状態が生まれ、そこにショッピングなどの気晴らしが入り込む。最近スピリチュアリズムが盛んだが、これは宗教とは違う。スピリチュアリズムはいろいろなことをあまり禁じていない（自己認識は別かもしれないが）。また心から信じていない、かたちだけの信仰も役に立たないようだ。偽薬と同じで儀式も本気で信じなければ効果がないのだろう。

西欧世界では宗教が廃れていないところでも、昔ほどあれをしろこれをするなと指図しなくなった。一世紀ほど前からの動きだが、現代の牧師は古い宗教を快適なバージョンに染め替えて、基本的にあなたがいましているとおりでけっこう、気分良く暮らしてください、という教えを展開している。だがこれは市場の要請に応じているだけだ。いまの市場は映画にも神さまにもいい気分にしてくれることを求めている（『仮面の米国』や『西部戦線異状なし』『脱走特急』のような不幸な結末の映画はもう作られない。悲劇は流行らないのだ）。

伝統的な宗教的しきたりが残っているところもあるが、やはり――アーミッシュの場合と同じように――自己コントロールしたい「自己」への現代社会のプレッシャーはますます強くなっている。正統派ユダヤ教徒のショマー・ネジア（接触禁止）という慣習を考えてみよう。これは刺激的すぎるから未婚の男女は接触すらしてはいけないというものだが、このような慣習が生まれたのはいまとはまったく違った世界だった。そこでは信仰篤い人たちが緊密なコミュニティを作り上げていて、結婚は家族が決めるし、若者はそう長く独身でいることはなかった。だが世の中は変化して、二十代から三十代の正統派ユダヤ教徒男女は身を慎むのに苦労することになった。

「昔は結婚がもっと早かった」と、イェシーヴァ大学で学生の相談に応じているラビ、ヨセフ・ブラウは言う。「肉体的に成熟したのに、それに応じた行動をするなというのは、いまは無理なのだ。そこで求められる自己コントロールは昔よりはるかにきつい。社会のほうがすっかり変わってしまったのだ」と。

7. 古代ギリシャの人々はどう考えていたか

本書を書くにあたって、わたしは自己コントロールに関する膨大な科学的研究があることを知った。その研究はいま現在も続いている。神経科学者は誘惑と抑制の生物学を解明しようとしているし、心理学者は小さな子どもが楽しみを延期する能力について研究し、次にその子どもたちが中年になるまで追跡調査して、幼いころの自己コントロール能力がその後の人生の成功を予測させる指標となることを発見した。ほかにも孤独やブドウ糖、都市生活、群衆、疲労その他の数え切れないほどの要素が自己コントロールに及ぼす影響を追求している研究者たちもいる。さらに別の科学者たちは自己コントロールの欠陥が離婚や犯罪、病的肥満、薬物などの依存症にかかわっているのではないかと考えている。このような研究結果は大変興味深いし、わたしたちが自分を知り、どう生きるべきかを理解するうえでも役に立つだろう。これらについては、いずれ取り上げる。だが、しばらくこのような資料に没頭していたあげくにわたしが気づいたのは、意志の弱さについて最高の指針を与えてくれる人たちは大学教授終身在職権（テニュア）も、博士号ももっていないし、MRI装置で大学生の頭のなかをのぞきこんだりもせずに、この問題と取り組んだ、ということだった。

そんなものがなくても、古代ギリシャ人たちは問題を把握していたのだ。彼らは自己コントロールの重要性を承知していて、そこに配慮して社会システムを作り上げ、非常に高度な思索をめぐらしていた。自制には時間が重要であることもはっきりと見抜いていたし、同時に自由や快楽が困ったことになるのは、ほかの多くのことと同じで極端に走った場合だけであることも知っていた。なによりも大切なのは、古代ギリシャ人たちが人間の弱さを認識していて、自分だけは別だ、大丈夫などと考えていなかったことだろう。

この問題に対する古代ギリシャ人の深い関心は、ごく初期のころにすでにはっきりと見て取れる。プラトンやアリストテレスなどの古典時代よりもずっと前に、ホメロスは二大叙事詩のテーマとして欲望と自己規制を選んでいた。『イーリアス』と『オデュッセイア』を貫いて流れているのは、人間は弱いものであり、戦いの場でどれほど強い戦士であろうがそれは変わらない、という認識だ。それどころか、神々でさえ欲望にふりまわされる。アレースとアフロディテ、そして二人が愛を交わしている恥ずかしい現場をおさえて、すべての神々に見せてさらしものにしたアフロディテの夫ヘパイストスを考えてみればすぐにわかる。誘惑はわたしたちすべてを苦しめる。だが、イーリアスが誘惑に屈した結果を語っているとすれば（要するにヘレネは誘惑を体現している）、『オデュッセイア』は誘惑を克服する男のヒロイズムを語っている。そしてまじめに自己コントロールを探求しようとするときに無視することができないのは、このオデュッセイアのほうなのだ。

英雄オデュッセウス

『オデュッセイア』の主人公は当然ながらオデュッセウスである。そしてオデュッセウスには強さ、勇気、それに女神を一人ならず振り向かせずにはおかなかったセックスアピールと、英雄の資格がすべてそろっている。だが何よりも傑出していたのは――彼の名を不朽にしたのは――その知略に富んだ抜け目なさと(トロイの木馬という悪巧みを思いついて、ついに戦争を終わらせたのは、ホメロスのいう「策謀家」オデュッセウスだった)何が何でも故郷に帰ろうとする粘り強さだろう。つまりオデュッセウスの最大の強みはこの二つが組み合わされていたことで、それが彼の並々ならぬ自己規制のベースだった。

オデュッセウスがもっていたのはエンクラテイア、おおざっぱに言えば「自制」である。エンクラテイアとはそこに葛藤が生じているということだろう。自分自身のなかの葛藤だが、自由か隷属かという葛藤でもある。敗北は屈従につながる。それが戦いに負けた国の女性たちを襲った運命であり、意志の弱さは屈辱的な去勢を意味した(ギリシャでもほかのところでも、誘惑を象徴するのはふつう女性だ)。エンクラテイアと生殖能力の関係は昔からで、誘惑はつねに脅威だったから、男らしさにはいつも危険の影がつきまとっていた。自制とは自分のペニスを守ることであり、それにはつねに警戒を怠らずにいなければならない。「情けないろくでなしめ」。あるときソクラテスは警告した。「きみたちは美しい若者に口付けしたらどんなことになるのか、わかっているのか。自由な人間もたちまち奴隷になってしまうのだ」。

オデュッセウスは抜け目がなかったが、彼が天才であるゆえんは、決意を守り通すためにその策謀を使ったところにある。セイレーンが誘惑する海を渡るときには、その策謀を自分に向けてわが身を拘束した。われらが英雄オデュッセウスはトロイア戦争に勝利して故郷に帰る途中だったことを思い出していただきたい。これから聞くはずのセイレーンの歌声に抵抗できないことを知っていたオデュッセウスは、歌声に負けまいとする自分の意志を自分に強制する方法を見つけた。魔力をもった歌声が聞こえたら、自分の意志はあっさりと覆ることがよくわかっていたのだ。実際、『オデュッセイア』全編が誘惑の物語であり、オデュッセウスが（オデュッセウスだけが）一〇年にわたる苦難の旅を切り抜けて故郷のイタカに戻れたのは、彼が肝心なときには誘惑に抵抗できたからだった。オデュッセウスとその一行は何度も繰り返して欲望という試練にさらされる。ハスを食べてハイになったり、ご馳走を食らってブタに（過剰の生きたシンボルではないか！）されたり、リーダーの警告にもかかわらずヘリオスの牛を殺してむさぼったりするのだ。

『オデュッセイア』では、衝動に負けるといつもトラブルが起こる。オデュッセウス自身でさえときには衝動に負けるが――サイクロプスの洞窟から逃げ出すときには、自分が何者であるかを明かしたいという衝動に負け、そのためにポセイドンに復讐されるはめになった――それもむしろ彼の人間らしさの証しだ。オデュッセウスの魅力はひたすら意志が強いスーパーヒーローではないところにある。彼は慎重であると同時に軽はずみで、挑戦されると賢明さをかなぐり捨ててしまうことがあり、とくに名声への欲求に弱くて足をすくわれる。また快楽に対しても遠慮がない。たとえばキルケにおぼれて楽しく暮らす。オデュッセウスは決して苦行者ではない。彼の才能はいつ快楽に走りいつ自制するかを心得ていることで、だからこそオデュッセウスはある種の理想の姿を表現している。「現在あるいは将来傷つくことを避けようとするとき、あるいは優位に立とうとするときには、彼の自制心は遺憾なく発揮される」と、ちょっと大げさではあるが、一九世紀の評論家が述べている。「しかしそれ以外のときには、欲求であろうが情熱であろうが躊躇なく満たすのである」。

都市国家ポリス

その後の「古典」時代、わたしたちが古代ギリシャといえばまず思い浮かべる紀元前四世紀ごろのプラトンとアリストテレスの時代にも、自己コントロールという問題には強迫的なまでの関心が注がれ続けた。この時期のギリシャの倫理観は一言で要約できる。「メーデン・アガン」、何ごとも行き過ぎるな、ということだ。この原則を守る人たちには「ソープロシュネー」がある、つまり中庸だ、と言われた。この中庸とは節度と自制を意味している。ソープロシュネーのない人には倫理的な欠陥があり、誠実さに欠けている。古典学者のヘレン・ノースは

（とても中庸の時代とは言えなかった）一九六六年に発表したすばらしい研究のなかで、ソープロシュネーという重要な概念について、「理性が欲求をコントロールし、このコントロールが行なわれるべき魂に調和がある」ことだと述べている。

　したがってソープロシュネーとは自分の欲望を把握しており、さらに欲望を把握していることに喜びを感じている、という意味になるだろう。これは自己否定ではない。それよりもここで強調されているのは、少なすぎるコントロール（これはつねに危険である）と行き過ぎたコントロール（これも良くないことに変わりはない）の中間の場所を見つけることだ。「ソープロシュネーはすべての（倫理的、政治的、美的、肉体的、あるいは形而上学的な）経験を調和とつりあいで考えるという古代ギリシャ人の気質に関係している」とノースは説明する。「古代ギリシャの都市国家ポリスは、個人主義や自己主張とのバランスをとるために、自己を知り、自己をコントロールすることを市民に求めた。それがこの言葉に表れている」。

　ここで言われているのは個人主義や自由を抑圧することではなく、個人的な混沌と社会的な混乱を避けるために、それらを限度内に収めるということだ。『国家』のなかで、市民と国家には共通する四つの美徳がある、知恵と勇気と正義とソープロシュネー（「自己規律」）だ、と主張したプラトンはそのあたりをよく理解していた。「自己規律はすべての分野にあてはまる」と彼は書いている。プラトンが理想とする共和国国家は民主主義ではない。彼が理想とするソープロシュネーは、「食べたり飲んだりセックスしたり」する快楽への欲望をコントロールするだけでなく、「為政者に服従する」ことでもあったが、これは自由のないところでは臆病や屈従になる可能性がある。

しかし民主主義のもとでのソープロシュネーはまた違う。それは自由な名誉ある選択であり、同時に（紀元前四世紀のアテネの人々にとってもそうであったように）不可欠なものでもある。さらに（少なくともアテネの自由市民であった男性にとっては）自由と男らしさのしるしでもあった。エウリピデスが「神々の最もすばらしい贈り物」と呼んだソープロシュネーはアテネの人々の美徳であり、民主主義だけでなく上昇移動や成熟とも一致するものだった。

そのことを最も直接的に、そして強烈に主張しているのがプラトンの『ゴルギアス』だろう。この偉大な対話のなかでソクラテスの引き立て役になったカリクレスは、ニーチェよろしく、自己中心的な欲望の満足こそが幸福であると臆面もなく主張する。彼に言わせれば、人々が自制心をたたえるのは臆病だからであり、自分の情熱を満足させる能力がないからだ。そんな習慣は弱者のご都合主義で、法律は社会の哀れな多数派が強者を縛り付けるロープでしかない、とカリクレスは言う。彼の見解では、節度ある人間など「馬鹿げている。何ごとかの奴隷である人間が幸せになれるだろうか？　それどころか、真に生きようとする者は自分の欲求を最大にふくらませるべきではないか」。

カリクレスにとっては快楽主義は美徳だが、その美徳は強者しか身につけられない。言い換えれば少数者のものだ。現実には自分の快楽に手綱をかける能力をもつ者、すなわちエリートに限定された善のビジョンなのだ。だがソクラテスが強調した自己規律はすべての人が身につけることのできる美徳である。自己コントロールは自分の情熱を満足させる専制的な力を必要とする状況から解放してくれる。ソープロシュネーを大切にするにはそれぞれが自分の支配者になるだけでいいし、それでとても力強い人間になれる。これは奴隷でも特権階級でもない人々には魅力的だった。そして古典学者ノースが語るように、「ソロンの改革（度量衡、党派のバランス、穏健な行き方）の原動力となったのと同じ精神で、台頭する中産階級の最も深い望みを象徴する美徳として受け入れられることになる」。したがって、アテネの人々の自己コントロールについての考え方はブルジョワ的な現象であり、以来、ソープロシュネーには中産階級のものという雰囲気がつきまとう。最近では「ほどほど」が不評なのも、たぶんそのあたりに原因があるのではないか。

とりわけギリシャのポリスのようなコンパクトな都市国家では、自己コントロールが政治的に重要であることは自明だっただろう。人々は徒歩で動き、いたるところに召使や家族の目があった。いちばん栄えていたころのアテネが良い例だ。数千人の市民（とさらに数千人の女性、子どもたち、奴隷）からなる都市国家である。都市国家アテネの人々の暮らしには最低限の監視しかなかった。警官も検閲官もいないし、戒厳令もない。だが同じ都市の住民にいつも取り囲まれ、その目にさらされている。「一人一人の住民が警官のようなものだった」とジェームズ・デヴィッドソンは言い、裁判の決め手は証人で、その証人のなかには家庭内の召使も含まれており、争いごとになりそうなほとんどすべてについて証言台に立った（そして、ほとんどが争いごとになった）と付け加えている。

司法の領域のほかにも、世間の評判というものがあった。身分や階層が同じ人たちはお互いに知り合いだったし、言葉を交わしていた。世間の評判は重大事だった。「都市国家ポリスの成長のなかで、とくにソープロシュネーを重視する条件ができあがった」とノースは言う。「都市国家ポリスはその本質からして、大きな自制を求めていた」。

　人々の関係が密だった（窮屈ではあったにしても）都市国家と比べれば、現代の都市は、いやそれ以上に交通が激しくて、玩具菓子ペッツのように次々に商品がケースから出てくる大型店舗がどこにでもあるような郊外住宅地は匿名性が強くて、だだっ広く、とくに規制が働きにくい。住民の顔が見える都市国家ポリスではソープロシュネーが強制されたとすれば、現代の都市は「アクラシア」と呼ばれる苦しみの土壌となる可能性が大きい。そしてこのアクラシアは名づけられた昔から、哲学者の熱い議論の的になってきたのである。

意志の弱さという病

　古代ギリシャ人にとっては、「アクラシア」とは単純に自己規律が欠けていて、理性に反する欲望がどこまでも突っ走ってしまうことを意味していた。アクラシアに動かされる人は、よくないとわかっていて行動する。そこが問題なのだ。いったいなぜ、そんなことになるのか？　きっと判断が変わったに違いない。ソクラテスが『プロタゴラス』で語っているように、「進んで悪に走る者は誰もいない」はずだからだ。

　しかし、自分はそうではないと言いきれる者がいるだろうか？　ここが厄介なのである。どうしてアクラシアになるのか、そもそもアクラシアは存在するのか。哲学者たちの意見は一致しない。たぶん最も有名な反対派はソクラテスだろう。彼の見解は時代とともに変化しているようだが（わたしたちが知っているのは主にプラトンが語ったことだが）、だいたいは、人が善だと考えない行動を選ぶことはあり得ないと主張している。そんな選択をしているように見えるとしたら、たぶん間違っているか、知識が不足しているのだ。だからアクラシアは一種の無知ということになる。

ソクラテスがこの理想主義的な考え方をしていたのは、彼自身がきわめて優れた自制心の持ち主で、とくに身体的欲求に関しては克己心が強かったためだろう。しかもソクラテスは彼を賛美する若者たちに取り囲まれていて、ある種の状況では同性愛を許容する文化のなかで、彼自身も若者の魅力に鈍感ではなかったから、誘惑はいくらでもあった。ソクラテスの対話について記した書物の一つであるプラトンの『饗宴』は、自己コントロールについて知りたい者には必読書だろうが、そのなかでソクラテスがアルキビアデスという美しい若者と自分から（それどころか、喜んで！）同じマントにくるまって一夜を過ごしたが、決して手を出そうとはしなかったと語られている。しかも哲学者のほうに欲望がないわけではなかった。ソクラテスは別の（クセノフォンによる）『饗宴』のなかで、「人生で人を愛していなかった期間など思い出せない」と告白している。

アクラシアに関してソクラテスは厳密には正しかったのかもしれないが、人間の経験というものを考えれば、彼の主張が正しいのは論理的にきわめて狭い領域でしかなく、しかも果たして正しいかどうか、決着がついていないように思われる。「ソクラテスについては」と明らかにソクラテスの信奉者であるE・J・レモンは語る。「単純に事実問題として、彼は間違っていると言えるだろう——アクラシアは起こる。あるいはアリストテレスの言葉を借りれば、いくら情けないことだといっても、知識は頻繁に欲望にひきずりまわされるのだ」。

アクラシアは英語では伝統的に incontinence（自制不能、失禁）という言葉を当てられてきた。だが失禁を意味する言葉がもつ軽蔑的なニュアンスのせいで、アメリカでは「意志の弱さ」と言い換えられることが多い。しかしこれだと、不注意や怠慢による意志の欠落が含まれなくなってしまう。incontinence という言葉はそうではないし、さらにほかの長所もある。筋肉の不調のせいで、適切な時と場所までもちこたえるべきものをもちこたえられずに放出してしまうという恥ずかしいコントロール喪失をありありと想定させるのも、その一つだろう。

心理学者は最近よく意志力を筋肉にたとえ、どのように鍛えるか、いくら強力な意志でも疲弊してしまうのはどんな状況かということまで推測しているが、しかしこの二つには重要な違いがある。不愉快な隣人を殺したい思いにはいつまでも抵抗できるだろうが、トイレが見つからなければ、いくら固い意志でがんばってもいつかは漏らしてしまうだろう。道義心と筋肉組織の共通点は限られている。ジョン・デューイが言ったように、「肉体的な問題と倫理的な問題は分けて考える必要がある」。

アクラシアは不思議な病で、原則をなし崩しにし、禁忌を麻痺させ、洞察力を曇らせるので、翌朝になったら自己嫌悪にかられるような行動すらしてしまう。無知が介在していることも多いが、たいていは自己欺瞞の結果だ。今回だけ。これくらいなら太りはしない。明日から禁煙しよう。妻には絶対にわかるはずがない。アクラシアの自己欺瞞が危険なことは、二〇〇八年の金融危機にいたる最近の銀行家を見ればよくわかる。銀行家たちはリスクに着目するのではなく、複雑な（そしてほとんど理解されていない）金融技術を信頼する理由が充分にあると信じていた。「信頼とは知らないでいようとする意志だ」とフリードリッヒ・ニーチェは言う。だが銀行家たちの無知を自制不能の失禁と区別することは難しい。彼らは見て見ぬふりをして、自らを欺いたに違いないのだ。人がダイエット中につい食べてしまうように。

いずれにしてもアクラシアは銀行家に似ているというのはあたっていないだろう。わたしはそれよりも、サングラスをかけて、ファッショナブルな破れたジーンズにビーチサンダルを履き、スターバックスのカップを手に、よろよろとまぶしい戸外に出てくる若い女性にたとえたい。だが、これはいかにも男性的なステレオタイプかもしれない。文学史には誘惑して男性に自制心を失わせてしまう――そしてその過程で自らの男性らしさを危うくさせてしまう――怖い女性像がたくさん見られる。たとえばエドマンド・スペンサーの物語『妖精の女王』には、騎士を誘惑するアクレイジアという名の「悪女」が出てくる。アクレイジアはオデュッセウスや部下を待ち構えていた魔女キルケのようだ。男性が衝動的であることは周知の事実だから、アクラシアは母親の家の地下室で深夜ウォルマートのコーラをがぶ飲みしながら、親指を夢中で操ってビデオゲームに熱中するやせこけたガキにたとえるべきかもしれない。

しかしエドマンド・スペンサー流の誘惑者アクラシアという考え方は、ジェンダーに捉われない現代の視点から見ても基本的には通用する。それとも誘惑者というよりは誘惑そのもので、アクラシアとは誘惑されるプロセスのことかもしれない。するべきでないことを、それも自分の意志の一部に反してやってしまい、自分から墓穴を掘るのだ。わたしたちは意志に反してついつい行動してしまう。そのときは、ほんとうなら抵抗すべきわがままな恋人に屈服してしまうときのように、たぶん戦慄しつつ、しかしほっとする思いでいるのだろう。そんな恋人と同じでアクラシアも癖になる。一つのエピソードが次のエピソードにつながり、やがてわたしたちは自分が望んでいなかった人間になってしまう脅威にさらされる。「繰り返し行なう行動、それがわたしたちである」とウィル・デュラントはアリストテレスの言葉を要約して書いている。「それならば、優れているというのは一つの行動ではなく、習慣のことである」。

導師《グル》アリストテレス

アリストテレス（紀元前三八四～三二二）はマケドニアで育ち、一七歳でプラトンの弟子となった。そのプラトンはソクラテスの弟子だった。プラトンのアカデミアで二〇年過ごしたあと、アリストテレスはマケドニアのフィリポス二世に召し抱えられ、一〇代になった王の息子、のちのアレクサンドロス大王の教師になる。だがここで重要なのは、自己コントロールの問題について眠れぬ夜に思いをめぐらすすべての人々にとってアリストテレスは賢者のなかの賢者であり、その倫理観の中核にあったのが良き人生とともに自己規制だったことだ。「敵を征服する者よりも自分の欲望を克服する者のほうが勇者である、とわたしは考える。最も困難な勝利とは自分自身に対する勝利だからである」。このテーマを取り上げたアリストテレスの著書『ニコマコス倫理学』のなかのこの言葉は、明るく輝く灯台のように今日にいたるまでわたしたちの人生を照らし出している。

アリストテレスにとって人生の目的は「エウダイモニア」、理性がもたらす幸福だった。これは単なる快楽や喜びとは違う、とアリストテレスは慎重に区別している。彼が考えていたのはただの喜びよりもっと大きな、善とか美徳と呼ぶことができるもので、のちの哲学者たちによって「花開く人間性」と表現されたこともある。アリストテレスは喜びも行き過ぎると人生を脅かし、悲惨なことになると知っていた。解決策は行き過ぎも欠乏も避けて、中庸の暮らしをすることだ。

多すぎるのも少なすぎるのも、両方とも悪徳と考えられていることに注意していただきたい（ただし「多すぎるほうがつねに大きな過ちである」）。良い人生とは決して自己否定を続けることではなく、その点で言えばやたらに情熱を抑圧することではない。それどころか、ここでアリストテレスが言っているのは適切さというようなもの、つまり正しいときに正しい理由で正しい方法で正しいことをすることだ。これは、状況が求めるならば過激な行動のほうが適切な場合もあることを意味している。肝心なのは、それがいつなのかを知ることだ。何らかのイデオロギーを信じる者はそうした状況を随所に見出す。「みなさん、自由を擁護するための過激な行動は決して悪徳ではないことを思い出してほしい」。これは一九六四年に共和党の大統領候補に指名されて受諾したときのバリー・ゴールドウォーターの有名な言葉だ。「また、正義を追求するうえでの穏健さは決して美徳ではないのだ」。

そこで中庸とはミディアムサイズのコーヒーを注文することでも、穏やかに暮らすことでもない。現代では穏健にはつまらないという響きがあるが、しかし英雄でなければ穏健でいられないことだってある。アリストテレスにとっては、穏健な人物が――状況に適したふるまいをする人が――「優れている」のであって、穏健でないのはただの粗野にほかならない。中庸を見出して守ることはそう簡単ではないし、いくら意図が良くてもどちらかの極端につい流されてしまうことさえある。幸せを実現するのと同じで、正しく中庸を守るのには知識と努力がいるし、この課題に取り組むうえでは良い習慣を培うことが力になる。行動に重点を置きつつ、アリストテレスはのちに心理学者が明らかにすることを直感していた。それは正しい選択を一つずつ重ねていけば、将来正しい選択をする確率が上がるし、結局は良い生活を築くことができる、ということだ。「今宵は身をお慎みください」とハムレットは母親に迫る。「そうすれば次はもっと楽になります。さらにその次の節制はもっと容易になるでしょう。そのようにして習いは性となります。悪魔を征服することも、追い出してしまうこともできるでしょう」。

アリストテレスはまた、彼が描く徳の高い生き方――自分の欲求や感情の手綱をしっかりと握って、適切な場合には満たし、そうでない場合には抑えること――は、自分で自分に大きな荷を背負わせることであると理解していた。だから彼は友人の役割を重視した。知り合いでも連れでも飲み友だちでもない、真の友人だ。このようなまじめな友情を育むのには時間がかかるし、そんな友だちはそう多くはないが、しかし徳の高い生き方を支えてくれる貴重なものだということも、彼にはわかっていた。それに幸せは一夜にして得られるものではなく、また手っ取り早く調達できるものでもない。「人間にとっての善とは、徳に沿った……全生涯を通じて行なわれる……魂の活動である。一羽のツバメがきても夏にはならないし、一日だけでも夏にはならない」。

日々の暮らしだけでなく、研究室でも現代のわたしたちを悩ませているさまざまな難問をアリストテレスが見通していたことは驚くほかない。たとえば彼は、自分の幸福にはどこまで責任があるのか、という問題も考えていた。「幸福とは学べる、あるいは習慣によって獲得できるとか、何らかの方法によって培うことができるものだろうか？　それともそれはある種の恩寵として与えられるものか、さらには偶然によってもたらされるものなのか？」。言い換えれば、幸福は遺伝か、ということだ。それともわたしたちは単に偶然に振り回される被害者で、(富が転がり込む、愛する者を失う、病気になるなどの)運命に翻弄されるだけなのか？　アリストテレスはそうしたこともあると認め、不運が非常に大きくて深刻なら影響を及ぼすだろうと指摘する。いつだって神々には微笑んでもらうほうがよろしい。だがアリストテレスは、幸福とは「ある種の魂の高潔な活動」であると定義し、この活動をするかどうかは明らかに自分で決められると考えた。そこから考えれば、わたしたちは自分の幸福に重い責任があるし、少なくとも部分的には幸福は自分の裁量だということになる。「悪は自発的である」とアリストテレスは言い切っている。

依存症は病気だという見方は、アリストテレスにはぜったいに認められなかっただろう。『ニコマコス倫理学』のなかで、彼は（強迫的な行動の対極である）自発的な行動と倫理的責任について注意深く分析している。「強迫的な行動とは、当人あるいは患者がまったく関与していない外部的な要因によって起こされるものである」。たとえば風に流される帆船に乗っている人や、誘拐犯に街頭で拉致されて自動車に押し込められた被害者はそうかもしれない。

どっちつかずの灰色の領域があるのは事実だが――嵐にあった帆船の乗組員は助かるために船荷を海に投棄しなくてはならないかもしれない。これは状況が求める自発的な行為だ――アリストテレスはほとんどの行為について、かなり厳しい線引きをしている。彼は快楽が強迫的になる場合があるなどという言い訳は頭から否定する。「そんなことを言っていれば、すべての行為が強迫的になる」からだ。歯医者に行くのだって、自分の歯を守るという喜びをもたらす。それに、たとえば休戦協定が結ばれたのを知らずに敵を撃ったというような非常に特殊な場合を除いては、無知も言い訳にはならない。それ以外は、無知で善悪の区別がつかなかったというのは、酔いや怒りが引き起こした無知も含めてまったく問題外で、認められない。

しかしアリストテレスの見解では、無知とはさらっと触れて済ませられるようなものではなかった（残念ながら、ここではさらっとすませてしまうわけだが）。それどころか、彼は無知を分析して、自分がしようとしていることがとんでもないことだとわかっていても自制できないのはどうしてか、というソクラテスの問いに回答を出している。

その答えは、わたしたちには知識はあるかもしれないが、必ずしもその知識を利用するとは限らない、ということだ。たとえばわたしは自宅のスペアキーがどこにしまってあるかを知っているし、「グレープフルーツ」はフランス語で何というかも知っているかもしれない。だが短気な読者を想定しながら文章を打っているいま、わたしはその知識を利用しない。事実、研究者たちは、(誤解しようのない文章によって)自制心を刺激された人たちは、快楽主義の文章を読まされた人たちに比べて、より未来志向のスナックを選択することを明らかにしている。この人たちはすでにあった知識を思い出して――事実上、その知識を使うことを強制されて――その知識に沿った行動を取ったのだ。

だが、どうしてその知識は必要なときに、たとえばバーやカジノにいるときに、現れてくれないのか？「怒りや性的欲求その他の情熱の爆発で実際に身体条件が変化し、男性によっては狂気の発作すら起こす」ことを観察したジョージ・ローウェンスタインら後世の科学者たちが明らかにしたホットな状態とコールドな状態についても、アリストテレスは完璧に理解していたようだ。

もちろん、それは言い訳にはならない。だいたいアリストテレスは言い訳したり他人を非難したりする人たちにはとても厳しい。人間には一貫性がなくて、価値のある行動は自分の手柄にするくせに、間違った行動については自分以外のものの――ドラッグや状況や運命の――せいにしたがることにも、彼は気づいていた。そして、わたしたちは両方の行動の責任を取るべきであると考えた。つまり、わたしたちにはふつうに認めるよりももっと大きな責任があるということだ。たとえば倫理観にも責任がある。不誠実さや浪費のパターンがあると、それに沿った行動を取るようになるが、それでも自分たちの責任であることに変わりはない。なぜなら、元凶であるパターンを創ったのはわたしたちなのだから。ほかの習慣を身に付ければよかったのだ。それどころか、ほかの気質を身に付けるべきだったのかもしれない。アリストテレスは「ある意味、わたしたちは自分の気質にもある程度の責任がある」と主張している（現代の哲学者のなかにも賛成者がいる）。

アリストテレスは自分の外見に対する責任すら免除してくれそうもない。これは現代アメリカ人にはとくに手厳しい見解だろう。彼は先天的な、あるいは病気による盲目は責められないが、飲みすぎによる視力喪失はそうではない、と指摘している。同じく、わたしたちは自分の行動や不作為の結果である外見にも責任がある。「生まれながらに醜い者を非難する人は誰もいない」とアリストテレスは言う。「だが、まったく運動をせず身なり外見をぜんぜんかまわない人たちは非難の対象になる」。

ご想像がおつきだろうが、アリストテレスは「自制不能、失禁」についてもさまざまなことを述べている。アクラシアには二種類ある、と彼は言う。第一のタイプは、飲むまいと決心していたのに酒瓶に手を伸ばす戦後アメリカの代表的作家であるジョン・チーヴァーを苦しめていたものだ。これは誰にでもある。仕事をしようと決めていたのに、一回戦だけと思って野球中継を見て、気づいたら試合終了まで見続けている。そのあいだずっと、こんなことをしてはいられないとわかっているのだ。あるいは健康的な食事を取ろうと決心したのに、つい口実を見つけては暴飲暴食してしまう。こんなあまりにもなじみ深いアクラシアを、アリストテレスは「アステネイア」と呼んだ。これはおおざっぱに言えば「弱さ」という意味だ。弱い人は何が善かを充分に承知のうえで悪を行い、自分自身との葛藤のなかで生きている。理性によって欲求を抑えなければならないことは知っているのだ。そのような人の問題は、わたしたちが意志力と呼ぶものにある。

二番目のタイプのアクラシア、これをアリストテレスは「プロペティア」、「性急さ」によるものだと言う。こちらの心理は「アステネイア」とはまったく違う。このせっかちなアクラシアの行動では、良いか悪いかを考えてすらいない。要するに欲望が野放しで、自分自身にも他人にも害を及ぼすことは避けられない。当人が欲望を抱いているというより、欲望に振り回されているせいにすぎないとしても、である。そういう人は鼻輪をつかんで引き回されるウシのように、先も見えずに欲望に引っ張りまわされる。

責任ある人たちはアステネイアのほうに流れる傾向があり、無責任な人は当然ながらプロペティアのほうに傾きがちだ。そして他人の自己コントロールのなさを非難するときには、たいていは非難の対象はプロペティアのほうである。「彼はほんとうに考えなしなんだから」。わたしたちは怒りにかられて、あるいはうんざりして言う。誰にでもそんな人の心当たりはあるだろう。このタイプのアクラシアは劇場で騒がしくし、癇癪を起こし、喧嘩っ早くて、仕事が長続きしないし、いつでも嘘をつき、性的な慎ましさなどかけらもない等々という具合だ。極端なケースは医学的診断の対象になる。反社会的人格障害である。このような衝動的なアクラシアはあまり同情されない。ときおり意志力の弱さが露呈するのは赦しても、善悪に無関心となるとそうはいかない。前者には少なくとも意図は良いという部分が見えるからだろう。

だがアリストテレスに言わせれば、意志どおりに行動できないのも、意志をもとうとしないのも、同じように欠点である。そうすることで、彼は不注意な行動がはらむ恐ろしい倫理的罠を指摘している。そのような人物は節操がないと言った後世の哲学者ハリー・フランクファートも同じだろう。またハンナ・アレントも一九六三年にエルサレムでアドルフ・アイヒマンの裁判を傍聴したとき、同じようなことを言っている。アイヒマンは自分の行動の倫理的側面をあまり考えたことがないようだった。そこでアレントは、「そのような考えのなさは、あらゆる邪悪な意図をあつめたよりももっと恐ろしい惨事を引き起こし得る」と冷静な観察結果を述べたのである。

さあ飲もう

さまざまな哲学を展開した古代ギリシャ人だが、彼らは個人が自制心を発揮できるように仕向ける社会的構造の重要性を理解していた。ジェームズ・デヴィッドソンが指摘しているように、古代アテネでは「普遍的に守られるさまざまな習慣を通じて、欲望はつねに細かく管理されていた。ワインはワインの量以上の水で薄めるべきであり、肉よりもパンをよけいに食べるべきであると決められていた」。

こうした習慣が役に立つことは（その多くが現代生活の忙しさと細分化によって消え失せてしま

ったが）、古代ギリシャの「饗宴（シンポジウム）」という伝統のなかにも明らかに見て取れる。饗宴（シンポジウム）は非常に儀式化された宴会だった。宴会の開き方はきちんと決まっていて、枠を踏み外さずに楽しむうえで儀式的な取り決めがどれほど有効かを教えてくれる。宴会の初めに儀式として水で薄めていないワインを飲むほかは、ワインは必ず現代のビール程度のアルコール度数に薄められていたし、ワインと水を混ぜるクラテールという壷の数もあらかじめ決まっており、ふつうは三個だった。宴会の目的は酔っ払うことよりも人々の交流だったから、誰もがいい気分になれる程度にワインの量も飲む速度も決められた。事実プラトンの『饗宴』は、前夜の酒宴でまだ二日酔いが続いているゲストたちがどんなふうに飲むべきかを議論するところから始まっている。そういう決断はみんなのいるところで、事前に理性を働かせて行なうのが最善だと、古代ギリシャ人たちは直感的に知っていたのである。

8. マシュマロ・テスト

心理学者のウォルター・ミシェルは回り道のあと、自己コントロールの研究を始めた。誘惑と欲望という深い沼に飛び込んだジークムント・フロイトやビリー・ワイルダーと同じく、ミシェルもウィーン出身で、年齢はずっと下だったが、同じような状況で故郷を後にしている。そのころミシェルはまだほんの子どもで、おいたちも典型的なものだった。キリスト教社会に同化した豊かなユダヤ人一家がナチス時代の困窮と迫害にあい、幸いにもアメリカに逃れ、船上からマンハッタンの光景を見て息をのみ、ブルックリンで小さな店を開き、故国を離れて辛酸をなめつつ必死で働く。頭のいい息子は衣料品店やデパートに勤め、文学に目覚める。ヨーロッパでは頭に氷嚢を載せてソファに横たわっていた過保護な母親は、新天地でやり手のビジネスウーマンに変身し、旧世界の古い観念を振り払うと同時に息子には（フロイトの母親と同様に）やる気になれば何でもできるという信念を吹き込む。たとえば、お金がなくたって絵は描ける。「油絵の具は高価すぎて買えなかったが、わたしは母親が大好きなゼリーのジェロを適当に混ぜ合わせると、とくに赤なんか思い通りの色が出ることに気づいた。ほとんどジェロで描いた一七歳のときの肖像画はいまも色あせず、変質もしないで、マンハッタンのアパートにかかっている」。

ミシェルがこう回想したのはもうかなりの歳になってからで、コロンビア大学で自己コントロールの研究をしていた。だが一九五〇年代には若い心理学者としてオハイオ州立大学において、当時の妻がオリシャというトリニダードの神々との交霊を研究するための補助金を獲得した。トリニダードはオハイオよりもずっとおもしろそうだったのでミシェルも同行し、一九五五年から五八年まで夏を現地で過ごすことになる。オリシャは当時はシャンゴと呼ばれていた。現地で行なった心理学テストは時間の無駄だったが、シャンゴと憑依する祭司たちはじつに興味深かった、とミシェルは言う。オリシャの宗教儀式で人々は自ら我を失っていく。「昼は英国人に使われている労働者や家事使用人たちだが、夜になると聖者やアフリカの神々が『取り憑く』。激しい太鼓の音が響いて、ラム酒の壜が回されるなかで、催眠状態で踊っている人々に霊が『乗り移り』、神々として振舞い始めるのだ」。

ミシェルが滞在したトリニダードの地方には、英国の植民地政策の結果カリブ海の島に住み着いたアフリカ系住民と東インド系住民がいた。それぞれのグループは固まって暮らし、それぞれに典型的な価値観と意見があるようだった。「ちょっと聞いただけで、お互いに相手を紋切り型で見ていることがわかった。東インド系の人たちに言わせれば、アフリカ系住民は享楽的、衝動的で、いまが楽しければよいと思っており、先のことを考えたり、将来の計画をたてたりしない。逆にアフリカ系住民は東インド系住民のことを、将来のために働いて金をマットレスの下に溜め込むことばかりを考え、今日を楽しむことを知らないと見ていた」。

好奇心にかられたミシェルは地元の学校に行って、両方の集団の子どもたちを研究することにした。まずインタビューして家庭状況や将来の夢とモチベーション、知性などを調べる。そのあと、ミシェルは重要な意味をもつことになるテストにとりかかった。

子どもたちに質問に答えてもらったあと、ミシェルはご褒美に二種類のキャンディを提示した。ひとつは一セントくらいの安いキャンディ、もうひとつは一〇セントするキャンディ。もちろん一〇セントのキャンディのほうがずっと魅力的なのはわかっていた。ただ、このご褒美には仕掛けがあった。ミシェルは一〇セントのキャンディは数がないので、いま一セントのキャンディをもらうか、一週間待って一〇セントのキャンディをもらうか、どちらかを選んでほしい、と言ったのだ。それから子どもたちがどちらを選んだかを記録し、ほかの要素と比較した。

一九五八年に発表された最初の研究報告では、ミシェルが観察した文化的なパターンと子どもたちの選択は一致していた。対象となったのは七歳から九歳までの子どもたちで、黒人の子どもは三五人のうち二二人が安くてもすぐにもらえるキャンディを選んだ。東インド系の子どもたちだと比率がほぼ逆転し、一八人のうち一二人が高いキャンディのほうがいいと言った。ミシェルやその後の研究者たちは、子どもたちの選択理由は一週間先にキャンディをもらえると信じるかどうかだと推測した。父親のいない子どもたち一一人（一〇人はアフリカ系）のすべてがすぐにもらえる安いキャンディを選んだことも、この見解を裏付けているようだった。頼りになる男親がいないので、おとなの約束に対する信頼が損なわれているのではないか。民族よりもこの要素のほうが、子どもたちの選択を予測する決め手になっているように思われた（さらに家族と離れて暮らしている男性は現在の楽しみを優先する傾向があり、子どもたちもそうした衝動的な性質を受け継いでいる可能性もある）。

民族と楽しみを我慢する傾向に関するその後の調査の結果は、これほどわかりやすくはない。一九八三年に『ジャーナル・オブ・ブラック・サイコロジー』に掲載された調査では明確なパターンは示されなかった。だがアトランタで行なわれた興味深い調査は信頼の重要性を浮き彫りにしている。一九七二年のボニー・R・ストリックランドの報告によると、ご褒美を約束する研究者が白人の場合、黒人の六年生は白人の生徒に比べて未来の大きい褒美を選ぶ割合がずっと低かった。だが研究者が黒人だと、楽しみを先に延ばす黒人生徒が激増した。ただし白人生徒に比べるとその数は少なく、また白人生徒は研究者が黒人でも白人でも選択に違いは出なかった。

生まれつきか、経験か

現在、静かな活況を呈している自己コントロールという研究分野では、ウォルター・ミシェルはどうしても触れざるを得ない重要人物だ。彼がトリニダードで調査したやり方は「楽しみを延期するパラダイム」と呼ばれている。いますぐ小さい楽しみをとるか、いまは我慢して将来もっと大きな楽しみをとるか（楽しみはずっと大きいが、我慢する期間はそう長くはないので、比較すると楽しみははるかに大きいことが多い）という方法は、楽しみを延期する力や自己コントロール能力を調べるうえで標準的な手法になった。カリブ海滞在の成果としてミシェルは、楽しみを我慢する力と注意力、知力、年齢、家族構成、所得などとの関連を調べた一連の研究結果を報告している。彼の研究はこの分野で最も重要な疑問に取り組んだものだった。さらに重要なのは、トリニダード滞在が自己コントロールについて実験的に理解するというミシェルの生涯の研究テーマの出発点となったことだ。その後の研究で驚くような成果がいくつも現われるが、ほとんどはカリブ海の島での発見が元になっている。現在、自己コントロールについてわかっていること（あるいは推測されていること）の多くは、ミシェルの初期の研究にまで遡ることができる。だからこそ、いまでも彼の研究には注目すべき価値がある。

もう一つ、ミシェルの研究から生まれた「マシュマロ・テスト」は、研究者にとっても評論家にとっても不可欠の概念、道具になった。マシュマロ・テストでは、いまならマシュマロを一つ、しばらく我慢すれば二つあげるよ、と子どもたちに言って、どちらかを選ばせる。ミシェルのマシュマロ・テストがもとになってさまざまな自己啓発書が書かれ、フィラデルフィアのチャーター・スクールでは「マシュマロを食べちゃだめ」と書いたTシャツまで生まれた。さらにこのテストは、科学的な色合いを帯びたイソップのアリとキリギリスの物語として、政治的な意味をもたされることもある。マシュマロ・テストについてはこのあと詳しく述べる。ここでは、ミシェルの調査は人々の暮らしに自己コントロールがいかに重要かを明らかにしたことを指摘しておきたい。

しかし識者があまり関心を払わないのは、ミシェルの調査から生じる厄介な疑問のほうだ。自己コントロールは重要だ。それは間違いない。だがミシェルの研究は、もっと自己コントロールすべきだと語っているのか？　それとも自己コントロール能力は生得のものだから努力しても無理だ、というのだろうか？　もし生得のものだとすれば、ミシェルの研究を持ち出しての説教はすべて絶望的な運命論に変わってしまうのではないか？「人生のことがらの大半がそうであるように、（自己コントロール能力にも）生まれつきの違いがあるということではないか」とミシェルは言う。「さらに経験によって違いが出ることも確かだろう。生まれつきと経験は互いに絡み合って、相手を変えていくものなのだ」。

ちょっと先を急ぎすぎたようだ。温かくてのんきなトリニダードとは違って、ピューリタン的な精神に満ちた寒いハーヴァード大学でミシェルが研究していた時代に戻ろう。ミシェルが研究仲間とともにボストンに住む子どもたちについて興味深い研究を行なったのはハーヴァード大学時代だからだ。この研究でミシェルはトリニダードで学んだことをもとに同じ手法を使った。たとえば誘惑に焦点を当てた研究では、小学校の男子生徒に玩具の光線銃で壊れたロケットを撃つというテレビゲーム風のゲームをやらせている。子どもたちはスコアを記録するように言われ、研究者たちはちょっと仕事があるからねと部屋を出る。このゲームはいくらうまく銃を撃っても高いスコアを出せず、したがって三種類のバッジのどれも獲得できないように仕掛けがしてある。言い換えれば、さあ、ごまかしなさい、と子どもたちに誘いをかけているようなものだ。そして子どもたちはごまかす。

ミシェルと同僚の（その後、学校で女子生徒が不当に差別的な扱いを受けていると警告して有名になった）キャロル・ギリガンはほかにも、子どもたちがすぐに小さい褒美をもらうか、我慢して後に大きい褒美をもらうか、というテストをしている。このテストに対する子どもたちの反応で、楽しみを延期する能力がわかるわけだ。ミシェルとギリガンは、楽しみを我慢できる子どもほどごまかしをしないことを発見した。また結局ごまかした子どもでも、楽しみを我慢できる子どもほど、長いあいだごまかしをせずに我慢した。

ボストン地域の子どもたちを対象にした別の調査では、楽しみを我慢できる子ども（いますぐ小さいご褒美をもらうのではなく、少し我慢してずっと大きなご褒美をもらうことを選択した子ども）ほど知能が高いし、社会的責任感があり、野心的であることがわかった。ミシェルが学者らしく淡々と述べているように「結果に現れた相関関係は非常に大きかった」。

だが一九六〇年代初めになると、ミシェルはハーヴァード大学の心理学部の居心地がだんだん悪くなってくるのを感じた。「常軌を逸した雰囲気が強くなっていった」とミシェルはのちに書いている。「研究ができる環境ではなかった」。大きな原因は、最初は性格判断という共通の関心があって、ミシェルともうまくいっていたティモシー・リアリーだった。リアリーの興味はまもなく幻覚のほうへ移った。博士号をとったばかりのリチャード・アルパートがラム・ダスに変身しかけているころのことだ。「とつぜん大学院生のデスクに代わってマットレスが運び込まれ、スイスの製薬会社チバから大きな包みが郵送されるようになった」と、ミシェルは当時について書いている。

一九六二年、ミシェルはスタンフォード大学に移り、彼の研究としては現在最も有名な仕事にとりかかった。彼はスタンフォードで二度目の妻と二〇年近くを過ごし、次々に三人の娘をもうけている。娘たちが育っていくのを見ながら、ミシェルはご褒美が楽しみを延期させる（我慢させる）力や、「心理学者としてはかぎカッコつきで使う」意志力の発達についてますます関心を強めた。

子どもたちの追跡調査

スタンフォード大学に新しく設立されたビング・ナーサリースクールは、これらの疑問を解明するのに絶好の場所だった。身近に幼い子どもたちがいるだけでなく、子どもたちに気づかれずに観察できるマジックミラーつきの大きな窓が設けられていたのだ。ビングでどんな研究をするか、ミシェルにはすでに心積もりができていた。トリニダードで生まれた手法を使おう。だが今回は自分の娘たちの観察をもとにある仮説をたてていた。さらに重要なのは、ミシェルとその後入れ替わり立ち代りした同僚や院生たちは、ビングの卒業生たちを何十年も追跡調査できたことだった。

研究は一九六八年から七四年まで続いた。ナーサリースクールの外では、ヴェトナム戦争からウォーターゲート事件、ロバート・ケネディやマーティン・ルーサー・キングの暗殺などがあった激動の時代だ。研究全体を通じて六五三人の子どもたちが参加している。うち三一六人は男の子、三三七人が女の子で、平均年齢は四歳と数ヵ月だった。典型的な実験では、ミシェルか同僚の一人が四歳の子どもとしばらく遊んだあと、子どもをテーブルに座らせる。テーブルにはマシュマロ一つの皿、マシュマロ二つの皿、そしてベルが置いてある。そこで実験者は子どもに、ちょっと部屋を出るから待っててね、と言う。自分が戻ってくるまで待っていれば、マシュマロを二つあげるよ。でも、待てなかったら、ベルを鳴らしなさい。そうしたら戻ってくるけれど、マシュマロは一つしかもらえない。

それから実験者は（ふつうは）一五分ほど部屋を出る。ご褒美がテーブルに載せてある場合も、見えないところに移す場合もある。また、子どもたちにどうすれば我慢できるか、いろいろな助言を（良い助言や悪い助言を）することもある。いずれにしても肝心なのは、子どもはベルを鳴らすまでどれくらい我慢できるか、ということだ。

ビングの子どもたちはほとんどが中産階級で、実験に参加したときは四歳半くらい、まだ我慢が難しい年ごろだ。一つには脳がまだまだ未発達なためだが、小さな子どもは誘惑に抵抗する戦略を学んでいないこともあるだろう。研究者たちはさまざまな設定で実験を行ない、異なる提案をしてみた。そして子どもたちにご褒美の魅力について――たとえばおいしそうな匂いについて――考えてごらんと言うと、我慢できる時間が短くなるばかりか、少なくともご褒美が目の前にある場合には、子どもどうしの差異が縮小することを発見した。また何も助言しないと、子どもたちは自分でいろいろ工夫するが、うまくいくのもいかないのもあった。

気を紛らす、というのはだいたい効果的だった。いちばん長く我慢できた子どもたちは目を閉じるか、組んだ腕に顔を伏せていた。独り言を言う子や、背中を向けて歌を歌う、手や足を使ったゲームを考え出す、眠ってやり過ごそうとする、テーブルの下に潜り込んで誘惑を避けようとする子もいた。男の子の一人はテーブルを蹴っていた。「これはとても男性的な反応だ」とミシェルは言う。オレオを出されたもう一人の男の子はサンドイッチ状になったクッキーを剥がしてなかのクリームを舐めて、また元に戻しておいた。

いまは『スターウォーズ』に出てくるヨーダを思わせる風貌になったミシェルは、もぞもぞしたり即興であれこれ工夫したりする子どもたちを何時間もマジックミラーごしに観察した。そしてベルを鳴らすまでに我慢できる時間（ベルを鳴らす場合には）は、子どもがどうやって誘惑をやり過ごすかに左右されることに気づいた。「重要なのは子どもたちの頭のなかで起っていることで、じつはそっちのほうが目の前のものよりも強い力をもっている。我慢できる時間は頭のなかの『ホットな』あるいは『クールな』イメージと、我慢しているあいだ関心をどこに向けるかによって違う」。

脳が「ホットな」領域と「クールな」領域に分けられるという考え方は、いまでは研究者たちにかなり受け入れられている。クールな領域は海馬と前頭葉だと見られており、哲学者がいう理性に該当する。計画をたて、自分に有利に行動する合理的な部分だ。ホットな領域はもっと原始的で、幼いころに発達する。こちらは生存に直接かかわる機能で反射的に働く。食欲や危険に際しての逃げるか闘うかという反応その他、刺激に即反応する部分だ。ミシェルら研究者たちは、脳のホットなシステムからクールなシステムに移行できた子どもはうまく我慢できるのではないか、と考えている。最近のインタビューでミシェルは「マシュマロは甘くておいしいだろうなと考えたら一分も待てなかった子どもが、マシュマロは綿の塊みたいにふんわりしているとか、空に浮かぶ雲のようだと考えると二〇分も我慢できる」と語った。

自己コントロールについては、ビング・ナーサリースクールの実験から学べることがたくさんありそうだ。関心をよそに向けるのは効果があるが、誘惑の抵抗しがたい面に関心を集中するのは逆効果で、誘惑が見えないようにするのは我慢に役立つ。抽象的に(ぱりぱりする塩味のプレッツェルを味のない小さな棒にみたてるというように)考えるのも効果的だ。たしかに頭のなかが問題なのだが、重要なのはたとえ四歳でも頭のなかで何を考えるかは多少とも自分でコントロールできることだろう。

ミシェルらがビングの四歳児を追跡調査してわかったことはさらに興味深い。マシュマロ・テストでいちばん成績が良かった子どもたちは、いちばんバランスがとれた安定した若者に育った。

「一〇年あまり後、四歳のときに長く我慢ができた子どもたちについて両親に尋ねたところ、学校の成績もよいし、仲間たちに比べて社会性もあり、欲求不満や誘惑に対処する能力も高いと評価されていた……また言語能力も豊かで、自分の考えを表現できると親たちは見ていた。行動や受け答えが理性的で、注意力や集中力があり、計画性豊かで、将来について考え、能力もいろいろな技術も高かった。またストレスへの反応や対応も成熟していて、自信もあるようだった。同様のほかの実験の結果でも、未就学児のころの我慢する能力と大学進学適正試験の結果には相関関係が見られた」。

ミシェルは我慢できた子とできなかった子で大学進学適正試験にどれほどの違いが出たかは発表していないが、ある人々には二一〇ポイントの違いがあったと語っている。これはそうとう大きな違いだ。それだけではない。ミシェルによると、我慢できる時間が最も短かった子どもたちは平均して成績が低くて停学処分も多く、「たいていはいじめっ子に育った」という。「楽しみを我慢する能力は体重とも関係があった。我慢できる時間が長かった子どものほうが細かったのだ(この発見は最近行なわれた一八〇〇人以上の子どもたちを対象とした二つの調査の結果とも一致する。研究者たちはミシェルと同じように、四歳児と五歳児に、我慢できたらもっといいおやつをあげるよ、と言った。楽しみを先延ばしにできなかった子どもたちは、一一歳になったときに太っている場合が多かった)。

ミシェルは現在、研究成果に手ごたえを感じており、おとなになったビング・ナーサリースクールの子どもたちのフォローアップを続けている。もう一つの研究ではかつての子どもたちは平均して二七歳になっているが、ミシェルら研究者たちは、社会的不安の尺度である拒絶に対する感受性に着目し、四歳児のころの成績とどう関係するかを調べた。こちらはビングの卒業生一五二人が対象で、拒絶に敏感だと問題を抱えがちだが、ナーサリースクール時代に我慢する力が大きかった子の場合はそれほど大きな問題になっていないことがわかった。拒絶に敏感で子どものころ我慢する力が低かった人たち(どうしても待てなかった子どもたち)は、その後の教育水準が低く、コカインやクラックを使用している割合が高かったという。

では四歳児はマシュマロやプレッツェルを前にしてどれくらい我慢できたのか。ミシェルらは一八五人の子どもたちを対象とした研究の報告で、我慢できた時間は平均して五一二・八秒、つまり九分未満だったと述べている。目の前のおやつやその他の状況にもよるが、全体としては四歳児たちが我慢できる時間は七分から八分だった。だが、なかにはずっと長く、二〇分も我慢できる子どもたちもいた。

学校の成績

ウォルター・ミシェルは先駆者だが、子どもたちの自己コントロール能力がほかのさまざまなことに影響する事実に注目した人たちはほかにもいる。たとえば学校の成績だ。多くの研究者たちが自己コントロール能力は成績と関係しているという。

心理学者アンジェラ・ダックワースとマーティン・セリグマンはペンシルヴェニア大学の「ポジティブ心理学センター」で研究している。このセンターの名称はちょっと怪しげだが、じつはまっとうな研究所だ。所長のセリグマンは、幸福と関連する感情や行動、枠組みについて研究する「ポジティブ心理学」の分野では草分けでもある。実際、人は自分の精神状況をある程度コントロールすることができる。たとえば感情が表情を引き起こすだけでなく、この関係は逆にも働く。だから楽しそうな顔をしていると楽しい気分になる。博士号がなくても、楽しいことを考えていると楽しくなることはわかる。ポジティブ心理学センターができるよりはるか昔、ローマの皇帝マルクス・アウレリウスは「習慣的に考えていることが性格になる。魂は思考によって染められるからだ」と言った。

二〇〇五年、ダックワース（元教師）とセリグマンはさまざまなカリキュラムをもつマグネット・スクールに通う多様な人種の一四〇人の八年生（中学二年生）を対象に調査を行なった。まず親や教師から聞き取りをし、本人にも、悪い習慣をやめるのは大変ですかというような質問をして、生徒たちを自己コントロール能力別に分けた。これが学年が始まったばかりの秋のことで、翌年の春に研究者たちはふたたび学校に出かけ、自己コントロール能力と学習態度、成績、標準テストの成績、それに競争の激しい高校への入学状況などとの相関関係を調べた。

ダックワースとセリグマンはほかの一六四人の八年生を対象に同じ調査を繰り返し、今度は楽しみを先延ばしにする実験と知能テスト（IQ）との関係を調べた。するとIQよりも自己コントロール能力のほうが、将来の成績を予測する指標としてはるかに優れていることが明らかになった。学校では持続的な努力が求められ、楽しみを我慢して宿題をしたり、学期末にもらう成績を良くするために着実に勉強しなくてはならないから、この結果は意外ではない。自己コントロール能力は、学習態度や宿題に費やす時間、さらには毎晩何時に宿題を始めるかなどにも正確に反映されていた。またテレビを見る時間ともはっきりした相関関係があった。自己コントロール能力のスコアが高い子ほど、テレビを見る時間は短かった。セリグマンたちは歯に衣を着せずに言う。

「アメリカの子どもたちの成績が悪いのは、教師の能力が低い、教科書が退屈、一学級の人数が多すぎるなどのせいにされることが多い」とセリグマンらは語った。「だが、わたしたちは、知的能力があっても成績が悪いのには別の理由があると考える。自己コントロール能力が低いことだ……アメリカの子どもたちの多くは、目先の楽しみを我慢して長期的な利益のために努力することが下手なのではないかと思う。自己コントロール能力を鍛えるプログラムこそが、学業成績を上げる王道ではないか」。

ダックワースとセリグマンはほかにも興味深いことを指摘している。幼稚園から高校まで、男の子よりも女の子のほうが成績が良いのだが、標準テストや知能テストでは男の子より優れているわけではない。そこでセリグマンらは、違いの原因は自己コントロール能力ではないかと考えた。データを分析したところ、少なくとも二人の研究対象については当たっていることがわかった。女の子のほうが自己コントロール能力が高く、「この能力は標準テストや適性検査などより成績表との相関関係が大きかった」のである。

それだけではない。研究者のなかには、男の子の自己コントロールが足りないために女の子より成績が悪いだけでなく、アメリカの学生が外国の学生に後れをとっているのも同じ理由ではないかと考えている人たちがいる。ここでも、学校に関する限りは自己コントロール能力がものを言うのだ。たとえばレイセンド・ウォルフとスコット・ジョンソンは、学生たちの三二の性格の違いを観察したが、大学の成績を予測するのに役立つ要素は自己コントロール能力だけだった。大学進学適性試験の結果よりも自己コントロール能力のほうが正確にその後の成績と符合していた。大学での成績を予測するうえで自己コントロール能力よりももっと正確な根拠になったのは、高校時代の成績だけだった。ウォルフらは「自己コントロール能力あるいは良心という総体的な資質を系統的に評価して、大学入試に役立ててはどうか」と提案している。

また自己コントロール能力が高い子どもは人との付き合いが上手なおとなに育つ。一九九九年に発表された研究では、教師が四歳から六歳までの子どもの自己コントロール能力を評価した成績が、どの子が人気者になるかを予測する手がかりになることがわかった。ミシェルとショウダ・ユウイチが行なった研究では、楽しみを我慢する四歳児の能力と若者になったときの人間関係には関連があった。ほかの研究でも、自己コントロール能力が高かった未就学児童は社会性が高く、ネガティブな感情を抱くことが相対的に少ないという結果が出ている。自己コントロール能力の高い高校生は摂食行動や飲酒の問題が少なく、大学生は成績がよかった。そして八歳くらいから十代までの男の子で自己コントロール能力が低い子どもたちは、攻撃的な行動や非行のリスクが大きかった。

自己コントロールの欠陥は若者のヘロイン依存症やアルコール濫用、金の使いすぎなどとも関係している。犯罪学者のトラヴィス・ハーシーは、高校生の自己コントロール能力を見ると、「無断欠席、試験の際のカンニング、教室を出される、飲酒運転、自動車事故、バイクやスケートボード、ローラーブレードの事故、骨折、サイコロバクチ、飲酒、喫煙、マリファナ使用などの犯罪的な行動が予測できる」と書いている。

この研究のパイオニアであるウォルター・ミシェルはいまも自己コントロールの謎を追求し

ている。国立科学財団の研究費を得たミシェルと全国の研究者たちは、人間の性格のなかでもとくに重要なものであることがわかった自己コントロールについて、マシュマロ・テストの実験から得られた知識を拡大しようという野心的な研究を始めた。いまは成人したビング・ナーサリースクールの卒業生を対象に各種の調査や脳のMRI（磁気共鳴撮影法）を行い、自己コントロールを行なっている脳の構造を解明しようというのだ。さらに楽しみを先延ばしにする能力はどの程度まで遺伝するのかをつきとめるために遺伝子検査も実施している。

自己コントロールに遺伝的要素があるのは間違いないと思われるが、現代技術を使えば人々の遺伝子のどれが変異しているかを費用をあまりかけずに簡単に調べられる。この研究では、一九七〇年代初めのミシェルの研究対象でいまは三〇代後半から四〇代初めになっている人たちのなかから、とくに二つのグループを選ぶことになっている。一方は長年、自己コントロール能力の高さを発揮してきたグループ、もう一つは正反対の人たちだ。

ミシェルの研究計画は重要な疑問を提起する。子どもたちにとって自己コントロールがそれほど重要ならば、自己コントロールを教えることは可能なのか？　可能だと考える根拠はたくさんある。結局のところ、一〇〇パーセント遺伝だとは誰も考えていない。ミシェルは、親の良い育て方が大きな役割を果たすという。たとえば食事の前にはおやつを食べないというような日常的なこともそうだ。それに研究者たちはすでに、子どもたちに（自己コントロールを指す心理学用語である）「遂行機能」を教えるプログラムの有効性を明らかにしている。アデール・ダイアモンドは心理学者のデボラ・レオンとエレナ・ボドロヴァが開発した「ツールズ・

オブ・マインド」というすばらしいプログラムを評価している。これは生徒たちに遊びの意図を書かせたり、計画立案や集中力、楽しみを後回しにして努力することなどを促すさまざまなゲームや活動を行わせるように組み立てられている。ダイアモンドが一四七人の子どもたちを「ツールズ・オブ・マインド」に参加した子としなかった子に分けて調べたところ、プログラムに二年参加した子は「遂行機能」のテスト結果が目立って良かった。このことから考えて、自己コントロールは実際に学べるもののようだ。

ほかにも自己コントロールを重視している学校はある。有名なKIPP（知識はパワー・プログラム）を実施している一連のチャーター・スクールはほかの学校が失敗した都市部で成功しているが、自己コントロールの「強化」を軸の一つにしている。KIPPを実施しているフィラデルフィアの学校が生徒たちに配ったTシャツの胸には、「マシュマロを食べないで」と書いてある。

ダイアモンドは、現代の子どもたちには自己コントロールの訓練が必要なのではないかと言う。昔のように自分で考え出す自由な遊びは自己コントロールのスキルを鍛えるのに役立ったが、現代のように親がやらせるスポーツや室内のテレビゲームではそれができないからだ。一方、武道や音楽のレッスンその他、持続的な関心が必要な習い事は自己コントロールの強化に役立ちそうだ。「いまは多くの子どもたちがADHDと診断されているが、そのすべてではなくても多数は自己コントロールを教えられたことがないだけではないか、と思う」とダイアモンドは語っている。

9. 熾烈な内輪もめ

「自分自身を克服する努力をしなければならないんです」。彼の妻はいかにももっともなため息をつきながら言った。「自分だけでするつもりなら、互角の闘いになるでしょうね」。
——アイヴィー・コンプトン・バーネット「両親と子どもたち」

自己コントロールが波乱に富んでいるのは、これも闘いだからだ。違うのは、闘いの相手が主に自分自身だということである。

友だちに銀行から金をちょろまかそうと誘われたとする。住宅ローンの申し込み用紙に書き込む所得を水増しするのではなく、昔ながらに銃を突きつけてやる強盗のほうだ。あなたはまずいなと思う。良心の呵責もあるし、誰かが怪我をするかもしれず、捕まらないという保証もない。それでもあなたは、よし、やろうと答える。友だちだからだ。しかしあなたの心は二つに割れているし、しぶしぶ賛成はしても奥深い不安は拭えない。

仲間と一緒に銀行に近づくにつれ、アニメのシンプソンズのグロテスクなマスクをかぶったあなたはアドレナリンが身体を駆け巡るのを感じる。掌はじっとりと汗ばむ。キャンバス地の袋を投げ出して走って逃げたくてたまらない。それでもあなたは超人的な努力で銀行に入り、叫ぶ。

「動くな！」

さて、この架空の物語で銀行に押し入る直前まで戻ってみよう。あなたの頭の皮をはいで（架空の物語であることをお忘れなく）頭蓋骨のなかをのぞいたら、文字どおりあなたの心が二つに分かれていることが判明するだろう。未来を考え、計画し、理性を働かせる場と信じられている前頭葉は、銀行強盗の計画に感心せず、ありとあらゆるトラブルの可能性を予想している。だが辺縁系のほう（恐怖が生まれる扁桃を含め、おもに感情をつかさどる部分）はまったく違った見方をしている。こちらは仲間はずれになる恐怖に支配され、銃を突きつけながら（大金を手にして！　危険をものともせず！）悠々と引き上げる場面を予想して興奮しているのだ。

いや、実際には逆かもしれない。頭蓋骨のなかで働いている灰色の脳の塊を見ただけでは、そのあたりははっきりしない。最初はしぶっていた前頭葉がはりきって計画に加わり、辺縁系のほうは撃たれたり投獄されたりする不安にそこはかとなく怯えているかもしれない。機能的MRIで脳の画像を撮影してみれば、灰色の脳で活発に活動している部分が判明するから、何が起こっているか、もう少しよくわかるかもしれない。

銀行強盗の話はこれくらいにしよう。ほんとうに衝撃的なのは、人はいつでも二心を――少なくとも二つの心を――抱いていることだ。一方は野性的で無鉄砲な男、快楽が大好きで、暴力的な衝動が突然に現れたり消えたりする。ギャング役が多かった若いころのハーヴェイ・カイテルを想像してもらうといいかもしれない。もう一人は保険に加入し、将来の計画をたて、借金を嫌い、日焼け止めをたっぷり塗る（念のために雨傘も持ち歩く）人物。こちらは『ロー・アンド・オーダー』に出ていたマイケル・モリアーティの若き日の姿だろうか。まさに『おかしな二人』である。事実、「おかしな二人」が宿っているあなたは、映画『おかしな二人』のフェリックスとオスカーが住むニューヨークのアパートのようなものかもしれない。それでは、どっちが主導権をとることをお望みだろう？（『おかしな二人』の場合と同じで、アパートの契約者はオスカーのほうであることをお忘れなく）。

わたしたちの心は分かれているという考え方は決して目新しいものではなく、伝統的にはマニ教風の（もちろん善と悪、黒と白に分ける）二元論の衣をまとっていた。たぶん紀元前六〇〇年ごろの人と思われるペルシャの預言者ゾロアスターは、すべての人間は善と悪をもって生まれると教えた。この考え方は世界のいろいろな宗教に広く見られるもので、事実上どの神学にも共通している。二元論が自然に受け入れられるのは、人間が男と女と二種類いて、日々光と闇のサイクルで暮らしている生き物だからだろう。だがそれだけではなく、人がいつも自分自身の内側に感じ取っていることにも理由があるのかもしれない。

たとえばわたしたちがいつも聞いていて、ときには反論したり、押し殺したり、ごまかすために苦労している内なる声がある。ほとんどの人たちにとって、この自問自答は良心とほぼ同義語だが、そこには内なる発言者だけでなく聞き手もいること（どちらも同じ身体に宿っている）も認識している。（この終わりのない自問自答は重要だ。ソクラテスは自分の内なる声ダイモンが細くまっすぐな道を歩かせる、と言った）。

それから、心と身体は別物だという感じ方がある。これはいちばん有名な提唱者である（また自己コントロールこそ最も重要な美徳だと強く主張した）フランスの哲学者ルネ・デカルトの名をとってデカルト流の二元論と呼ばれている。皮肉なことに徹底的行動主義で知られるB・F・スキナーも同じ道をたどった。ただ彼は管理する自己と管理される自己に分けている。これは「誰が誰をコントロールするかをはっきりさせなくてはならないから」だとスキナーは言っている。身体と魂、理性と情熱、陰と陽、ハリウッド映画のコンビ、アボットとコステロ、二元論はどの世代にも見られるようだ。

一つになる状態

二元論は役に立つ。精神と身体を分けて考えることにより、人間は自然界と一線を画して弱肉強食の掟とは違ったある種の倫理観をもつことができる。同じように二元論で考えると、見える世界だけではないと思って心を慰めることもできる。二元論ならば、わたしたちはただの肉体ではないと信じられるし、だから人生や生命の神聖さを信じる気になれる。また死を（少なくとも比喩的に）遠ざけることも可能になる。身体が死んでも、身体ではない部分は生き続けるかもしれないからだ。要するに二元論は不死への扉を開いてくれる。

また二元論で考えれば、自分が（あるいは他者が）肯定できない部分を切り離すこともできる。ときおりミスター・ハイドを分離させようとしたジキル博士のようなものだ。自分は分裂していると考えると、切り離した部分を楽しみつつ、それは自分ではないという否定に説得力をもたせることができる。オスカーワイルドの『真面目が肝心』に登場する地方紳士ジョン・ワージングは、放蕩者の分身アーネストになってロンドンで楽しみやゲームに耽った。聖パウロはローマ人への手紙のなかで、「わたしは自分がしたいと思うことをせず、してはならないと思うことをしている……そのようなことをしているのは、ほんとうはわたしではない。わたしのなかに巣食う罪がしているのだ」と嘆いている。

クライアントが治療を始めましたと発表したハリウッドの広報係が言いたかったのも同じことかもしれない。彼は言った。「二〇年も禁酒してきたのち、ロビン・ウィリアムズは自分が再び酒を飲んでいることを発見いたしました」。発見したロビン・ウィリアムズはどんなに驚いたことだろう！

同じように、バーナード・マドフがかつてなかった巨額詐欺で一五〇年の刑を言い渡されたとき、夫人は一種の重婚を思わせるコメントを発表した。「わたしたちは（もちろん、わたし自身も）夫を尊敬し、信頼して、ともに暮らしてきました……ところが別人が現れて罪を告白し、わたしたち全員を驚愕させたのでした。この恐ろしい状況はみなその人物のせいだったのです……この恐ろしい詐欺に手を染めた人は、わたしが長年知っていた夫ではありません」。夫に告白されたとき、夫人はこう聞けばよかったのかもしれない。「バーニー、あなたは何に取り憑かれたのですか？」かつて、わたしたちはそのような罪深い行いをサタンのせいにした。悪魔がやらせたのだ！　だが、いまはそんな子どもだましは通用しないので、悪事をそそのかす生き物をイドとかインナーチャイルド、爬虫類の脳などという神秘的な名前で呼んでいる。

つねに動機と選択に注目するエコノミストは、アダム・スミスを始めとしてずっと昔から二つの自己という考え方をしてきた。アダム・スミスは『道徳感情論』で自己コントロールを強調し、自分自身を観察者と行為者の二つに分けて、両者が互いに相手を判断すると述べている。カーネギー・メロン大学で経済学と心理学の教授をしているジョージ・ローウェンスタイン（ジークムント・フロイトの曾孫にあたる）も、同じように人間を感情のシステムと審理のシステムの二つに分けて考えている。

ダン・アリエリーやキャスリーン・ヴォスなど注目すべき自己コントロール研究者との共同研究も多いローウェンスタインは、当人が言う「ホットとコールドの共感ギャップ」を追求している。「コールド」とは基本的に生理的なニーズや興奮がないことだ。コールドの人は空腹でもなく、性的に興奮してもいないし、苦しいほど冷静だろう。逆に順調、落ち着いている、絶望していないという意味でもある。飽き足りた状態の自分と考えてもいい。「ホット」とはさまざまな「肉体的」条件に突き動かされている状態だ。飢えや肉欲に駆り立てられている、怒りや恐怖に駆られている、あるいは肉体的な痛みを感じているだろう。

コールドな状態のわたしたちは、ホットな状態がどれほどのパワーを持ち、どんな行動を取らせるかがわからず、大幅に過小評価してしまう。それどころか、コールドなときには、誰かの行動を見てもホットな状態がどれほどのパワーをもっているか想像がつかない。事実、コールドな人は過去の自分の「熱に浮かされた」行動ですら理解できない。同じことはホットな状態にも言える。ホットになるとコールドな自分にまったく聞く耳をもたなくなる。このことは食べ物やセックス、ドラッグに関する実験で再三、裏づけられている。

オデュッセウスにもわかっていたのだろう。彼は夜のうちは自らの情熱の炎に照らされてカリプソにうつつを抜かし、昼になると海辺で故郷を懐しんで泣く。その故郷では妻のペネロペが言い寄る求婚者たちをしりぞけていた。美しい女神のそばで「ホット」になっているオデュッセウスは、昼の冷静な彼とは事実上、別人だった。

セックスに関する限り、ほとんどの男性にこのことがあてはまるのはたしかだ。ローウェンスタインとアリエリーは三五人の男子大学生にお金を払って、性的興奮状態のときとそうでないときに質問に答えてもらい、両者に大きな違いがあることをつきとめた。(オーガズムに至らない自慰によって)性的興奮状態にある男子学生は、男性とでも、太った女性とでも、大嫌いな人とでもセックスしたいと答える割合が高かった。さらに緊縛や打擲《ちょうちゃく》、アナル・セックスにも同意し、喫煙はとても魅力的だと答える者が多かった。さらにセックスするためなら悪事も厭わないという傾向が強かった。たとえば愛していると嘘をつくのも、女性に酒を飲ませるのも平気だ、と大多数が答えた。さらに女性にはっきりと「ノー」と言われてもつきまとう率は二倍、こっそりドラッグを飲ませる率は五倍にも昇った。

このような状態はシェークスピアの『ルークリースの凌辱』にも出てくる。怪しからぬことをしようかどうしようかと、ターク ィンは「自分と葛藤する。凍りついた良心と熱く燃える気持ちとのあいだで」。ターク ィンの欲望は「理性のか弱い反対を押しつぶす」。明らかに自己コントロールの大失敗だ。だが、彼はのちのち厄介なことになると知ってはいても、「熱い欲望が冷ややかな軽蔑に変わった」とき、自分がどれほど恐ろしい思いに苛まれるかはまだ想像がつかない。

ローウェインスタインの研究結果で興味深いのは、ホットな状態とコールドな状態の違いがあまりに大きく、片方の状態にある人は別の状態にある自分がまるで理解できないらしい、ということだろう。「それぞれの状態はわたしたちを根底から変えてしまう力があり、違う状態の自分は他人よりももっと他人だ」とローウェンスタインは言う。

リチャード・セイラー（行動経済学の父と言っていいのではないか）とH・M・シェフリンは「自己コントロールの経済理論」という著名な研究論文で、人はいつでも先を見通す計画者であり、近視眼的な行動者である、と述べている。「結果として起こる葛藤は、組織における企業オーナーと経営者の葛藤と基本的に同じである」。企業の場合、雇われた経営者は（「近視眼的な行動者」として）、給与を支払っている株主の利益ではなく、自分の短期的な利益にあった行動をするだろう。最近の金融危機でもこの問題ははっきりと現れた。たとえば銀行のCEOは短期的に高い利益を（それに高額の年度末ボーナスを）生み出す高リスクのローンを奨励した。そのうち借り手が支払不能に陥って、株主を初めとして誰もが不利益を被るかもしれないのに。
プラトンは『国家』で、わたしたちのなかの計画する部分と行動する部分の葛藤について別の見方を示している。人間には本質的に二つの要素、善の部分と悪の部分がある、そうでなければ自分が自分を律するという考え方そのものが意味をなさない、と彼は言う。「あなたが自分自身を律する主人であるなら、同時に被統治者でもあることになる。統治者であり被統治者だ」。別のところでは、「人はそれぞれ自分自身の敵であり」、この闘いに勝利することはきわめて重要だ、と語っている。「自分に敗北するのは最も恥ずかしいことで、同時に最悪の敗北だからである」。

こうしたさまざまな二元論が示唆しているのは、わたしたちは二つの部分からできている、ということだろう。さらに、どちらも相手なしでは生きていられない。ユダヤ教のイエツァー・ハラとイエツァー・ハトヴという概念を考えてみよう。イエツァーは衝動という意味で、イエツァー・ハラは欲求の衝動を指す。こちらは悪だとよく言われるが、必ずしもそうではない。しかし悪につながる可能性があることは想像に難くない。これは意欲であり、ニーズであり、本質的な飢えだ。情熱的なイエツァー・ハラに比べると、イエツァー・ハトヴのほうは生彩がない。こちらは倫理的な力、いわゆる良心で、わたしたちが道を踏み外しかけたときに神の掟を思い出させる。

知り合いのラビ、ジョナサン・クリグラーが、この両立しにくい二つの衝動を理解させてくれる興味深い言い伝えが『タルムード』にある、と教えてくれた。その物語によると、昔、ユダヤ人社会の敬虔な男性たちがイエッァー・ハラが引き起こす無鉄砲な行動にうんざりし、なんとかしなければならぬ、と考えた。イエツァー・ハラを探し出してとっちめようというのだ。狩り立てられて捕まったイエツァー・ハラは檻に入れられ、男たちはついに勝利した、もうだいじょうぶだ、と考えた。ところが、その満足は長くは続かなかった。まもなく妙なことになった。卵は孵《かえ》らず、家は建たない。暮らしが停止してしまった。理由は明らかだった。イエツァー・ハラとともに暮らすのがいくら大変でも、それなしに暮らすのは不可能なのだ。どうすればいいか？　話し合いの末、イエツァー・ハラの目をくりぬいて放そうと決まった。自己コントロールの分野ではパイオニアの精神科医ジョージ・エインズリーにこの物語を話すと、とても気に入ってくれた。精神科医だがユダヤ人ではない（そういう人たちもかなりいる）エインズリーは、すぐにラビの行動の賢明さを見抜いた。が、しかしその前に自分の目で見られないように、だから理性が見せるものだけを見るようにしたのだ」。

『スタートレック』の製作者たちもタルムードの言い伝えに詳しかったのだろうか？　「二人のカーク」という第一シーズンの有名なエピソードを見ると、そうかもしれないと思う。このエピソードでは転送事故でカーク船長が善のカークと悪のカークに分裂してしまう。宇宙にとってもスタートレック・シリーズにとっても幸いなことに、悪のカークが勝利することはなかったが、意外だったのは善のカークも悪のカークなしでは生きていられなかったことだ。二人がもう一度合体するまで、船長の生命は危険にさらされていた。明らかに宇宙船の船長にはイエッファー・ハラが必要だったようだ。

　では、わたしたちはどうなのか。神経科学者のアントニオ・ダマシオは眼窩前頭皮質に損傷を負った患者たちを研究している。眼窩前頭皮質は目のすぐ上にあって、感情や意志決定に重要な役割を果たしている領域だ。ダマシオによると、ここが損なわれた患者は知的には障害がないのに、感情というものがなくなってしまう。スタートレックのミスター・スポックのように。

　残念ながら、その結果、あくまで理性的な機械のような人間ではなく、基本的な意志決定ができないさまよえる魂になる。眼窩前頭皮質が損なわれた患者には、こっちのほうがいいという好みやモチベーションがない。選択肢のうちのどれかを選び出す本能的な感情のベースがないので、実存的無気力とでもいうような状態に陥るらしい。ジョン・バースの初期の小説『旅路の果て』の主人公ジェイコブ・ホーナーのようなものだ。ホーナーはわたしたちの日常をスムーズにしている自動操縦装置が働かないことが多い。彼のモチベーションは実存的な疑問に完全に押しつぶされていて、しょっちゅう（たとえば駅にいるとき）麻痺状態になってしまう。宇宙に意味も意義も見出せないので、ある行動ではなく別の行動を選ぶ理由がまったく見つからない。アメリカの代表的な哲学者・心理学者であるウィリアム・ジェームズは言っている。「習慣的な行動がいっさいなく、すべてをいちいち思い悩んで決断しなければならない人間ほど惨めなものはない。そういう人間にとってはタバコに火をつけるのも、カップの飲み物を飲むのも、起きるのも寝るのも、あらゆる行為を始めるのも、すべてが意志的な熟慮の表現なのである」。

だが前述の『タルムード』の言い伝えにはもう一つの面がある。最初は気づかないが、こちらもやっぱり重要な意味をもっている。イエツァー・ハラとイエツァー・ハトヴの対立にはもう一人隠れた役者がいる。その役者は審判と呼ぶべきだろう。イエツァーの双子はわたしたちの二つの面を表しているが、そこには対立する二つの欲求を裁く第三の人物がいるはずだ。そしてこの三人組は人が想像するほど満ち足りてはいないかもしれないが（もちろん、わたしには断言できない）、わたしたちははるか昔から三という数字にこだわってきたのである。

三人連れはトラブルのもと

三つ組の魂については、プラトンの『パイドロス』のなかで、ソクラテスが翼ある馬二頭立て（一頭は善、一頭は悪）の馬車と御者という有名な詩的比喩を使って語っている。

右手の馬は姿勢が良くて見た目もさわやかだ。細く長い首、鼻筋に威厳のある白馬で、目の色は濃い。名誉を重んじ、穏やかで、節度があり、真の栄光を求めている。鞭をあてる必要はまったくなく、言葉で言い聞かせるだけでいい。もう一頭はぶかっこうで動きもぎくしゃくしているが、同じ馬車につながれている。太い首に平べったい顔、濃い色の身体に灰色の目、赤ら顔。この横柄で傲慢な相棒のぼさぼさの耳は聞こえず、鞭や拍車をあ

てても ほとんど命令に従わない。

『パイドロス』にもファンがついているが、『ドナルドのわんぱく時代』というアニメ以上に魂の三つの性質を美しくも見事に表現した作品があるだろうか？　一九三八年に制作されたこの古典的なアニメをプラトンと並べるのは、映画『素晴らしき哉、人生！』をサルトルと並べるようなものだが、この作品ではドナルド・ダックのなかの二つの側面が争うさまが描かれている。アニメ（ユーチューブで見られる）はドナルドがベッドで眠っているシーンから始まる。目覚まし時計が鳴ってもドナルドは寝ているが、天使のような分身がドナルドの身体から起き上がって目覚ましを止め、さあさあと手を叩いてドナルドを起こして、登校しなさいと促す。この天使のような良いほうのドナルドの分身はちょっと不思議で、彼と呼ばれてはいるが、とても女性的な雰囲気を漂わせており、声も女性っぽくて（育ちがよさそうなので、エレノア・ローズヴェルト風と言ってもいいかもしれない）、昔の女教師のように大きなお尻をしている。良いほうのドナルドは、自己コントロールなんかおもしろくない、と思わせるタイプだ。くちばしをかちかち鳴らし、両手を組んで、自分はなんて立派なんだろうとうっとりとしつつ学校へ向かう姿は、いかにも聖人面という感じである。

一方、まもなく登場するブルーカラー風の悪いドナルドは、男女の別を間違えることはあり得ない。文明化の原動力としての女性という伝統的な考え方に従って良いドナルドが女性的なら、しゃがれ声の悪魔めいたほうはどうしたって男性で、角を生やし、矢じりのようなかたちをした尻尾を屹立させている。この悪いドナルドはまじめに学校へ向かうドナルドを横道に引っ張り込むのだが、どうも釣りに誘っているだけでなく、下品なジョークを囁きかけているらしく、ドナルドはそのジョークの意味がわかっておもしろがっているふりをしている。

悪いドナルドは、良いドナルドに堅苦しいまじめさを吹き込まれかけているドナルドを救おうと決意している（良いドナルドもドナルドを感化しようと決意しているらしい）。悪いドナルドは悪事に誘うだけでなく、男性らしさを示すためにパイプを吸って咳き込むドナルドをあざ笑う。「ほら、もう一回吸ってみろ！　男だろ！」悪いドナルドはけしかけ、タバコを吸うとふわふわのドナルドの胸に胸毛が生えてくるぞと言う。タバコを吸ったドナルドはたちまち気分が悪くなって、後悔に襲われる。「どうして、ぼくはこんなことをしたんだ？」ドナルドは何度も嘆く。悔い改める罪人ということでは、ドナルドには聖パウロやアウグスティヌスなどの立派な先輩がいる。やがてドナルドはまっとうな道に戻る。ここではまっとうな道は教育と同義語で、文字どおり学校に続く道を指している。教訓的な物語によくあるとおり、善は悪よりも強く、ためらいを捨てて悪いドナルドを実力で叩き伏せる良いドナルドに、ドナルドは喝采を送る。そしてドナルドは良いドナルドと合体して学校へ向かう。

同じ年、もっと成長したドナルドを描いた『ドナルドの昼寝（原題はセルフ・コントロール）』』というアニメが作られている。こちらは癇癪を抑える難しさがテーマで、この二作を合わせると、アリストテレスが言った意志の弱さの二大原因がよくわかる。つまり楽しみと怒りだ。『ドナルドのわんぱく時代』で描かれる楽しみは、朝寝坊、学校をさぼって出かける釣り、仲間同士の下品な馬鹿笑い、タバコなどだが、アニメではもちろん楽しみが行き過ぎて後悔につながる場面も多い。『ドナルドの昼寝』ではラジオから調子の良い説教が聞こえてくる。ドナルドを含めた聴取者に怒りを抑えるもっともらしい方法をアドバイスしているのだが、ドナルドがそれを実行する気になるのはいままで癇癪を起こしてきたことを後悔しているからだ。だがこのアニメでは、怒りを抑えるために十数えるのをやめて怒りを爆発させたとき、ドナルドはやっと幸せを取り戻す。ここでも楽しみが描かれている。思う存分に癇癪を起こす楽しみである。

驚いたことに、どちらのアニメでもドナルド・ダックはジークムント・フロイトと同じことを表現している。抑圧が病につながると主張したのはフロイトだし、自己を三つに分けて考えることでいちばん有名なのもフロイトだ。フロイトは先人の知恵に多くを負っているが、ウォルト・ディズニーより先にそこに思い至ったのは不思議ではないか。しかしフロイトは古典をよく読んでいて、プラトンの『パイドロス』のような事例も、もちろん一九世紀の偉大な神経学者ジョン・ヒューリングズ・ジャクソンも知っていた。ジャクソンは自己には意識の主体と意識の客体の二つがあると明言している。さらに中枢神経システムには進化の歴史を反映する三つの階層があると述べている（現在の科学者も同じ見解をとっている）。ジャクソンは進化的な発達段階に沿って低い層、中間層、高い層と呼び、自己コントロールの大半をつかさどる高い層は前頭皮質にあると考えていた。

「複数のわたしがいる」

だが、自己とはたった三つだけだろうか？　ウォルト・ホイットマンは「複数のわたしがいる」と歌い、精神科医のジョージ・エインズリーは自己とはギャング団のようなものだと言った（ローレンス・ダレルは『ジュスティーヌ』で、「統制の取れていない、かたちをなさない、欲望と衝動の巨大な集団」と表現した）。あるいは利害が競合する市場のようなもので、そこでは「利害が全面的には一致しないもの同士が集まっていて、商売に勝つためには競争相手よりも多くを約束するだけでなく、のちのち足を引っ張られないように戦略的に行動し続ける必要がある」と言ったほうがわかりやすいかもしれない。要するに、取引交渉のプロセスだ。

こう考えると、時間の流れのなかに事実上無数の自分がいるという見方も納得できる。哲学者のデレク・パーフィットは、将来の自分は他人と同じで、その意味では他人以上に違うわけではないが、その違いはその将来が時間的にどれほど遠いかに左右されるだろう、と言った。「未来に対する不安は、いまの自分と将来の自分との『つながり』具合に関連するのかもしれない……時間がたてばたつほどつながりは弱くなるから、理性的に考えれば、遠い未来はどうでもいいことになる」。

その未来の自分は現れずに終わるかもしれない。事故や病気が邪魔することもあり得る。その可能性に気づくと、将来の自分に対するいまの関心は損なわれるだけだろう。また未来の自分が現れたとしても、見掛けも行動も思考も感じ方もいまの自分とはまったく違うかもしれず、記憶も経験も好みも違うかもしれない。未来の自分はそれまでの体験や貯蓄や投資から利益を得るだろうが、老齢による不利益によって帳消しになるかもしれず、結局どうなるかはまったく予想がつかない。

たくさんの自分が同じホテルに次々に滞在すると考えてみよう。明らかに部屋は一つでい い。毎朝、古いほうの自分がチェックアウトし、午後に新しい自分がチェックインする。このサイクルが毎日、死ぬまで続くわけだ。問題はこのホテルには清掃サービスがないことで、部屋はだんだん汚れていく。「前に泊ったやつが掃除していってくれればよかったのに！」

だが、いま部屋にいるあなたは掃除をしたくない。だって、する必要があるだろうか？　明日の自分にサービスする義理があるのか？　部屋を片づけて掃除できるのはいま泊っている自分だけだが、なぜ犠牲を払わなければいけないのだろう？　いまは一杯飲んで、風呂に入りたい。あとの泊り客は自分で自分のめんどうをみればいい。だが、この調子で毎日が過ぎると、部屋はますます汚れていく。どこかの自分がほかの自分たちのために犠牲になって掃除しなくてはいけない。だがいまの自分のことだけを考えるなら、ほかの自分のことなどどうでもいいと思っていられる。

このような考え方の問題は、まもなくすべての自分が惨めになることだ。それに「大勢の自分」はお互いにたいした関係はない遠い祖先のようなものだと思うのも馬鹿げている。明日の自分は存在するだろうし、過去の自分を責めるはずだ。だから掃除してきちんとしたきれいな部屋を提供するだけでなく、自分は正しいことをしたという記憶を申し送ったほうがいい。そらすれば明日の自分も同じことをするだろう。複数の自分どうしの密接なつながり、それが意志の力を説明している、とエインズリーは言う。未来の（あるいは過去の）自分がどうでもいいなら、何も努力することはないではないか？

おもしろいのは、いまの自分にとってコストだと思われること（喜びを先延ばしにして、未来の自分に尽くすこと）が、じつはいまの自分にとっても利益かもしれないことだ。他者のために努力することも、自分は規律ある人間だと考えることも、満足を与えてくれる。さらに将来のご褒美を期待するのも楽しい。それどころかご褒美を期待する喜びのほうが、ご褒美そのものよりも楽しいことが多い。

エール大学の若手研究者シェーン・フレデリックは、未来に対するわたしたちの態度は複雑で、単純に喜びを増やして苦痛を延期しようとするわけでもない、と指摘している。たしかにアルコールを飲むのはその（いま楽しんで、苦痛は後の）パターンだが、ジョギングは逆で、将来の喜び（ひきしまった健康な身体など）のためにいま苦痛を忍んでいる。教育も同様で、今日の苦労が明日の金銭的な利益をもたらす。日焼けも、今日は苦痛だが、かっこいい日焼けという喜びにつながり、さらにまた（長期的には皮膚のダメージという）苦痛がもたらされる。

ご褒美を期待することもまたご褒美になるが、その喜びをどこまで評価するかははっきりしない。フレデリックは、オンラインの注文では早い発送ほど費用がかかることを指摘している。期待も喜びだとしても、お金を払ってまで期待を引き伸ばそうという人はいないらしい。もちろん、すべての期待（予想）が喜びというわけではない。苦痛を予想するのは恐ろしいし、実際の苦痛よりも予想しているときの苦しさのほうが大きいこともある。だからこそ、人は嫌な予想を長引かせるより、嫌な経験をさっさとすませたいと思うのだろう。

いまと未来を秤にかけるのは複雑な作業だ。うちの双子の男の子たちが一〇歳のころに、わたしはそれを学んだ。うちではよく夕食にミートボール・パスタを作ったが、子どもたちはミートボールを最後に食べる傾向があった。いちばんの楽しみを後にとっておこうという気持ちはよくわかる気がするが、ここで喜びを後回しにしようと考えるとき、誰にでもつきまとう問題が浮かび上がってくる。

たとえば、後回しにするとミートボールの味が落ちるかもしれない。冷めるし、スパゲッティでおなかがいっぱいになった後ではそれほどおいしいと感じないかもしれない。ミートボールとスパゲッティは一緒に食べたほうがおいしいのではないか。だいたい、子どもたちは夕食にミートボールだけちょうだいと頼んだことはなかった。スパゲッティを食べ終わって、これからミートボールというときに地震が起こって食事どころではなくなるかもしれない。あるいは意地悪な兄弟が自分のミートボールを食べてしまってから（やり返せなくしてから）、こちらの分を失敬するかもしれない。

このような問題を考えるとき、わたしたちは不確実な未来を判断するために記憶と想像力を働かせる。過去の体験を思い起こし、あれこれが起こったら自分はどう感じるだろうと推測し、いままで得た知識を動員する。そのときには自分という存在が時間を超えて連続しているという感覚があり、だから明日の自分のニーズや欲求を無視するのは間違いではないかと思う。ユダヤ教の立法学者ヒレルがどこかで言っているように、いまのわたしが未来の自分を作るのではないとしたら、未来の自分とは何者なのか？　しかし、未来の自分のためにだけ生きるとしたら、いまの自分とは何なのだろう？

10. 心と身体という問題

それ自身の決断でわたしたちを取り囲むわたしたちの肉体
――フィリップ・ラーキン

ヴァージニア大学の神経学者の目に留まった四〇歳の教員のケースほど、英国の詩人フィリップ・ラーキンのこの言葉をよく理解させてくれるものはなさそうだ。その教員は妻と義理の娘と穏やかに暮らしていたのだが、あるとき何かが変化した。彼は禁じられたセックスへの思いに取り憑かれ、その思いがどんどんエスカレートしていった。

このあとに見るように、厄介な思考はなかなかコントロールできない。だがこの教員の場合は、ふつうの男性が頭のなかで楽しむ他愛ない憧れやちょっと突飛な幻想ではすまなかった。彼の思考はもっと危険で執拗だったので、まもなく教員は、ときに自分自身の意志に反してでも行動するようになった。まずポルノを蒐集し、さらに売春婦とつきあい、マッサージパーラーを訪れるようになり、ついに彼の強迫観念は子どもに向かった。この男性は教員だったことを思い出してほしい。彼の関心が思春期前の義理の娘に向かったとき、妻は警察に通報した。彼は自宅から引き離され、児童虐待で有罪になった。刑務所行きを免れるための最後の努力として、すっかり人が変わった教師はグループ・セラピーへの参加に同意したが、まもなくセラピーの場で女性に言い寄ったために放り出された。あとは刑務所に入るしかない。自由な身の最後の晩、彼はいくら我慢しようとしても家主の女性をレイプしてしまうのではないかと自滅的な恐怖にかられて過ごした。さらに激しい頭痛に苛まれ、ついに病院に駆け込んだ。

診断の結果、激しい頭痛の原因は切羽詰った状況のせいではないことがわかった。たしかに偏頭痛が起こってもおかしくない状況ではあったが、男性の右眼窩前頭皮質に卵大の腫瘍が発見されたのだ。ここは判断や衝動のコントロール、社会的行動に関連する脳の領域と言われている。外科医が腫瘍を取り除くと、小児性愛の傾向もポルノや売春婦、レイプへの興味もすっかり消えた（それらが戻ってくるとまた問題が生じ、再び手術を受けることになった）。

この男性は外科手術で自らをコントロールする能力を取り戻したわけだが、もっとありふれた失敗や行き過ぎを犯しがちなわたしたちは、医学的な介入なしに自分をコントロールしなくてはならない。ヴァージニアの不運な教師ほど短いあいだにとんでもないトラブルを起こす者は滅多にいないが、彼の物語から、自分の行動を律する能力について昔ながらの根深い問題がたくさん浮かびあがってくる。「これは道徳の神経学だ」と手術担当者の一人であるラッセル・スワードロウ医師は語った。

腫瘍がこんな困った衝動を引き起こすのなら、人は自分の奇妙な行動にどこまで責任がとれるのだろう？　そして脳のある部分に意志力の座があるとして、人によってその部分の発達の度合いが違うとすればどうなるか？　肉体とは別に存在する魂のような何かを信じるのでない限り、腫瘍がなくても、自己コントロールはあるレベルでは生理的プロセスだということは確かだろう。そして意志力の弱さが単なる生理的欠陥だとすれば、はたして道徳的な過ちとみなすことができるのか？　遺伝学や神経科学、人間行動学の急速な発達を考えると、わたしたちは正確にはどこまで自己コントロールできるのかが疑問になる。これは学問的な疑問に留まらない。スワードロウ医師のもとには、依頼人の脳画像を撮影したら無罪の証拠になるものが見つかるのではないかと考える刑事弁護士からの問い合わせがいくつもあるという。最初に問い合わせをしてきた弁護士の依頼者である刑事被告人は前立腺ガンだった。

これらの疑問に答えるためには、脳のなりたちや働きについて理解する必要がある。基本的な問題は、デカルトの見解にもかかわらず心と身体は別ものではない、というところにある。合わせて一つの身体であり、しかもその身体はいまとは大きく違う世界で暮らすように進化してきた。のちにフランクリン・ローズヴェルトのブレーンになるレクスフォード・タグウェルは、それより一〇年前にこう述べている。「人間は最初の祖先の心理と肉体でできている。だから彼は狩猟の高揚感や疲れ、あるいは原始的な戦い、それに不安定な移動生活にいちばんよく適応した機能を備えている……ところが不思議なことに、気づいてみればまったく違う世界に転送されてしまった。それでも昔の暮らしにあった仕組みのままなのだ」。

心理学者のレダ・コスミデスとジョン・トゥービーが言うように「現代の人間の頭蓋骨のな

かに石器時代の心が宿っている」のである。

進化のせいでこうなった

はるか昔のアフリカの草原での暮らしはいまとどれほど違っていたか、考えてみよう。七〇〇万年あまりも続く放浪のキャンプ暮らしだ。この環境（人間が進化してきた環境）では、人は狩猟採集者として小集団や一族とともに移動しつつ暮らしていた。人生は短く、シンプルだった。冷蔵技術もないし、食べ物を見つけることを除いては、集中力を消耗することもなかった。覚醒剤濫用も過食症も買い物依存症も、その他現代生活のあちこちにみられる種々の病的な行動も考えられなかった。注意散漫なのも（「おい、あれはトラじゃないか?!」）衝動的なのも、適応には有利だったかもしれない。代謝作用が遅くて脂っこいものや甘いものが好きというのも進化と適応のうえでは望ましく、いまのように健康問題や社会的な不利をもたらすことはなかった。

「現代生活では大変な自己コントロールが求められるが、自己はそんな仕事ができるようには進化していない」と心理学者のマーク・R・リアリーは言う。「まず現代の暮らしには、自己というものが最初に現れたときの人類の暮らしとは比べものにならないほどたくさんの選択や意志決定があふれている。同族のなかで生涯を過ごし、同じ領域内を歩き回り、一日か二日程度の計画だけをたて、同じ伝統的慣習をずっと守っていた有史以前の先祖たちは、現代人が日々直面している無数の選択肢をつきつけられることはなかった」。

　自己コントロールとは大きく見ればタイミングの問題だ。ほとんどのことは、いまこの瞬間と決して現実にならない未来（never）という時間のあいだのどこかで実行する（あるいは実行せずにおく）。そして意志を行使するとは、自分にとっていちばん利益になるタイミングを測ることだ。だがいまを選ぶか将来を選ぶかは、人間にとっては難問だ。理由は脳の進化にある。

　初期の脊椎動物の脳はとてもシンプルで、生存に欠かせない呼吸や心臓の鼓動をつかさどる神経の集まりでできていた。次にそこに別の脳の構造が加わった。視床、視床下部、扁桃、海馬である。古い脳を包むようにできたこの新しい層は辺縁系と呼ばれているが、この部位の働きはわたしたちにとっても他者にとっても決して辺縁、はしっこなどではない。辺縁系は感情脳と呼ばれることもある。ここに記憶や感情、飢えと渇き、恐怖などの基本的な衝動や働き、それに日周リズムなどの運動機能の座があるからだ。この脳によって、人類は何千年もいわば自動操縦のように生きることができた。

　やがて哺乳類の暮らしはますます複雑になり、とくに社会的哺乳類はもう一つの脳の層を発達させた。辺縁系を包むようにしてできた新皮質だ。わたしたちが脳というときに想像する皺の寄った灰色の塊である。新皮質のなかでも相対的に大きな部分を占める前頭葉も感情にかかわっているが、ほかに理性や計画、問題解決というすばらしいパワーも備えている。ここが感情を律し、衝動をコントロールし、必要なことに集中し、楽しみを後回しにする能力を含めた、いわゆる「遂行機能」の座だ。

この遂行機能にとってとくに重要なのが、前頭葉のいちばん前の部分である前頭前皮質である。霊長類のなかでも人間はとくに前頭前皮質が大きい。ここは作業記憶、ものごとをまとめたり組み立てるスキル、計画し戦略をたてる能力、意志決定、懲罰に対する反応にかかわっている。また共感や洞察にも重要な役割を担っている。知性に住所があるとすれば前頭前皮質だろう。常識的に考えてここが自己、つまりわたしがわたしというときに想定しているものの所在する場であるらしい。

この多層構造は最初から設計されたのではなく、進化によって積み重ねられたものだ。マイクロソフトのウィンドウズがDOSのうえに危なっかしく載せられたようなものと言っていいかもしれない（コマンド入力の時代を覚えておられるだろうか？）。新しいシステムはそれなりにうまく働いているが、脳のもっと古い層の大容量並行処理機能には及びもつかない。古い層は意識の介入なしに、壮大な交響楽のような生命体のプロセスをみごとに実行している。危険が迫っている？　とたんに考えなくても激しく動悸して、目は大きく見開かれる。熱いヤカンに触った？　とっさに手を引っ込めろという信号が脳の意識的な部分を飛び越えて目的地に到達する。

もちろん脳の各部は密接に連携しているし、両耳のあいだ、両眼のうしろの頑丈で小さな部屋にまとまって収まっている。だが一つの場所に収まり、長いあいだ連携してきてはいても、また（たとえば相対性理論を理解したり、マイクロソフト・ウィンドウズのトラブルを解決したりと）驚くべき能力を発揮していても、脳の各構造はいつも完璧に調和しているとは限らない。それどころか、ときには角突きあわせることがある。

数年前、脳科学者のサミュエル・マクルーアらがプリンストン大学の一四人の学生を対象に行なった研究がある。研究者たちは学生を一人ずつ、脳の活動をカラー画像として見せてくれる機能的MRIにかけた。それから学生たちにいま小額のお金を受け取るか、それとも後にもっと多額のお金を受け取るかという選択をいくつか行なわせた。これはウォルター・ミシェルがやったのと同じく典型的な時間選好の課題で、たいていは「いま一〇ドルもらうのと、一週間後に一五ドルもらうのと、どちらがいいですか？」というような聞き方をする。理屈から言えば一週間後の一五ドルのほうがいい。一週間で確実に五割の利益が得られる投資など、そうあるものではない。

ところで、このような質問はほんとうは何を測っているのだろうと疑問に思うことがある。たとえば今夜だけ上映される映画に誘われているがお金がないというような、学生の回答を偏向させる外部要因があったとしたらどうなるのか。それはともかく、自己コントロールを研究している人たちのほとんどは、これらの質問が楽しみを先延ばしにする力を測る（将来の利益をどれくらい割り引きして考えるかを測る）合理的なツールだと考えているようだ。そこでマクルーアらが機能的MRIのカラー画面でまざまざと見たのは、目の前のご褒美を考えているときには感情にかかわる脳の領域（とくにドーパミンが大量に供給される辺縁系の構造）の活動が活発化することだった。ドーパミンは衝動や依存症と関連があるとみられており、セロトニンと同じく自己コントロールにとって主要な役割を演じている。脳はドーパミンによって快感を感じさせて、ある種の行動を強化する。このおかげで生命体は繁殖を促されるが、行き過ぎると生命にかかわることがある。

ドーパミンは不思議な物質だ。この神経伝達物質は衝動のコントロールという問題の核心にあると見られている。パーキンソン病患者の脳にはほとんどドーパミンがない。そして患者たちはグラスに手を延ばすだけの行動すら困難になることがある。一方、ある種の薬物（コカインや覚醒剤のアンフェタミン）は大量のドーパミンを放出させ、ヘビーユーザーは何かを止めるのが、とくにドラッグ摂取を止めるのがとても難しくなる。ドラッグ濫用者だけでなく、強迫的な行動を取る者もドーパミンのレベルが上昇しているらしい。パーキンソン病患者のなかには少数だが、（脳のドーパミンを回復させるための）薬の服用によって強迫的な行動が起こるケースがある。テキサス州オースティンの元医師であるマックス・ウェルは投薬によって賭博依存症が起こり、一四〇〇万ドルの損失を被ったと裁判を起こした。ほかに食欲や性欲のコントロールができなくなった人たちもいる。

予想どおり、マクルーアの研究に参加した学生たちが意志決定するときには、常に抽象的な思考にかかわる脳の部分が活性化していた。頭のいい若者だからきちんと考えようと努力していたのだ。だがご褒美を延期するという選択肢を選んだときには、脳のなかの計算をする領域（背外側前頭前皮質と後部頭頂葉）がとくに明るく輝いた。そしてたったいまのご褒美を選んだときには感情にかかわる領域と計算の領域の両方が明るくなったが、感情の領域のほうが少しよけいに活性化していた。「脳には二つの別のシステムがある」とマクルーアは述べている。「そのうちの一つ（感情的なほう）は、報酬が間近にあると働きだす」。

これを聞いて、フロイトならきっと喜んだだろうと思う。フロイトは自分が考え出した人間心理の比喩的な構造に関連する解剖学的な発見がいつかあるのではないかと楽しみにしていた。深読みすればマクルーアの言葉はフロイトのいうエゴとイドを指しているようにも見える。わたしたちにはたしかに二つの心があり（もっと多いかもしれないが！）、この二つの脳は世界に対する見方が大きく違う。優先順位もまったく違うし、お互いに相手を押しのけようとすることも多い。辺縁系は自分でも賢明ではないとわかっている行動を合理化する理由を与えてくれる。計算する脳は煮えたぎる辺縁系が口を出すのを防いでいるのかもしれない。「感情的な脳は未来をうまく想像できない。論理的な脳は現在の行動が未来にどんな結果をもたらすかを明確に予想できるのだが」と研究に加わったハーヴァード大学のエコノミスト、デヴィッド・レイブソンは言う。「感情的な脳はクレジットカードの限度額まで使い、デザートを注文し、タバコを吸いたがる。論理的な脳は引退後のために貯金すべきだし、ジョギングをして、禁煙したほうがいいと知っている。脳の近視眼的なシステムと遠くを見通すシステムがご褒美（報酬）をどう評価するか、システムどうしがどう対話するかを知っていると、どうして心のなかで葛藤が起こるかが理解できるだろう」。

現代生活にはさまざまな誘惑や要求があって、人類が進化してきた環境よりもはるかに複雑（かつ敵対的）な場所になっている。これは良いことだ。人類が進化してきた環境におかれたら、現代人はとっくに生命を落としていただろう。だが現代生活の短所として、自己コントロールに対する圧力がはるかに大きくなった。理由はノーベル賞受賞者の動物行動学者ニコラス・ティンバーゲンが「超正常刺激」と呼んだものにある。たとえばティンバーゲンは動物にとってつがいの相手の魅力は何なのかを調べ、その特徴を過剰に強調した「おとり」を作った。するとこの「おとり」のほうが本物よりも魅力的であることがわかった。巣から持ち出された卵を取り戻す本能があるガンは、それらしく作ってあればバレーボールを巣に運び込もうとした。また雛に餌を運ぶ小鳥は、本物よりも色彩が強烈で大きくくちばしを広げる「おとり」に先に餌を与えようとした。

わたしたちはいま、そういう「超正常刺激」の世界に住んでいる。豊かな国では「超正常」な魅力をもつ報酬（すごく甘いラッテや不自然に大きな胸、やり始めたら止まらないコンピュータゲームなど）が本能を刺激するが、その誘惑の力はこれまでの進化では本能が太刀打ちできないほど強力だ。砂糖やコカインからガソリンまで、相対的に安価な精製製品は、わたしたちと本能のあいだを隔てているのが意志力という薄い皮膜でしかない、いやもっと薄い「気づき」という皮膜でしかないことを意味している。

問題はマーク・リアリーが指摘しているように、「現代生活が有史以前の人類の生活よりもひどくなったことではなく、はるかに大きな自己コントロールが必要になったことだ。その結果、わたしたちの自己コントロール努力はいろいろなことへの反応に追いつかなくなった……そのため、ときどき自己コントロールに失敗するだけでなく、またその失敗がとんでもないものになる場合があるだけでなく、自己コントロール能力が慢性的に低下してしまっている」。

人間は将来を見通して行動し、そのほうが良いと思えば楽しみを後回しにする力を進化のなかでつけた。だが、すぐに甘い食べ物が入手でき、半日で何千人もの見知らぬ人と出会い、クレジットカードを使って来年分の年収を一度に使い果たせるような世界に対応できるようには進化していない。現代生活は要するに不自然なほどの自己コントロール能力を要求していて、その副作用の一つが自己コントロール力の疲弊なのだ。

進化上のハンディキャップにもかかわらず、わたしたちがどこまで対抗できるかを知るには、わたしたちが日々多かれ少なかれ体験しているありふれた失敗よりももっと先に目を向けなくてはならない。章の初めに紹介したヴァージニア州の教員のケースのように、病気や怪我の結果、自己コントロール能力がどこまで損なわれるかを考えてみよう。事実、一九世紀に起こった脳の損傷の事例を見ると、遂行機能全体、そしてとくに自己コントロールについて非常に多くのことを教えられる。なかでもいちばん有名な、そして驚くべき例はフィニアス・ゲージのそれだろう。

脳を鉄棒が突き抜けた男

一八四八年九月一三日、二五歳のハンサムな職長フィニアス・ゲージは仲間とともにヴァーモント州キャヴェンディッシュのすぐ南で、ラトランド・アンド・バーリントン鉄道の路床工事にたずさわっていた。作業班は邪魔になる大きな岩を次々に爆破していく。まず岩にドリルで穴を開け、火薬を詰めて導火線をつける。火薬と導火線をていねいに詰めたあとに緩衝材として砂を入れ、そのあとに鉄棒でしっかりと突き固める。突き固める鉄棒は長さ一メートルちょっと、重さは六キロ以上あるものだった。太さは三センチほどだったが、先端は六ミリくらいに尖らせてある。

午後四時半、ゲージはどういうわけか（疲れか、気が散っていたのか）肝心の砂を入れずに鉄棒で火薬を突き固めようとした。鉄が岩に当たって散った火花が火薬に引火し、鉄棒はロケットのように吹き飛んで若いゲージの頭を突き抜けた。

状況から考えればゲージは驚くほど幸運だった。鉄棒は左頬の下から左目の奥に向かって突き刺さり、それから勢いよく頭蓋骨のてっぺんから飛び出して二〇メートルほど背後の地面に落下した。そしてゲージの前頭葉の一部をむしりとっていった。

ゲージの脳がどんな損傷を受けたのか、正確にはわからない。だが大勢の医学関係者がそれをつきとめようと研究してきた。残念ながら解剖は行なわれなかった。いや、話の先を急ぎすぎたようだ。なぜなら、まさかと思われるだろうが、鉄棒が突き抜けてもゲージは死なかったからだ。

きわめて頑健だったらしいゲージもしばらくは意識を失っていたのかもしれない。ともかく彼は仲間の手で牛の曳く荷車に乗せられて、滞在していた近くの宿屋に運ばれた。宿屋に着くと、誰の助けも借りずに車から下り、宿屋のポーチで集まった人たちにことの次第を語った。

エドワード・ヒギンソン・ウィリアムズ医師がやってくると、ゲージは「えらいことになりましたが、よろしくお願いしますよ」と挨拶した。

ゲージの幸運は続いた。一時間ほどしてジョン・マーティン・ハーロウ医師が到着した。この名医はそれから数カ月ゲージの治療にあたり、深刻な感染症にもかかわらず（抗生物質が発明されるのははるか後のことだ）ゲージの生命を救った。さらにわたしたちがいま、不運な事故がゲージの心にどんな影響を与えたのかを知ることができるのも、ハーロウ医師のおかげだった。

ハーロウ医師によると、事故前のゲージは立派な人間だったらしい。てきぱきと仕事をこなし、エネルギッシュで有能で、酒もあまり飲まないし、「非常にバランスのとれた」人柄で、仲間にも雇い主にも好かれていた。ところが事故のあと、文字どおり人が変わった。強情で無礼で気紛れになった、とハーロウ医師は言う。「やりたいことを反対されたり、意に沿わない助言をされると苛立ち」、「思慮は子どもなみで」、しかも「頑健な男の動物的な激情」を備えていた。「その変化は徹底しており、知り合いは『もうゲージではない』と思った」という。

事実、ある意味ではもうゲージではなかったのかもしれない。多かれ少なかれ彼を彼らしくしていた脳の部分を鉄棒が破壊してしまっていたからだ。その部分は先を考え、計画を立てて実行し、忍耐と理性を働かせる脳の領域だった。言い換えれば自制を働かせる場だったのだ。一八四八年の運命の日、ゲージは人格の大きな部分を失ったと言ってもいい。彼はそれから一二年、一八六〇年五月まで生きていたが、もう元の仕事はできなかった。しばらくはチリで過ごし、ニューヨークではP・T・バーナム・アメリカ博物館（見世物小屋）の呼び物になり、ニューイングランド地方を巡って自分自身と（いつも身近に置いていた）例の鉄棒を見せて歩き、サンフランシスコ近くの農場で働いたりした。結局、癲癇の発作が命取りになり、一〇年あまり前の鉄道工事現場の事故で二つに分断された不思議な生涯を閉じた。

その後の脳損傷の事例研究でも、未来を考える能力や監視機能があるのは前頭葉らしいという見方がますます強固になっている。一般的に前頭葉が損なわれた人たちは衝動的になり、自制が効かず、短期記憶が欠落して、すぐに気が散り、とくに持続的な集中力が求められる仕事ができなくなるという。また時間の感覚がおかしくなり、目標を決めたり計画をたてることが苦手になることも多い。前頭葉でもどの部分に損傷が起こったかによっては、自分の行動の結果が読めなくなる場合があるらしく（このことから考えて、ふつうの人の場合でも自己コントロールには想像力と作業記憶が重要だということがわかる）、たぶんそのためだろうが、目先の利益だけで決断する傾向がある。ときには「刺激に影響されやすく」なって、環境に何らかの刺激がないと行動できなくなる場合もある。

その意味でとくに重要な領域が三つあるようだ。前頭眼窩野腹内側部、前頭前野背外側部、前帯状皮質である。前頭眼窩野腹内側部は辺縁系と強く結びついた部分で、ここに損傷を受けると、将来を近視眼的に見るとか、衝動の抑えが効かない、注意散漫、判断の間違い、感情的な抑制が効かないなどの影響が出ることが多い。そのような患者は（フィニアス・ゲージもその一人だったと思われる）正しいことと間違ったこととの違いはわかるのだが、それに従って行動することができない。ルールやマナーを無視するので、気の毒だが自己中心的とか未熟だと思われてしまう。前頭前野背外側部が損なわれた患者は、想像力の重要な部分が働かないようで、意図した目的と実際の結果を比較することができなくなったり難しくなる。さらに感情が鈍くなって痛みにも無頓着になる「背外側部症候群（dorsolateral syndrome）」を示す場合もある。最後の前帯状皮質の損傷は衝動のコントロールができなくなる強迫性障害や統合失調症と関係があると見られている。

ロボトミー

前頭葉が正常に働かなくなる原因は、気の毒なフィニアス・ゲージのような事故だけではない。医療措置に起因する場合もある。たとえば二〇世紀なかば、精神病治療の良い選択肢がなかったために、医師たちは何千件ものロボトミーを実施した。よく使われた方法は（何か食べながら読んでいる方はここは読まないほうがいいかもしれない）眼窩からアイスピックを脳に突っ込み、やみくもにかきまわすというものだった。それまでトラブルの多かった患者はこれでおとなしくなったように見えたが、当然といえば当然ながら、結局、残ったのは背外側部症候群に特有の鈍重さだった。

最近の研究で（苦労している親たちには少しも意外ではないだろうが）、ティーンエイジャーの前頭葉も充分に成熟していないことが明らかになった。これは一〇代の運転を見れば一目瞭然だろう。アメリカでは走行距離あたりで見ると一〇代は成人の四倍も事故を起こす率が高く、自動車事故は一〇代の死因のトップにあがっている。

ティーンエイジャーはあなたやわたしとは違うし、その違いは皮膚の若々しさだけではない。にきびを別として、大きな違いの一つは一〇代の前頭葉がまだ充分に発達していないことだ。人間の脳は生まれたときから成長し続け、複雑な環境の要請に応じて変化していく。脳の神経細胞どうしをつないでいるのがシナプスだが、わたしたちは大量の、それも必要以上に大量のシナプスをもって生まれてくる。シナプスの一部は興奮性の情報を伝え、受け取った神経細胞はさらに次の神経細胞へと情報を伝える。だが抑制性のシナプスもあり、こちらは受け手の神経細胞の活動を抑制する働きがある。もって生まれた余分のシナプスは成長に従って刈り込まれるが、このプロセスで減るのはほとんどが興奮性のシナプスのほうだ。その結果、時間とともに抑制性のほうへ重点が移って、若いころのような衝動的な行動はだんだん少なくなる。たぶん、それとともに貴重なものも失われるのだろう。ウィリアム・ワーズワース（や映画『草原の輝き』に主演したナタリー・ウッド）が教えてくれるように「草原が輝いていた昔を取り戻すすべはない」からだ。

だがこの変化はほんの手始めに過ぎない。思春期には神経細胞の分岐によって前頭皮質がさらに複雑になっていく。神経細胞を保護すると同時に信号伝達を迅速化するミエリンという神経の鞘があり、脳全体で増えていくが、とくに前頭皮質では二〇代に入ってから増大する。思春期にはまた前頭皮質でドーパミン系の経路が増加するが、ドーパミンはリスクテイクや報酬、新奇性、自己コントロールなどさまざまな行動にかかわる神経伝達物質なので、これはとくに重要だ。行動調査でもMRIを使った研究でも、一〇代の脳はある種の自制的な作業が不得意だということがわかっている。

一〇代と成人の脳には、若者の自己コントロールを難しくするような違いがほかにもあるが、だいたいの見当はすでにおつきだろう。科学研究の結果は、親や教師ならとっくに知っていることに生理的な証拠を付け加えているだけと言ってもいい。ティーンエイジャーは衝動的で、リスクが好きで、無鉄砲なことが多い。だが、いまでは少なくとも理由が判明した。脳だ。そこがわかれば親にとってもティーンエイジャーにとっても有益かもしれない。ただ、いまの若者文化（衝動を抑えることが最も困難な社会層から生まれた文化）についてはたいした説明にはならないが。

若者のほかに、社会経済的地位が低い層も「遂行機能」が脆弱だという研究がある。もし相関関係があるとすれば、貧困には（ストレス、栄養失調、鉛毒、その他まだ不明の）自己規制を損なうさまざまな要因が付随しているせいかもしれない。あるいは妊娠中の喫煙やアルコール、ドラッグも関係している可能性がある。それに遂行機能の一部は遺伝で、貧しい人々はもともとこの方面では悪いカードをもって生まれてきている、ということもあるかもしれない。

遺伝との関係

貧困と遺伝の関係には議論も多いが、自己コントロールに遺伝が関係していることはほぼ間違いない。遺伝子は行動のほとんどすべてに関係しているのだから、自己コントロールだけが無関係だとは考えられないではないか？　たとえばＤＲＤ２というドーパミン受容体遺伝子は衝動性と関連づけられている。この遺伝子のあるかたちをもつ子どもはトラブルを起こしやすく、大学進学率が低いという。さらに特定の型のＤＲＤ２やその他の遺伝子は自己コントロールや忍耐強い、責任がある、信頼できるなどの特徴を示すグループ、つまり良心的な人々に多いという研究もある。

ホルモンや神経伝達物質、その他多くの生物学的要因は少なくとも部分的には遺伝子と関係があるし、そのほかの自己コントロールに関連する性質、たとえば新奇性追求や知性なども同じく遺伝とかかわりがあると思われる。楽しみを先に延ばす能力は知性と大いに関係がある。この二つのつながりを研究しているエール大学の心理学者ジェレミー・グレイは、知性の五〇パーセントから八〇パーセントは遺伝だと言う（もっと少ないと考える心理学者もいる）。わたしがインタビューしたとき、「将来の報酬をどれだけ割り引いて見積もるか、一部は遺伝で決まる」とグレイは語った。将来の報酬を割り引くというのは、将来大きなご褒美をもらうか、それともいますぐ小さなご褒美をもらうほうがいいかという判断に大きく関係する。「もしそうでないとしたら、そのほうが驚きだ」とグレイは言う。

科学的な議論はまだ決着していないが、どうやらグレイの言い分が当たっているように思われる。たとえば双子の研究をしたUCLAの神経科学者ポール・トンプソンらは、脳のある構造（自己コントロールにとって重要な前頭葉を含む）は遺伝的な部分がとても大きく、環境の影響はほんのわずかであることを明らかにしている。

人生における外部的な制約が少なくなればなるほど、人間行動に果たす遺伝の役割は大きくなる。わたしたちは昔の人たちにくらべれば自由で、もって生まれた才能や気質にあった生き方ができるようになった。知性や野心に恵まれた女性でも昔なら主婦か教師になるしかなかったかもしれないが、もうそんなことはない。過去には皮膚の色のために過酷な制約を受けていた黒人もいまなら大統領になれる。こうした現実を考えれば、自己コントロールの遺伝的な面の影響力が他の要素に比べて大きくなっているとしても不思議ではない。

それはどういうことか。意志力は遺伝子と環境、あるいは（ヴァージニアの教師の性的自制心を破壊した腫瘍のように）その相互作用の結果だということだろう。その方程式がどんなものであるにしろ、もし誘惑に抵抗することが不可能だとしたら、どうして当人に責任がとれるのだろうか？　ジャスティン・ゴズリングは『意志の弱さ（*Weakness of the Will*）』というそう厚くない哲学書のなかで簡潔に指摘している。「わたしの身体が弱くて重いものを持ち上げられないとしたら、それはわたしが悪いのではない。それなら、意志が弱くて、精神的な筋肉が衰えているとしたら、どうしてわたしが悪いことになるのだろうか？」

自己コントロールの神経科学を詳しく調べていくと困るのは、じつはそこなのだ。突っ込んで調べれば調べるほど、自己コントロールなどとあり得ないのではないか、という結論を出したくなる。

11. 自己コントロール、自由意志、その他の矛盾

理性ある生き物であることが便利なのは、その気になればどんなことにでも理屈を見つけるか、考えつけることだ。

——ベンジャミン・フランクリン

ちょっと大学の哲学のクラスを思い出していただきたい。あのころ、自由意志なんてものはない、と主張する者が必ずいた。彼らは、すべてはそれに先行することに原因があるのであって、だから未来は決定されていると主張した（もちろん彼らとしては自由意志がないのだからそう主張するほかなかったか、あるいはそう信じていたのだろう）。だから彼らの主張は「決定論」と呼ばれる。貧しさがいつまでも消えないのと同じで、人間社会には常に決定論を唱える者がいるようだ。「人間は騙されて、自分が自由だと考えているだけだ……」とベネディクトゥス・デ・スピノザは一六七七年に書いている。「自分の行動は認識しているが、その行動を決定した理由を知らないときにだけ、自分は自由だと考えていられる」と。

そうだとすれば、自己コントロールという言葉は意味を失う。残念ながら人間は自動機械であるという見方は近年高まってきており、それには、意識的な心は船長であると同時に生物学的イエスマンであることを示す研究結果が驚くほど増えているという背景がある。ジョナサン・ミラーはこう言っている。「人間の認識能力と行動の驚くほど大きな部分は『自動機械的な自分』に拠っているが、その部分についてはまったくわかっておらず、また自分の意志でコントロールできる余地はほとんどない」。

少なくともこの面ではフロイトの言うとおりだった。非常に多くの時間、運転席に座っているのはこの自動機械的な自分なのだ。たとえばエール大学の心理学者ジョン・バーフは驚くべき実験をいくつか行い、バーフ自身も空恐ろしくなるほど簡単に（まったく当人には意識させずに）行動させることに成功している。わたしはニューヘヴンのオフィスでインタビューさせてもらったが、バーフは大柄だがもじゃもじゃのダークヘアが子どものような、思慮深そうで穏やかで感じの良い人物で、ごくふつうの暮らしをしている中年のパパに見えた。だが虫も殺さないように見えるバーフがじつは何年もかけて、自律的な人間という見解を根底から覆そうとしている。

プライミング

バーフの典型的な実験の一つにこんなのがある。アシスタントが飲み物を手にして実験参加者を迎える。そしてさりげなく、ちょっと書くことがあるので飲み物をもっててもらえますか、と頼む。飲み物は参加者によって熱いコーヒーだったり、アイスコーヒーだったりする。そのあと参加者はある人物の情報を与えられ、その人物を評価してくれと言われる。さあ、どうなるか？　熱いコーヒーをもたされた参加者は人物を温かく見る傾向が強かった。バーフはこの種の実験を何度も行い、シンプルな結論を出している。「わたしたちには自分が思っているほどの意志も自律心もない」。

この実験で明らかにされた現象は、プライミングと呼ばれている。先行する刺激に無意識のうちに暗示を受け、行動に変化が生じることだ。最近の心理学の分野にはプライミングの研究があふれていて、どれも、わたしたちは自分が何をしているのか知らない、少なくともなぜそういう行動をとっているのかまったくわかっていないことを示している。

プライミングは驚くほど簡単だ。たとえば無礼で行儀が悪いことを連想させる言葉をたくさん聞かされた被験者は、礼儀正しさと関連する言葉を聞かされた被験者に比べて、その後の会話で相手をさえぎる回数が非常に多かった。もっとはっきりした事例は、言語テストをよそおって老いに関する典型的な言葉をたくさん聞かされた人たちだろう。この人たちは実験が終わりましたと言われて出て行くとき、（プライミングが行なわれなかったグループに比べて）廊下をとぼとぼ歩き、実験が行なわれた部屋のようすもよく覚えていなかった。

プライミングの実験例はまだある。二〇〇四年、心理学者のアラン・ケイらが学生を集めて投資ゲームをさせた。学生の半数のテーブルにはブリーフケースが置いてあって、革の財布が載っていた。するとこちらのグループはバックパックが置かれたテーブルの学生に比べてはるかに慎重にゲームを進めた。明らかにブリーフケースはビジネスライクな競争心を起こさせ、バックパックは逆の気分を誘ったのだ。

それから一年後、オランダの研究者らが学生を集めてアンケートに記入してもらった。学生が集まった部屋には（見えないところに）洗剤を入れたバケツが置いてあって柑橘系の洗剤の匂いが漂っていた。アンケート記入後、学生にスナックが出された。さて、どうなったか。洗剤の匂いを嗅いでいた学生たちが部屋を片づけていく割合は、そうでない（洗剤の匂いのしない部屋でアンケートに記入した）学生に比べて三倍も高かった。驚いたことにこれらの研究のいずれも、被験者たちは操り人形のように簡単に操作されていながら、自分がなんらかの影響を受けたことにまったく気づいていなかった。バーフはボブ・フェラーの剛速球について言われた言葉に喩えて、「見えないボールは打てない」と言う。

オランダの洗剤の実験で思い出すのは、ビジネス・スクールの教授チェン－ボ・ゾンとケイティ・リルイェンキストが「マクベス効果」と呼んだものだ。この現象はじつに興味深い。二人は六〇人の学生を二グループに分け、片方のグループには過去の非道徳的な行為を詳しく思い出してくれと指示した。もう一つのグループには道徳的な行為を思い出すように指示し、どちらのグループにも自分の気持ちを詳しく説明させた。その後、学生たちに一部が欠けた六つの単語を見せたのだが、そのうち三つは欠けた文字を補うとwash（洗う）、shower（シャワー）、soap（石鹸）のように汚れを落とすことに関連する単語か、wish（望む）、shaker（シェイカー）、step（ステップ）のようなもっと中立的な単語ができるものだった。ここでマクベス効果が表れる。自分の非道徳的な行為を思い出していた学生たちは、汚れを落とす単語をつくる率が非常に大きかったのだ。

同じ研究論文で紹介されたもう一つの実験では、被験者たちは手書き文字に関する調査に加わってくれと言われ、一人称で書かれた短い物語を書き写すように指示された。被験者の半数には同僚を助ける物語、あとの半数には同僚の足を引っ張る物語が与えられた。そのあと被験者たちは電池やキャンディ、ポストイットなどと住宅用洗剤のウィンデックスや歯磨きなどの清掃用品について、よいと思うかどうかを尋ねられた。すると同僚の足を引っ張る物語を書き写した被験者たちはそうでないグループに比べて清掃用品をよいと思う率が高かったが、関係のない商品については差が出なかったという。

ゾンとリルイェンキストの研究発表にある第三の実験では、被験者は同じく道徳的な物語と非道徳的な物語を書き写したが、今度はその後に消毒用の濡れティッシュと鉛筆の二つの「ギフト」のどちらかを選ぶことになった。さて、どうなったか？　そのとおり。「非道徳的な」文章を書いた被験者の三分の二はティッシュを選んだが、そうでないグループでは三分の一だった。「この三つの実験は、マクベス効果がたしかにあることを示している」とゾンらは書いている。「自分の場合はもちろん、他人の非道徳的な行為に触れた場合でも、道徳的な脅威を感じて物理的にきれいにしたいという気分に駆られるのである」。

道徳的な気分が影響を与えるなら、仕事場の気分も影響するだろう。さまざまな研究によって、仕事の達成に向けてプライミングが行なわれると、長い時間一生懸命に働くようになり、がんばって障害を乗り越える意欲も増すことがわかっている。たとえばバーフらは言葉探しと称して作業をさせたが、がんばるとか成功するという単語をちりばめておくと、被験者はよけいにがんばって作業を続けた。もう一つの実験では途中で一時停電させてみたが、達成に向けてプライミングされた被験者はそうでない被験者に比べて急いで作業に戻る率が高かった。

前にも言ったように、プライミングされた被験者は自分が影響を受けていることに気づいていない。そして尋ねられると、影響など受けていないと否定し、自分の行動をほかの理由で正当化しようとする。コーネル大学で食事行動に関する研究をしている有名なブライアン・ワンシンクは（じつはマーケティングの教授だが）、「ついつい食い」と呼ぶものについても多かれ少なかれ同じことが言えると指摘している。ワンシンクは興味深い実験をいくつか行なって、人が食べる量はいろいろな外部的刺激に（ふつうは当人も気づかないうちに）影響されることを明らかにした。「いちばん危険なのは、誰でも自分は利口だから環境になんか影響されないと考えていることだ」。

だがそうではない、とワンシンクは証明してみせた。一緒にテーブルにつく人の数やその人たちが食べる量、出された料理の量、部屋の照明、音楽、皿の食べ物の種類の多さや並べ方を変えて食べる量を変化させられることを明らかにしたのだ。照明が暗いとつい気が楽になってたくさん食べるし、大食漢のアメリカンフットボールの選手たちが大勢同じテーブルにいても同様だ。「わたしの行動のほとんどは自分で選んでいるのではなく、お手本に従っているのだ」

と書いたモンテーニュは正しかったようだ。

さらにびっくりするのは、ワンシンクがボールに入れたマーブルチョコレートを七色ではなく一〇色にしただけで、被験者が食べる量が大幅に（四三パーセントも）増えたことだ。並べ方を変えるだけでもいい。六種類のフレーバーのゼリービーンズをフレーバーごとに並べるのではなく、ごちゃまぜにしただけで、食べる量は大幅に（六九パーセント！）増えた。じつは人は空腹かどうかとは無関係なさまざまな理由で食べているということだ。それどころかワンシンクの別の実験が示しているように、おいしいかどうかもほとんど関係ないらしい。映画の観客はミディアムサイズではなくラージサイズのポップコーンを与えられただけで、それが二週間前のポップコーンであっても、三割も多く食べたという。「誰も自己コントロールなどできない」とニューヨーク大学で栄養と食品を研究しているマリオン・ネスルは言う。「ラージサイズを与えられれば、誰でも、そう誰でも、自動的に余分のカロリーを摂取するだろう」。

食べる量だけでなく、思考もコントロールできない。レフ・トルストイが子どもの頃、尊敬する兄のニコレンカにシロクマのことを考えなくなるまで部屋の隅に立っていられるか、と言われた。幼いトルストイは挑戦を受けて立ったが、後に書いているように、どうしてもシロクマさんを頭から「追い出すことができなかった」。一九八七年、心理学者のダニエル・ウェグナーはアメリカの大学生もトルストイ少年と同じであることを発見した。ウェグナーは（現在はハーヴァードで教えているが）当時教えていたサンアントニオのトリニティ・カレッジでニコレンカの挑戦を再現してみたのだ。

学生を実験室に一人で座らせる。前のテーブルにはマイクとベルが置いてある。学生には思いつくことをすべて口に出して言ってくれと指示する。時間がきたところで実験者が部屋に入り、あと五分続けてくれ、ただしシロクマのことは考えないように、と言う。もし意識にシロクマが進入したら、学生はテーブルの上のベルを鳴らすことになっている。これはある学生の心理状況の要約で、＊はベルが鳴ったところ。

もちろん、こうなったらシロクマのことを考えてしまう。オッケー、だけどベルが見えると、考えるのが難しい＊　……シロクマのことを考えるなって。うーん、さっきは何を考えていたっけ？　ええと、そうだ、花のことを考えよう＊　……シロクマのことを考えちゃうな、無理だわ、こりゃ＊　何度もベルを鳴らすことになっちゃう＊　何度も＊　何度も＊　で……シロクマだ＊　……ようし、あらら指の爪がひどいことになっている……ううん　……塗りなおさなきゃ……ううん……はしがぎざぎざだ。だけど、ほんとうのところは……ええと、話すとか、考えるとか、シロクマは考えるなって＊　だけど、そうするとますます考えてしまうよね。オッケー、無理やりにシロクマのことを考えないようにする＊　ほら指に茶色のしみがついているし、両手にもクビにも夕べのハロウィーンのきらきらが残っている……

おわかりだろう。実験に参加した学生は平均して六回以上ベルを鳴らしたが、この学生は一五回鳴らしている。研究者は人工的に強迫観念を作り出すことがどれほど簡単かを証明してみせたわけだ。トルストイ兄弟はとっくの昔に知っていたことだが。

フロイトならこの実験をさぞおもしろがったことだろう。フロイトは無意識を重視した。だが、最近では自己コントロールという考え方をひっくり返してみせた最大のトラブルメーカーは、カリフォルニア大学サンフランシスコ校の教授だった故ベンジャミン・リベットだろう。リベットは被験者の脳波を取りながら、思いついたときに指を動かしてもらった。すると当人が行動しようと意識するほんの少し前に脳が活動を開始していることがわかったのだ。リベットの研究結果はその後、他の研究者によって裏づけられている。たとえばベルリンの計算神経科学バーンスタイン・センターで研究している神経科学者ジョン＝ディラン・ハイネスは、スクリーンにランダムに映る文字を若者に見てもらった。そして好きなときに左手か右手のボタンを押してもらい、ボタンを押そうと決めたときに見えていた文字を記録させた。若者は機能的MRIにかけられていた。その結果、機能的MRIの画像を見た研究者はまもなく、学生がいつボタンを押すかを当人より何秒か早く予測することができるようになった。さらに不思議なことには、研究者は七〇パーセントの確率で被験者がどちらのボタンを押すかも予想できたという。ハイネスはこの結果を「不気味だ」と言い、これで自由意志がないと決まったわけではないが、「大いに疑問に思わせる」と述べている。

影響力の生理学

このような研究が示唆しているのは、わたしたちは環境に大きくコントロールされており、無意識のうちに環境が行動を起こさせ、意識は後づけでそれを合理化しようとしているだけではないか、ということだろう。もちろんこれは実験室のなかに限ったことではない。世界はつねにわたしたちをプライミングしている。誰でもときには意図的に、ときには図らずもプライミングされている。ほかの人たち、広告、文化、わたしたちが見聞きし感じるものはすべて、意識的に受け取ってはいないものでもプライミング、プライミング、プライミングなのである。

ツナミのように（エレベータのなか、eメールのメッセージ、ガソリンスタンドでまで）襲ってくる広告はさておいて、わたしたちの抑制を取り払ってしまう群集心理を考えてみよう。自意識と自己コントロールは手に手を携えているものだが、群衆のなかに入ると自意識も自己コントロールも個人には責任のとれない集団的アイデンティティによってかき消されてしまうらしい。アメリカで起こった白人による黒人のリンチ事件を六〇件調べた心理学者のブライアン・ミュレンは、もともと残虐なリンチの残虐度が群集のサイズによって違うことに気づいた。被害者に比べて犯人集団の数が多ければ多いほど、残虐度が増したのである。

ホルモンの話はしただろうか？　「女は何を望むのか？」というフロイトの有名な疑問の答えの一つは、月経周期のどの時期にあたるかで違う、というもののようだ。排卵が女性の行動に大きな影響を及ぼすからである。出会いを求めてシングルズバーに行く女性は、排卵が近いほどたくさん宝石をつけるし、化粧も濃い傾向があり、浮気する女性たちもこの時期に実行する場合が多い。月経周期のどの時期にあたるかで、男性の好みも変化する。ニコチンに対する感度も、コカインやアンフェタミンから得る快楽も、体内のエストロゲン・レベルとともに変わる。コカインにしろタバコにしろ、女性の選択はホルモンに大きく影響される。

男性も同じだ。いくつかの研究で、テストステロンと男性のリスクテイクが関連づけられている。ロンドンの男性証券トレーダーを対象にした研究によると、朝のテストステロン・レベルからその日の成績が予測できたという。一般にテストステロンのレベルが高い男性ほど攻撃的で、性衝動が強く、思い切った賭けに出ることが多い。どれも楽しみを我慢したり、先延ばしにしたりするのとは一致しないと思われる行動だが、たとえばニューヨーク州知事になるとか、そのあとで洒落たホテルに売春婦を訪ねるというふるまいとは完璧に合致するだろう。多くの種の場合（人間を除外する必要はなさそうだ）、このような行動は報酬が大きい。そして種によっては最も優位なアルファオス以外は子孫を遺せないこともある。こうしたことを考えあわせると、楽しみを先延ばしにするのは進化の方向とは合っていないことになる。

それならば、セクシーなイメージ（セクシーな人間を含む）が男性の意志決定を歪めるのも意外ではないだろう。この通念を裏づけた研究がある。色っぽい女性の写真を見せられた男性は、あとに大きな報酬（褒美）をもらうよりも、いますぐ小さな報酬（褒美）をもらうことを選んだという。あとの大きな報酬（褒美）のほうがずっと良い場合であっても（念のために記せば、この研究は「ビキニが時間選好に影響を及ぼして短気を起こさせる（Bikinis Instigate Generalized Impatience in Intertemporal Chcice）」というタイトルがつけられている）。

男性も女性もホルモンに振り回されているが、女性のほうが自己コントロール能力が高いことは否定できない。どの文化圏でも男性のほうが暴力的だし、暴力は衝動性と関連している。世界じゅうどこでも女性のほうが敬虔だし、宗教心は楽しみを先延ばしにする能力と関連づけられている。男性が衝動をコントロールできるかどうかで、その後の離婚の確率が予測できるし、女性はどの年齢であっても男性より恥や罪悪感を感じやすい。注意欠陥障害や多動と診断されるのは女の子より男の子が多い。繊維産業やアパレル産業の経営者は時代と文化を問わず（一九世紀のイングランドでも現代の中国でも）農村から出てきたばかりのおとなしくて働き者の女性を雇いたがる。女性よりも男性のほうがリスクを冒す傾向がある。どの年齢でも女子のほうが学校の成績がいいが、IQやアチーブメントテストの成績に差がないことは、成績の違いが自己規律の違いであることを示唆している。こんな事例はいくらでもある。要するに自己コントロールのレベルはY染色体があるかどうかに影響を受けるのだ。

それは生まれつきか、それとも育ちなのか？　環境の影響があることは確かだ。伝統的に女性は男性とは違った社会化のプロセスを経験する。男性よりも高い純潔や忠誠心、自己犠牲を期待されるし、一般に楽しみを我慢して他者を優先することを求められる。アンソニー・トロロープの小説『今風の生き方（*The Way We Live Now*）』に出てくるヘンリエッタのように、遅かれ早かれ、「男性や息子の悪徳はすべて赦されるが、女性の場合はあらゆる美徳を期待される」

ことに気づく。歴史家のローレル・サッチャー・ウルリッチの忘れられない言葉が一〇〇〇枚ものTシャツに印刷されているのも理由のないことではない。「行儀の良い女性が歴史をつくることはめったにない」。

女性に対する法的、社会的要請が変化するにつれて、女性たちにとっても自己規制の問題が増えたように見える。たとえばアメリカでは女性の喫煙者は二〇〇〇万人だが、一世紀前にはほとんどゼロだった。この変化が健康にどんな影響を及ぼすかは想像できるだろう。喫煙だけではない。アメリカでは十代の少女の四分の一が性感染症にかかっているというし、英国では暴力行為で逮捕される女性が増えている。大西洋のどちら側でも女性の飲酒は増えており、アルコール依存症の男女差は縮まりつつある。

生物学的に女性はアルコールに敏感で、どんな飲酒レベルでも男性より血液中のアルコール濃度が高い。だから自然をみくびってはならないのだ。興味深い実験がある。研究者が（とくに別に処方されたアミノ酸飲料を飲ませて）男女のグループのセロトニン・レベルを抑えたところ、驚くべき結果が出た。男性はより衝動的に、女性はより慎重になったのである。どちらの性もそれぞれの特質に近づいたらしい。

自己コントロールを生物学的にみると、ほかにも驚くことがいろいろある。空腹の男女に好きな食べ物を四〇分間見せて脳の画像を調べた研究があるが、男性のほうが女性よりも空腹感を頭から押し出すのが上手だった。強迫的な扁桃の叫びを抑える、つまり強い感情や恐怖症、強迫性障害などと関連するとみられている脳の原始的な構造を抑制することに長けていたのだ

（強迫性障害はわりに多く――人口の約二パーセントがかかるといわれる――自己コントロールという観点からも興味深い病気だ。強迫性障害の患者はコントロールが強すぎるのか弱すぎるのか、ちょっとわかりにくいからである。かつては精神分析のいちばんの対象の一つだった強迫性障害は、近年はセロトニンのレベルが低くて、前頭皮質の一部ともっと深い部分の構造との連絡がうまくいっていないことから起こる障害と考えられるようになった。マクベス夫人もいまなら薬を処方されただろう）。

さらに生まれた季節もかかわっているらしい。わたしたちの欠点のすべてが星回りのせいとは言い切れないだろうが、しかし関係はあるのかもしれない。生まれた季節は体重（ＢＭＩ）や右利きか左利きか、精神病にかかりやすいか、さらには寿命にまで関係しているという研究がいろいろある。この本のテーマに関係するのはある英国の研究だろう。この研究によると四月、五月、六月に生まれた人はほかの月に生まれた人たち、とくに一〇月、一一月、一二月に生まれた人たちに比べて自殺する率が高かった。とりわけ女性にその傾向が強く、自殺のリスクは三〇パーセントも高いという。なぜ生まれた月が影響するのか、理由は研究者によって異なるようだが。

これでも自由意志を信じられるだろうか？　ここで少し遺伝に戻ってみよう。簡単に言えば前頭葉だけが問題なのではない、ということだ。たとえばニコチンの代謝に影響する遺伝子があり、タバコ依存症になりやすいかどうかに一役果たしていると思われる。さらに強迫性障害にも家族的な要素があるという研究がある。遺伝子は太りやすいかどうかにも影響するから、人によっては健康な体重を維持するためにとくに強い意志が必要になるだろう。さらに暴力的、反社会的な行動にも遺伝子が関係している（被告が無罪の根拠として申し立てた事例もある）。研究者は自己コントロールの重要な要素である注意力にも遺伝子が影響することを明らかにしている。たとえば二〇〇人以上の双子を対象としたオランダの研究は、注意力に問題を抱えている児童を調べて、性格の六〇パーセントは遺伝だという結論を出した。

それでは自己コントロールを問題にしてもしかたがないのだろうか？　そもそもわたしたちには自由があるのか、それとも見えない脚本に従って動くただのロボットなのか？　前述のような研究結果を見るとあまり明るい気分にはなれないが、しかし事実はそう暗いものでもないかもしれない。

否定形の自由

すべての動きには原因がある。自分自身の行動についてでさえ、あらゆる原因を知っている、あるいは理解していると思うのは愚かというものだ。哲学者のパトリシア・チャーチランドは神経科学にも強い関心をもっており（すべての哲学者がそうであるべきだろうが）、選択の自由とはかなりの部分が程度の問題で、可能性のスペクトラムのどこに帰着するかということだ、と指摘している。たとえば骨髄の働きはまったくコントロールできず、呼吸のコントロールは限定的で、テレビでバスケットボールの試合を観戦するかどうかはかなりコントロールできる。行動やコントロールには非常にたくさんの（その一部はわたしたちにはまったく見えない）要素が影響しているから、自由意志という謎めいたものを重視するよりも（人は偏見のない白紙の状態で行動すると考えるよりも）、自己コントロールを重視し、できる限り意識的に自分自身を把握しようと努めるほうがいいのではないか、とチャーチランドは主張する。リベットは、わたしたちが行動の自由と考えているものは主として拒否権の発動だ、と言った。この考え方からすると、わたしたちがもっているのは自由意志というよりも、「何かを拒否する自由」なのかもしれない。

とにかく、なんらかの自由はあるらしい。人々が発揮する自己コントロール力は懲罰や報酬に左右されるようだ。インセンティブが重要なのである。前章で見たとおり、怒りに社会が寛容かどうかは時代や場所によって異なり、怒りの表現もそれに従って違ってくる。無過失離婚が増えると、妻に捨てられるのではないかと恐れて配偶者を大事に扱う夫が増えたという。このようなさまざまなケースから見ても、インセンティブが行動に影響を与えることがわかるし、これはわたしたちが行動を選択していることを意味する。ペンシルヴェニア大学の法律学教授スティーヴン・モースは聴衆に、立ち上がって手を揚げてくださいと言う。聞いている人たちはそのとおりにする。次にモースは座ってくださいと言い、聴衆は従う。なるほど、これも自由意志だろう。

遺伝については、星回りで運命が決まらないように遺伝子で運命が決まるのではないと言いたいところだが、厳密には真実ではないようだ。一方、決定された運命など、そうあるものではない。遺伝子もわたしたちそれぞれの可能性の領域を決める要素の一つだが、その領域はとても大きくて、どこに境界があるのかわからないし、またそんなことはたいして重要でもないのだ。

というわけで、自由意志を否定するさまざまな研究結果によって絶望するよりも、適切な認識をもとに謙虚になるべきだろう。わたしたちのほとんどは自分が望むほど自己コントロールできるわけではない。強力な進化の力や遺伝、環境などに立ち向かったとき、わたしたちはほんとうに微力だと感じる。無力ではないが、弱い。だがその知識こそがわたしたちの味方だ。その知識を世界の強大な力に対抗する梃子に使うことができる。意識的な意志の行使を妨げる大きな三つの力のうち、わたしたちが影響を及ぼせるのは一つだけだ。ある程度までなら、環境はコントロールできる。悪い習慣をやめたい？　それなら、習慣のきっかけとなるものを環境から取り除くことだ。結婚生活をまっとうしたい？　会計課の魅力的な新人に近づかないこと。そして公共の場所から誘惑的なものを（理にかなった程度に）排除しようと主張する政治家に投票しよう。だからといって禁酒法や上品ぶったお行儀のいい時代に戻ろうというのではない。人間にはさまざまにぶつかりあう欲求があるが、そのなかにも好ましいものはあるはずだから、抵抗できないような望ましくない選択肢を排除するメカニズムが必要だ、というだけの話である。

好むと好まざるとにかかわらず、わたしたちはかなりの部分、自分の意志で行動することを前提に生きている。配偶者も雇い主も銀行の担当者も、あなたが自分の意志で行動していると想定しているし、（ほとんどの場合）法システムもそうなっている。そしてこの問題についてはいつも見解が二分される。ギリシャ人は自制ということにこだわったが、同時に判断の誤りや燃え上がる情熱についてはギリシャの神々に責任があることにした。中世や清教徒時代のニューイングランドでは、人々の行動の原因は悪魔だとされることもあった。ただし超自然的な力が働いているときでも、悪魔に協力した人間は自分の意志で犯罪を犯したのだからと火あぶりにされることが多かったが。これにもある種の理屈はある。すべての行動にはなんらかの理由がある。それなら悪魔だろうが、悪い遺伝子だろうが、不幸な子ども時代だろうが、何の違いがあるのか？

　アリストテレスの時代には、人は（少なくともアリストテレスは）倫理的な主張が正当とされるにはなんらかの有効性と有用性をもたねばならないことを理解していた。だが自分にとって存在しているのは自分の精神だけだとするもう一つの古い哲学的見解と同じで、決定論が（わたしたちの高慢の鼻をへしおり、他者への共感を強めるという効果は別として）実世界でなんらかの価値をもつと考えるのは難しい。具体的な強制が存在する場合は別として、人は自分の行動に責任があるという考え方をもとに、世界は成り立っている。たとえこの考え方が当たっていないとしても、そう考えなければどんな社会が構成できるかわからないではないか？　個人の責任を認めないとしたら、人々の暮らしはどうなるか？

　自由意志に対する悲観的な見方は悪影響が大きい。キャスリーン・ヴォスとジョナサン・スクーラーの研究によると、自由意志を否定する文章を読まされた大学生は、もっと中立的な文章を読んだ学生に比べて、その後にインチキをする確率がかなり高かった。このケースでプライミングにこれほどの効果があったことについては、自由意志を主張する人たちも心穏やかではいられないだろう。だが、そんなことはどうでもいい。大事なのは、自分で決定しているという信念を失うのはとても危険だし、実際的でもないということだ。もちろん完璧な行動の自由をもっている者は誰もいないが、自分の行動をコントロールしているという想定なしには人は暮らせないのである。

プライミングや人間の自動的、機械的行動の研究をしているジョン・バーフも、ごくふつうに暮らしている。ただ環境に対する意識は人よりも強く、実際に環境を改善するために努力している。たとえば子どもたちと一緒にアニメの『ザ・シンプソンズ』も見るが、シンプソンズの子どもたちが暴力的なテレビアニメの恐るべきパロディ『イッチー&スクラッチー』を見る場面になるとテレビを消す。また講演にでかけるときには車中でレッド・ツェッペリンを聞いて自分を鼓舞するなど、自分自身をプライミングしようと試みている。「環境を変えなさい。それがいちばん効果的だ」とバーフはインタビューで語った。

結局、この件については哲学者であり心理学者であるウィリアム・ジェームズと同じ実利的な立場をとるのがいちばんいいのではないか。自由意志の問題と必死に取り組んだジェームズは、やがて彼らしい結論に到達した。「わたしが自由意志を発揮する最初の行動は、自由意志を信じることだ」。

12. オデュッセウスと伝書バト

目覚まし時計が厄介なのは、セットしたときにはこの時刻でいいと思っても、鳴り出したときにはとんでもない時刻だと感じることだ。

——レックス・スタウト『ロデオ殺人事件』

フレデリック・スキナーが真珠湾奇襲の報に接したのは、ラジオで交響曲を聞いているときだった。スキナーは当時心理学者としてミネソタ大学で研究していて、まだ有名ではなく、最大の研究テーマは「オペラント条件づけ」、つまり行動はその結果によって修正されるということだった。スキナーが戦争に役割を果たすようになったきっかけは、アメリカがまだ参戦する前の一九四〇年、列車で旅をしていて窓から鳥の群れが「まるで編隊のように高くあがったり、旋回したりしているのを」見たことだ。感心したスキナーはハトを手に入れて、特定の視覚的な信号を見るとつつくように訓練した。ハトは条件づけの研究にもってこいだと経験で知っていたのだ。ハトは扱いやすくて、視力がよく、色を見分けることができる。それでスキナーは、ハトを爆弾の先端にとりつけたら正確にターゲットに誘導できるのではないか、と考えた。

ハトを訓練して自爆テロを行なわせるなど、いまから思えばとんでもないことだろう。それは一九四一年も同じだった。政府関係者は最初、このアイデアを却下した。だがスキナーは自分のアイデアに自信があったし、動物を軍事に使おうと考えついたのは彼だけではなかった。何年も前からコウモリやイヌ、イルカその他の動物の軍事利用の実験が進められていた。もちろん生物学兵器としての細菌の研究も行なわれていた。思い出していただきたいのだが、当時の爆撃は命中度が低く、爆撃の誘導システムもまだ原始的だった。スキナーの提案は一見素朴だったが（ハトは爆弾の先にとりつけられ、首のまわりにつけた操縦装置をつつくことで、軌道を修正する）ほかの案よりも実現性はありそうに思われたので、しばらくはアメリカ海軍が研究資金を提供した。

研究は少なくともスキナーに言わせれば大成功だった。スキナーはまっしぐらに標的を狙うようにハトを仕込んだ。この条件づけは徹底していて、ハトは速度にも銃撃にも、対空砲火に似せた光にも、激しい振動にも、重力にもまったく影響されなかった。（場合によっては窓ガラスが割れて、スキナーのメガネが吹き飛ぶほどの）一万フィート（約三〇〇〇メートル）の気圧でも変化はなかった。しばらくするとスキナーはごく小さな空気ハンマーの力を利用してハトに標的をつつかせることに成功した。この愛国的な功績に対するご褒美は大麻種子だった。大麻種子を与えるとハトは「怖いもの知らずになる」とどこかで読んだからだ（時代を問わず多くの兵士がそうであったように、徴兵されたスキナーのハトも麻薬の力を借りて戦闘行為に駆り立てられたわけだ）。

スキナー空軍の威力を示すために、一羽のハトがその英雄的な能力を公開することになった。デモンストレーションは戦時下のワシントンで、軍事技術の開発研究を担当する科学研究開発局の会議場で半信半疑の関係者を前に行なわれた。スキナーは実験室と同じように、暗い箱のなかで小さなスクリーンに映し出されるターゲットをハトがつつくように設定した。会議の出席者は順番に小さな穴から箱をのぞけばいい。だがこれでは時間がかかりすぎるというので、スキナーは箱を開くよう命じられた。光が流れこんでターゲットは不鮮明になり、ハトは開発研究に携わる役人たちの顔に囲まれてパフォーマンスをすることになった。それでもハトは完璧に作業をこなした。何年もたって、当時を思い出した有名な文書のなかで、スキナーがこのときのことを語っている。「その場の人々が手放しで笑っていたとは言わない。笑いをこらえようとはしていたからだ。しかし笑い出したがっていたことは確かで、このアイデアが支持されないのは明らかだった」。

スキナーとハーヴァードのハト

B・F・スキナーの生涯と功績の多くがそうであるように、ハト・ミサイルの訓練もおもしろい話題を提供した。だが、これはただの歴史的エピソードというだけではない。ハト・ミサイルの実験からは、心理学者、哲学者としてのスキナーの世界観がうかがえる。その世界観のおかげでスキナーは有名になったのだし、自己コントロールの科学においても見過ごせない人物になった。

スキナーはジョン・B・ワトソン直系の行動主義心理学者だ。ワトソンは行動主義心理学の父で、人々の感情や内面生活、母親やペニスに対する未解決の思いなどの泥沼に背を向けた。その代わりに行動主義心理学では、生き物は行動を条件づける「強化」に反応するというわかりやすい考え方をとる。行動主義心理学者は、人々の心で何が起こっているかなどわからないし、そもそも心があるかどうかもわからない、と考える。彼らにとって重要なのは生き物がどう行動するかということで、スキナーのような徹底的な行動主義者は、人間がどう行動するかは行動の外部的な結果によって決まるという。現実とはフィードバック・システムで、わたしたちはそれぞれ生涯にわたる「強化」によって条件づけられている。暗闇ではだしで歩いてソファにぶつかって足の指を骨折すれば、次からは明かりをつけるかスリッパを履く、というように。

スキナーのような行動主義者には、人々の行動のインセンティブを強調するエコノミストと共通したところがある。だがエコノミストはふつう、何が好きで何が好きでないと本人が主張しようが、行動が真の選好を示していると考える。一方、スキナーのほうは選好に関する好みが激しく、人々もまたそうだと信じていたようだ。これは一般的にスキナーの人間観とされているものとは違う。スキナーが悪名高い人物になったのは、戦時中のハトの実験や基本的には生き物は機械と同じだとする見方のほうだからだ。スキナーはハトにピンポンをさせたり、赤ん坊を入れる（そして条件づける）見た目に感じのよくない箱を考えだしたりした。

行動主義で人間を考えるとどうなるのか。かなり怖い気もする。人は自分が血と肉でできたロボットだとは考えたがらないが、それがスキナーの見方だと多くの人は思っている。しかもスキナーは実験室だけに留まらず、ぎょっとするほど壮大な野望を抱いていた。一九六七年、『サイコロジー・トゥデイ』のインタビューで、彼は端的に述べている。「わたしがほんとうに期待しているのは、(行動主義心理学の)すべてを教育から精神療法、経済、政治、宗教などに応用して、それによってわれわれが望ましいと思う方向に人間を作り変える世界を実現する、という功績で名を残すことだ」。

だがスキナーの主張はスケールこそ違っても(プライミングの実験のあとにジョン・バーフが言ったように)環境をコントロールしようということだ。わたしたちが条件づけられた行動をするなら、自分が望ましい人間になって望ましい行動をするように条件を設定すればいい。そうではないか? ある行動が頻繁に行なわれるかどうかはその行動の結果によって決まる、とスキナーは考えていた。それなら、自己コントロールとは望ましい行動につながる因果関係を確保することだ、と思っていたとしても不思議ではない。自分の条件づけは、ハトや他人の条件づけとなんら変わるところはないだろう。「他者の行動をコントロールするのとまったく同じように、行動という関数の変数を操作することによって」人は自分をコントロールする、とスキナーは書いている。

自説に従って子どもを育てるという考え方を否定したフロイトと違い、スキナーは熱心に自説を実行し、生涯にわたって系統的な自己管理を行なった。そしてそのおかげで長いあいだ生産的な研究を続けることができた、と後年振り返っている。「わたしは研究したい気分ではないときにも研究したし、教えたい気分ではないときにも教えた……論文やレポートの期限を守った……要するに、わたしは大変であるはずの仕事をやすやすとできるように環境を整えたのだ」。

スキナーは著書『科学と人間行動』で自己管理テクニックを分類している。そのなかには物理的な抑制（舌を噛む）、刺激の変更、嫌悪刺激（いちばん太っていたときの写真を冷蔵庫に貼る）、報酬と懲罰を設定する、好ましくない行動の代わりにすべきことを見つけておく、などが含まれている。このリストは自己管理に役立っただろうし、それだけでなく、少なくともベンジャミン・フランクリンにまで遡る自己改革というアメリカの長い伝統をスキナーも受け継いでいたことを教えている。フランクリンと同様にスキナーも発明家で、現実的な問題解決を目指した。そしてどちらも外形的な自己管理戦術を用いている。

自己コントロールのお手本として知られているフランクリンの評価を決定的にしたのは、長く読み継がれている自伝だろう。彼の自伝には、若い頃から「完璧な道徳を身につけようと大胆に努力し続けた」こと、その冒険的な試みのために一種の集計表を考案したことが記されている。その集計表のいちばん上には曜日が、そして縦の項目には一三の徳目が記されている。これに記入すれば、いつどの徳目を実践できなかったが一目でわかり、自分の成績が評価できる。徳目リストのトップに掲げられたのは節制で、中庸（「極端を避ける」）が九番目だった。日記にうまくいかない恋の展開だけでなく体重も記している映画の主人公ブリジット・ジョーンズのように、フランクリンも自分を観察して記録することが自己改革に役立つことを直感的に知っていたのである。

一九四八年にはB・F・スキナーにとって大きな出来事が二つあった。一つはソローの「ウォールデン」を下敷きにした小説『ウォルデン2』が出版され、人間の本質に関する彼の見解がわかりやすいかたちで世界に提供されたこと。もう一つはハーヴァードに戻ったことだった。ハーヴァードはスキナーが博士号を取得し、そしてその後ずっと留まることになる大学だ。偉大なウィリアム・ジェームズの本拠でもあったハーヴァードに、スキナーの有名なピジョン研究室が置かれた。スキナーの研究室は広大なメモリアル・ホールの地下にあり、パイプをめぐらした天井の下で、実験心理学のフロンティアを開拓しようと教授や大学院生たちが日夜、研究に励んでいた。

二〇世紀後半に指導的な実験心理学者たちを輩出したピジョン研究室は、大きな鳥小屋というよりも賑やかで忙しい蜂の巣のようなところだった。いつでも大勢の人たちが行ったり来たりし、実験結果を記録する機械が音をたてて動き続け、大学院生らが騒がしく議論していた。とくにベトナム戦争のころには政治的な議論も活発だった。研究室は熱気にあふれ、どの実験も新たな地平を切り開いているかのようだった。スキナーは生涯、細工や工夫が大好きだったし、ここの研究に参加するには機械好きな気質が向いていた。まだパソコンなどなかった時代である。実験のほとんどは電話回線を使った装置でコントロールされ、ふつうの(マウスを使う)伝統的な実験室の備品の代わりに、電話回線で結ばれた伝達装置を置いた背の高い棚がずらりと並んでいて、人間を対象にした迷路実験でも行なわれているような雰囲気だった。

一九六七年、ジョージ・エインズリーという痩身の若者が研究室に現れた。そのころ、研究室はハーヴァードに新しく作られたウィリアム・ジェームズ・ホールに移転していた。今度は地下ではなく、よい景色が見張らせる七階だった。エインズリーにとっては幸運なことに、切れ者だったが愛想のないスキナーはもう関心を失っていて、スキナーの教え子の一人でやはり切れ者のリチャード・ヘアンスタインが研究室を切り盛りしていた。

ヘアンスタインもスキナーと同じように物議をかもすことの多い人物だった。一九七一年(スキナーが『自由への挑戦——行動工学入門』を出版したのと同じ年)、ヘアンスタインは『アトランティック・マンスリー』に掲載された記事で、知能の遺伝性を強調して世間を揺るがした。「多大の富も健康も自由も公平も教育機会も、哲学者が夢見てきた平等な社会を実現しないだろう。それどころか、上から下までもっとはっきりと細かく区分された階層社会ができるだろう」と彼は暗い予言をしたのである。

この記事には激しい批判が巻き起こり、一部の評論家はヘアンスタインに人種差別主義者のレッテルを貼った。それから長いあいだ、ヘアンスタインはこのレッテルと闘わなければならなくなる。抗議の声や殺すぞという脅迫にまで攻めたてられたヘアンスタインはその後、自分の説を擁護する本(『IQと競争社会』)を執筆し、さらに(チャールズ・マーレイと共著の)彼としてはいちばん有名な、そして異論の多かった『ベルカーヴ』で知能と遺伝に関する主張を拡大して、ますます論争の火に油を注いだ。ヘアンスタインは『ベルカーヴ』の出版直前に死亡している。

ヘアンスタインを批判する人々のあいだでは、彼はピジョン・マンと呼ばれていたが、この蔑称はヘアンスタインよりも呼んだほうのおつむの程度を表していたのかもしれない。ヘアンスタインのハトの研究は、ハトがどのように選択しているかを解明する重要なもので、スキナーの研究を継いでさらに発展させている。自己コントロールの問題を理解するうえでもきわめて重要な研究だ。

エインズリーは心理学者ではなくハーヴァード医学部の学生で、しかも既婚者だったから、どう見てもピジョン研究室で時間を費やす暇はなさそうだった。だがエール大学の院生だったころに受講した心理学の講義で、ラットに迷路を走らせると大きな餌には小さい餌よりも速く到達すると教授が言うのを聞いたことがあった。事実、ラットが走るスピードと報酬の大きさには（理にかなった範囲内で）相関関係があった。教授が説明したこの関係は、誰あろうリチャード・ヘアンスタインが発見した「対応法則」だった。

基本的に「対応法則」とは、自由に行動する動物（人間を含む）が費やす時間はその行動によって獲得する報酬と直接的な関係がある、ということだ。ヘアンスタインはハーヴァードのハトたちを相手にした実験で、この法則を導き出した。ハトに二つの違う対象をつつかせると、つつく回数がそれぞれの報酬と比例することに気がついたのだ。報酬（穀粒）の量を変えても、結果は同じだった。しかも興味深いことに、つつく回数の多さは遅れの度合いに反比例した。言い換えれば、報酬が出てくるのが遅いと、ハトにはおもしろくないらしく、つつく回数が減った。

「対応法則」は、生き物は未来の報酬を割り引くという経験的事実を数学的に表現している。ハトですら未来の大きな報酬と現在の小さな報酬を比較して、未来の報酬が充分に大きくなければ、目の前の小さな報酬を獲得しようとするらしい。まるで「手のなかの一羽は藪の二羽にまさる」と本能的に知っているようだ。自己コントロールとは現在と将来を（その将来は無限のかなた、つまり「決してこない（never）」かもしれない）比較して決断することだから、「対応法則」は自己コントロールの公式のようなものと言えるだろう。

問題は、別の自己コントロールの方式がすでに存在していて、しかも二つが矛盾することだ。ジョージ・エインズリーは、どちらが正しいのかをピジョン研究室で解明したいと考えていた。

未来を割り引きする

現在と将来のどちらを選ぶかはエコノミストのいう「異時点間の選択」の問題で、研究者たちはこの問題に長いあいだ頭を悩ましてきた——少なくとも、スコットランド生まれの医師で経済学者だったジョン・レイが『資本の社会学的理論』を出版した一八三四年以来である。ジョン・レイはこの本のなかで、蓄財の欲望のレベルは人によって異なり、その欲望は相当部分、自己コントロール（「知的能力の大きさと内省の習慣、そして慎重さ」）に左右される、と説明した。言い換えれば、レイはのちに心理学者が証明したように自己コントロールが知性に関係することを認識していた。さらに喜びを先延ばしにして蓄財しようという欲望は、たったいま消費したいという欲望と対立し、現在消費したいという衝動は（その後の研究で確認されたとおり）「欲望の対象が目の前に存在すること」によって燃え上がることも知っていた。

レイの影響を受けたジョン・スチュワート・ミルも一八七一年にこう述べている。「人は性格の弱さのゆえに、価値が小さいと知っていても手近な善のほうを選ぶことが多い。このことは身体的な楽しみどうしを比較する場合でも、身体的な楽しみと精神的な楽しみを比較する場合でも変わらない。健康のほうが大きな善であると充分わかっていても、健康に悪いと知っている身体的楽しみを求めてしまう」。

現在と将来の比較がうまくできないのは想像力の貧困のせいだという人たちもいる。オーストリアの経済学者オイゲン・フォン・ベーム＝バヴェルクはこう語っている。「われわれの想像力と抽象的思考力が不適切なのか、あるいは必要な努力をしないのか、とにかくわれわれは将来自分が願うはずのことを充分に描き出すことができないし、とくにそれが遠い未来であればなおさらである」。アーサー・ピグーはソクラテスが『プロタゴラス』のなかで述べているように、この問題を近視眼の一種だと考えた。「わたしたちの望遠鏡には欠陥があり、遠くの楽しみを見ようとすると小さくしか見えない」とピグーは言う。

エコノミストたちは長年、この問題に計量的に取り組んできた。そして一九三七年、ついに未来を割り引く方法を方程式に表すことに成功した。ポール・サミュエルソンの「割引効用」

モデルだ。サミュエルソンといえば「顕示選好」を現代経済学に組み込んだ神童であることをご存じの方もおられるだろう。彼はのちにベストセラーの教科書『経済学』を出して、ある世代の学生たちなら知らぬ者のない有名人になったし、数理経済学の数学的解明を推し進めたことでも誰にも負けなかった。ある経済史家は「サミュエルソンの単純なモデルには、それまで一世紀にわたって議論されてきた心理学的な考察のすべてが一つのパラメータ、つまり割引率として詰め込まれている」と述べている。

この方程式は一見複雑そうだが、ホモエコノミクス（経済人）は決まったレートで合理的に将来を割り引いて考えることを基本的前提としている。将来を割り引くとはどういう意味か？

宝くじに当選したとしよう。賞金はこれから一二年間、毎年一五万ドルずつもらってもいいし、一括してまとめてもらってもいい。問題は一二年分を一括してもらうとしたら、どれくらいの金額なら受け入れられるか、ということだ。宝くじの主宰者は国家で、どちらにしても取りはぐれはない。さあ、考えてみよう。一括支払いがいくらなら満足できるだろう？

一〇〇万ドルなら充分か？　それでは七五万ドルでは？　数字が小さくなればなるほど、あなたはせっかちだということになる。ごく小さな数字でもいいというなら、空腹のあまり一杯のスープと長子の相続権を交換した聖書のエサウのレベルだ。一〇〇万ドルなら、と言ったとする。国家は同意すべきか？　その答えを出すために、宝くじ担当者は金利がいくらなら一括金と年金が合致するかを計算するだろう。インターネットには「金利計算」をしてくれるサイトがあるから簡単だ。この場合、金利は一〇パーセントを超える。国家としては非常に有利な投資だが、受け取り側にとってはあまり有利ではない。一〇〇万ドルを年利一〇パーセントで運用できる安全な投資先など、そう見つかるものではない。

この金利が割引率で、あなたが未来をどう見ているかを測る指標になる。割引率が高いほど、楽しみを未来に先延ばしする気持ちは小さい。もちろん人生は複雑だから、いまか将来かを選ぶ場合、はっきりした割引率を計算するのは難しいだろう。それでも割引率を考えれば、一定の状況のもとで自己コントロールのようなややこしい問題を量的に表すことが可能になる。

この計算はそれほど難解ではない。やり手の事業家は世界じゅうで日々計算しているし、多くは自分たちがピサのレオナルドと呼ばれた中世の数学者レオナルド・フィボナッチの基本原理を応用していることには気づいてもいないだろう。一二〇二年に有名な『算盤の書』（文字どおり計算の本）を出版したフィボナッチは、なによりもフィボナッチ数列で有名だ。フィボナッチ数列とは0、1、1、2、3、5、8、というように（最初の二つ以外は）それぞれの数字が前の二つの数字の和になっている。二〇世紀、フィボナッチ数列は大きな関心の的になった。この数列は自然界のいたるところに見られる。

だが数列に関心が集まったあまり、『算盤の書』の大部分が商業に用いられる計算の（今日のある金額と将来のある金額をどう比較すべきかを含む）説明であることが忘れられがちになった。将来を（たとえば安定した健康な老後を）考えて手探りで推計するとき、わたしたちは頭のなかで現在価値を算定しており、それにはどんな割引率を採用するかが重要になる。

そして常に人よりも高い割引率を採用する人たちがいることがわかってきた。習慣的に未来に置く価値が低い人たちだ。この範疇に入るのは貧しい人たちや若者、男性、それから薬物依存になりやすい人たちらしい。老人や女性、それに高い知性をもつ人たちは低い割引率を採用し、将来に高い価値を置いていて、楽しみを先延ばしにすることをあまり嫌がらない。種々の依存症者を調べると、コカインやヘロイン、アルコール、ギャンブル、タバコなどに依存している人たちはそうでない人たちに比べてお金に関して割引率が高い（将来のお金の価値を低く見積もる）ことが判明した。また日本人学生はアメリカや中国の学生に比べて将来の割引率が低かった。そして一般に小額のお金のほうが割引率が大きい。

動物も未来の報酬を割り引いているらしい。ハトやラット、種々の霊長類に餌をやって調べた研究でも、秒単位以上の忍耐を引き出せることは稀だった。ただ一部のチンパンジーやボノボだと二分くらいまでは待てるようだ。だが自然界を眺めると、かなりの割引率を示す動物がいる。冬のために木の実を蓄えるリスは、そのへんの人間よりよほど効率よく消費を先延ばししているとも思えるが、リスの行動は意識的に将来を計画しているというよりはもっと本能的なものらしい。もちろんダムをつくるビーバーやアルファオスになろうとしてほかのチンパンジーとの関係を良くするのに時間やエネルギーを費やすチンパンジーなど、未来のために「投資」しているように見える動物もたくさんいる。

人間だけが自己コントロールするなどと偉そうに考える前に、人間はどれほど将来を割り引いているかを検討すべきだろう。この問題に取り組んできた研究者たちによれば、割引率は非常に高い。どうやって割引率を調べるのか？　基本的な方法は二つある。一つは単純に、たとえば一年後の一〇〇ドルの代わりとして、いまいくらもらえば満足できるか、と聞く。そして得た答えから割引率を計算する。もう一つは実世界の事例をもとに割引率を算出する方法だ。

たとえばある研究では、軍縮で職を去ることになったアメリカの軍人がどんな選択をしたかを調べた。政府は六万五〇〇〇人以上の退職者に一時金か年金の支払いを提案した。条件は階級によって違うが、例をあげると、一時金二万二二八三ドルか、一八年間にわたって三七一四ドルをもらうかという選択肢があった。支払うのはアメリカ政府だから不払いのリスクはない。そしてこの例から算出される割引率は驚くことに一八・九パーセントになる。これは標準的な例だった。だから、年金のほうがずっと得だということになる。ウォレン・バフェットでもこれ以上有利な投資はできないだろう。しかも一時金のほうが税金が高い。政府はこの選択肢についてパンフレットを作り、カウンセリングを行い、メディアを通じて説明した。それでも半数以上の将校、九〇パーセント以上の兵士が一時金を選んだ。このエピソードは人々が楽しみを延期する能力があまりないことを示しているが、明るい面もないではない。大勢の軍人が損な選択をしたおかげで、全員が年金を選択した場合に比べて、納税者は一七億ドルも節約できた。

長年、このような研究が行なわれてきて、結果にはばらつきがあったが、いずれにしても割引率はそうとうに高かった。ジョージ・エインズリーは自己コントロールと未来の問題について見事な見解を展開した『ピコエコノミクス』で、消費行動（たとえば価格が高くて維持費が安いエアコンか、安いが電力消費が大きいエアコンかという選択）の研究によると、割引率は数百パーセントにも上ると指摘している。従業員に将来のボーナスと現在の支払いを比較してもらった調査では、割引率は三六パーセントから一二二パーセントだった。金融専攻の学生でさえ割引率の中位数は六〇パーセントと高く、ある英国の大学で院生とスタッフに、いまの五ポンドと将来の一〇ポンドを比べてもらい、どれくらいの期間なら待てるかを尋ねたところ、割引率は五〇〇〇パーセントに上ったという。

カーブ

エインズリーは行動が関数で――選好を時系列でつないだなだらかなカーブで――表現できることに強い関心を抱いた。サミュエルソンによれば、なだらかなカーブが描けるのはわたしたちが一貫した率で未来を割り引いているからだ。だがエインズリーはそれぞれの人のなかでも葛藤が起こっているらしいことに注目した。わたしたちには長期的な目標（たとえば退職後のために貯金するとか家庭内の平和を維持する）があり、それはいまお金を使いたいとか浮気をしたいという短期的な欲望と衝突する。

人はこのような葛藤にいつも直面している。わたしはいまこの本の執筆にいそしんで、長期的な富と幸福にわずかながら貢献することもできるし、インターネットでCDをショッピングして短期的な幸せを満喫することもできる。欲望は二つ。どっちを実行するか？　エインズリーは若かったが、このジレンマを理解していた。そこでエールの卒業研究ではおもしろい迷路を作成した。この迷路にはラットがそれぞれ別に三つ置かれたペレットの報酬にいたる道すじが二種類ある。どちらも同じように見える。だが片方は近道で魅力的だが、ペレット一つに行き着いたところでおしまいになる。問題は、何度も迷路を走らされたラットが近道ではない道を選ぶべきだと気づくかどうかだった。

実験データからはっきりした結論が出ないままに、エインズリーは卒業した。だがハーヴァードに移ってからもこの問題が気にかかっていた。ハーヴァードの医学部の研修生だった行動主義心理学者のピーター・デューズはエインズリーにヘアンスタインに会うことを勧めた。そこでエインズリーはラットの問題をハトの問題に変換することを学んだ。

これが一九六七年で、ヘアンスタインとシン－ホー・チャンがハトは報酬の量と頻度だけではなくタイミングにも反応するという、たぶんそれまでで最も興味深い研究結果を発表した年だった。ハトは時間がかかる報酬よりもすぐに報酬が出てくるしるしのほうをよけいに（それも、不釣合いなほど多く）つつくことがわかったのだ。この研究報告を読んだエインズリーはあることに気づいた。ハトが長期的な報酬よりも短期的な報酬のほうに（不釣合いなほど多く）価値を置くなら、異時点間の選択で示されるなだらかなカーブは間違っているはずだ。時間軸に沿って選好を表示したら、報酬までの時間が短くなると急激にカーブは上昇し、違うカーブが描かれる。そのカーブは時間が短くなるにつれて急激に上昇する双曲線になるはずではないか。

双曲線割引が示しているのは、ハトは時間軸に沿って一貫して、あるいは合理的に行動するのではない、ということだ。そしてエインズリーが考えたとおり、ハトに言えることは人間にもあてはまった。

スチュワート・ヴァイスは双曲線割引を説明するとき、学生に二つの封筒を示す。一つには一〇ドル、もう一つには一二ドル入っている。当然、学生たちは一二ドルの封筒を取る。つぎにヴァイスはいまの一〇ドルと一週間後の一二ドルのどちらを選ぶか、と尋ねる。このときには学生たちはまだ一二ドルのほうを選ぶ。だが、一二ドルを受け取るのは二週間、あるいは三週間先となると、状況は変わる。ほとんどの学生はいまの一〇ドルのほうがいいと言う。それだけではない。どの時点で額は小さくてもすぐに受け取れるほうを選択するかを確認したあと、ヴァイスは金額の差はそのままに、どちらも受け取りをずっと先に延期して設定した。たとえば二八週後の一〇ドルと三〇週後の一二ドルでは、どちらを選ぶか？　受け取りが遠い将来に設定されたところで、学生の選択は元に戻り、ほとんどが大きい金額を選択した。これは「時間の不整合性」の典型的な例だ。合理的に考えれば、どの時点でも将来の大きい金額を選ぶはずだろう。待つ時間の差は変わらないのだから。

どうしてこのような選択の逆転が起こるのか？　どうして近い将来の二週間の遅れはがまんできず、遠い将来なら受け入れられるのか？　答えは、人は直近の報酬に過剰な価値を置く傾向がある、ということだ。デヴィッド・ヒュームは二五〇年以上も前にこのことに気づいていた。「後者のほうが前者よりずっと良いと充分にわかっていても、わたしたちはその判断に従った行動ができない。もっと手近な目先のほうがいいとわたしたちをせっつく情熱に負けてしまう」。

わたしたちは遠いものより近いもののほうに価値を置くだけではなく、不釣合いに大きな価値を置いてしまう。人は目の前の報酬にことさら強く惹かれるというのが現実なのだ。「長期的にみればわたしたちはみんな死んでいる」というケインズの有名な言葉が真実だと直感的に知っているのかもしれない。進化の過程では人生は不確実で、たとえば貴重な食べ物を保存したり冷凍したりするたしかな技術もなかったから、極端に未来志向の個体は淘汰されることのほうが多かったのかもしれない。天地創造説の信者なら、聖書にもこの人間の性質の証拠があるというだろう。禁断の木の実を食べたアダムとイブはあまり先のことは考えていなかったし、その子孫であるエサウにも自分の選択の長期的な結果が見えていなかった。

異時点間の選択を示すカーブはなだらかではないという考え方は、一九五六年にエコノミストのロバート・H・ストゥロッツが「近視眼的な心と動学的効用最大化」という一見何気ない、だが機知に富んだ印象的な論文で展開していたものでもあった。ストゥロッツはさらに、誘惑がはるか先にあるとき、先見の明ある人は彼が「プリコミットメント」と命名したテクニックを使うだろうと述べている。セイレーンのいる海域に近づこうとしているオデュッセウスのように、誘惑に直面したときの自分の選択肢をあらかじめ限定しておくのだ。ストゥロッツは自分自身のことでもなかなか優れた自己コントロール・テクニックを発揮した。のちにノースウェスタン大学の学長に就任するこの優れたエコノミストは、大学にかけあって年俸を月ごとに支払ってもらうことにしていた。夏が終わるまでに年収分を使い切ってしまわないという自信がなかったからだ。

エインズリーはストゥロッツを知らなかったし、このエコノミストの論文には双曲線割引はまったく出てこないと指摘している。エインズリーがやりたかったのは、「対応法則」の内容が正しいかどうか、つまり努力は報酬と関係するかどうかを研究室で実証することだった。彼にはあるアイデアがあった。（相対的に劣る）報酬を具体的に見せられると生物の選好が大きく変化するなら（双曲線割引が表しているとおり、目の前の報酬に大きな価値を置くようになるなら）、手段さえあれば目の前の劣った報酬に飛びつくのを自分で防ぐように教えられるのではないか。エインズリーは説明している。「この予測は『高度な知性』の存在を前提としていない。充分に強力な『強化』が行なわれて、利用できる手段があれば、生物はプリコミットメントの手段を使うことを学ぶだろうか、ということが問題だった」。

言い換えれば、エインズリーは動物にオデュッセウスのような行動を教えようと思いついたのだ。

エインズリーは白いカルノー・ピジョンのオスを使った（カルノー・ピジョンは遺伝的に均一なので、ピジョン研究室ではこの種類だけを使った。オスを使うのは生殖サイクルの影響を避けるため）。ハトは自由に食べさせたときの八割に体重を抑えられていた。それでいつも空腹だったから、餌をもらえるチャンスには非常に強い関心があった。エインズリーの実験では、ハトは一時に一羽ずつ、縦横高さが三〇センチほどの音や光の影響を受けない箱（スキナーボックス）

に入れられた。ハトは箱の壁の一つあるいは複数の円盤を見せられる。この円盤がオペラント条件づけのキーで、光っている場合もそうでない場合もある。ボックスはピジョン研究室の通常の装置と連絡していて、ハトの行動を記録できるが、天井にのぞき穴があって研究者はなかを見ることもできた。

実験をいちいち手で行なうのはめんどうだったから、ボックスは初期のコンピュータ・システムのような装置とワイアでつながっていた。ただしマイクロチップはまだない。箱のなかのキー(七ワットの豆電球で照らされる)は一定の間隔で点灯したり消えたりする。このために、ループ状の動画フィルムを使ってプログラムが組まれた。当時のコンピュータが使っていたパンチカードと同じやり方だ。フィルムに開けた穴が回路を開いたり閉じたりする。ハトの反応はキャッシュレジに似た仕組みのプリンターで記録された。

エインズリーが箱にハトを入れる。箱の壁のキーは二・五秒間赤く点灯する。キーが点灯しているあいだにハトがつつくと、餌の出口が一・五秒開く。だが点灯しているあいだにキーをつつかないと、餌の出口は四秒間、開く。だからハトがちょっと行動を我慢すると余分の餌をもらえる。だが、どのハトもキーが赤く点灯したとたんにつついた。どうしてもつつかずにはいられないというように。

そこでエインズリーは別のやり方を考えた。今度はキーが赤く光る一一秒前にグリーンに光るようにしたのだ。グリーンに光っているあいだにハトがつつくと、キーは赤く点灯せず、四秒間、餌にありつける。結果として、時間的な間隔は赤いキーをつつくのを我慢したのと同じだった。グリーンのあいだにキーをつつかず、赤くなってからつつくと、餌は一・五秒しか出ない。

この実験はすばらしい思いつきだった。エインズリーは誘惑に備えて帆柱に自分を縛り付けさせたオデュッセウスと同じようにハトが行動するチャンスを与えたのだ。グリーンのキーは典型的なプリコミットメントの仕組みだった。自己管理の最も力強いツールである。驚いたことに、二羽のハトがプリコミットメントを覚えた。グリーンに点灯する場合には九〇パーセントの確率でグリーンのキーをつついたのだ。

まぐれじゃないか、と思われるだろうか？　エインズリーは比較のため、ハトがグリーンのキーをつついてもつつかなくても赤く点灯するボックスでも実験した。するとオデュッセウス派のハトは意味のなくなったグリーンのキーをつつかなくなった。だが赤いキーはつつき続けた。もう間違いはなかった。グリーンのキーをつついたハトは、うまく行動を抑制すれば利益が得られることを発見し、効果的なプリコミットメントを行なっていたのだ。ハワード・ラクリン（優れた自己コントロールの理論家の一人）とレナード・グリーンも一九七二年に少し違った実験を行なって、もっと多くのハトにプリコミットメントを行なわせることに成功したと報告している。その二年後、エインズリーが研究を拡大してさらに多くのハトを対象に再度実験を行なった。

ハトにオデュッセウスのような行動を取らせるのもおもしろいが、エインズリーのハーヴァードでの研究の真の意義は、生物（ハトでも人間でも）は目の前の報酬に過剰な価値を置くことが明らかになったことだ。人間が（『わたしに純潔と禁欲を与えたまえ。ただし、いまはまだけっこうです』と祈った聖アウグスティヌスのように）明日の楽しみよりも今日の楽しみを優先しがちであることにはほかの人たちも気づいていたが、その選好がどう変化するかを明確にしたのはエインズリーだった。（その後、生涯にわたって双曲線割引について考え、論文を発表することになる）彼の実験は、進化というケーキには対立する欲望が焼きこまれていること、自己コントロールに関しては人間もハトも同類であることを示している。

13. 激情による犯罪

喧嘩して皿を投げ合う夫と妻も、ふつうは高価な陶器は投げない。
――リチャード・ヘアンスタイン

二〇〇九年にニュージーランドで注目を浴びた事件がある。クレイトン・ウェザーストンという青年が、ガールフレンドだったソフィー・エリオットという将来有望な経済学専攻の学生と喧嘩になったらしい。ウェザーストンは裁判で、怒ったエリオットがハサミをもって向かってきたのでかっとなってわれを失い、その結果、ガールフレンドの目や性器、胸、顔、首などをを二一六回刺した、と主張した。われを失っていたのだから殺人罪ではなく、刑の軽い過失致死にあたる、というのがウェザーストンの言い分だった。

これは「挑発抗弁」と呼ばれているもので、議論の的になっている。事前に計画した行動と激情のあまりにかっとなって行なった行動とを法律で区別すべきかどうかが問題になっているのだ。以前はニュージーランドでもほかの場所と同じように挑発抗弁が認められていた。事実ウェザーストンの裁判中にも、オークランド郊外で年上の飲み友達を殺害したフェルディナンド・アムバックというハンガリー人観光客が、被害者に言い寄られてレイプされるのではないかと怖くなったので殺した、と抗弁した。恐ろしさのあまりにわれを忘れて、相手の男性をバンジョーで殴ったあげく、棹の部分を咽喉に突っ込んだというのだ。アムバックは殺人ではなく過失致死で有罪になった。

ウェザーストンの陪審員は挑発抗弁を認めず、殺人で有罪と評決した。だがこの事件をきっかけに挑発抗弁そのものが認められるかどうかが再び議論になり、まもなくニュージーランド議会は法律を改正し、挑発抗弁を無効にした。皮肉なことに英語圏で挑発抗弁の旗色が悪くなっているのと同じころ、神経科学の分野では研究が進み、少なくともある種の暴力犯罪には生物学的な基盤があることがだんだん明らかになってきた。挑発抗弁に反対する人々は激情の犯罪にも責任を問うべきだと主張しているが、これらの事実はその主張の根拠を切り崩してしまう可能性がある。

たとえば一九九〇年代初めにハーバート・ワインシュタインという六五歳の広告会社のエグゼクティブが妻の首を絞め、マンハッタンのアッパーイースト・サイドにあった一二階のアパートから放り出した。自殺に見せかけようとしたのだろうということだった。弁護士は、被告には責任がない、なぜなら脳に嚢胞が出来ていたからだ、と主張した。陪審員に嚢胞の説明をすることを判事が認めたあと、検察側はワインシュタインが殺人罪ではなく刑罰の軽い過失致死で有罪を認める司法取引を受け入れた。

この裁判の際に検察側はダニエル・マーテルという法心理学者を証人に呼んだ。マーテルは（嚢胞があることがわかった）脳画像撮影技術はまだ新しく、検証されていない、と証言した。それ以来マーテルは文字どおり数百件の刑事、民事の裁判に現れ、検察側、被告側のいずれかの証人として神経科学的な証拠について証言している。死刑判決があり得る裁判では神経科学的な証拠調べが絶対条件となるだろう、と彼は言う。

いまでも人を殺せば責任を問われるが、神経法学（ニューロ・ロー）と呼ばれるものの台頭が向かい風になっている。結局のところ、多くの殺人者の脳には正常人の脳と違うところがあり、その違いは当人の責任ではないという事実がある。それではワインシュタインの弁護士が主張したように当人の責任は軽減されるのだろうか。遺伝的に異常な脳をもって生まれついたとしたら、責任は免除されるべきなのか？

この問題は、社会は人々にどの程度の自己コントロールを期待できるのか、自己コントロールを失った人間をどう扱うべきかということに帰着する。

犯罪

一九九〇年、マイケル・ゴットフレッドソンとトラヴィス・ハーシーの共著『犯罪の基礎理論』が出版されて、犯罪学会に旋風が巻き起こった。本のタイトルにある「基礎理論」とは、犯罪は自己コントロールの不足によって起こるということで、一部に議論を呼んだものの、この考え方自体は歴史や経験を振り返ればほぼ納得がいく。著者たちは、ほとんどの犯罪はろくに計画性もないし努力もいらず、（ごく限られてはいるが）目先の満足感を得られると指摘している（強盗や窃盗の金銭的な利益は比較的少ない）。そして一つの犯罪に手を染める人は別の犯罪も起こす場合が多く、実際「犯罪者の多才ぶりはびっくりするほどだ」という。

さらに犯罪者は犯罪以外の違法ではなくても疑わしい、あるいは有害な行為にかかわっている傾向がある。たとえば窃盗犯は喫煙や飲酒、ドラッグ依存、喧嘩、学校をサボるなどの行為もしていることが多い。それに火事や自動車事故、望まない妊娠などを含め、事故にあっている割合も高い。また意外ではないが、犯罪者は早死にするケースが多い。

ここに一つのパターンを読み取ることは難しくない。著者たちが述べているように、自己コントロールに優れている人たちは言語能力が高く、暴力的でなく、未来を意識し、長期的な計画をたてて実行する力がある。犯罪者はそうではない。

「犯罪行為は短期的で、すぐに満足を得られ、たやすくてシンプルで興奮を感じさせてくれる」とゴットフレッドソンとハーシーは書き、さらに「このような犯罪行為の特徴は犯罪者の性格と強く結びついている」と付け加えている。ある意味では、二人の著者は（少なくとも多少は）フロイトの巨大なぬかるみの足跡を辿っていると言えるかもしれない。フロイトは、多くの犯罪者は捉えられて罰せられることを無意識のうちに望んでいる、それは自慰などの幼い頃の逸脱行為への懲罰の代用なのだろう、と主張した。ゴットフレッドソンとハーシーはそんな主張はしていない。だがフロイトの主張は「犯罪という社会問題を個人の衝動管理という問題に焼き直した」ものだと、心理学者のロバート・R・ホルトは言う。その意味では『犯罪の基礎理論』もよく似ている。

たとえばゴットフレッドソンとハーシーは、社会学者のリー・ロビンスの研究を引用している。ロビンスはセントルイスで児童相談所送りになった五二四人の子どもたちを追跡調査し、この子どもたちをジェンダー、IQ、年齢、住居環境が似たほかの子どもたちと比較した。対照となった子どもたちと比べて、児童相談所送りになった経験がある子どもたちの人生は、予想されることではあったが多くの問題をはらんでいた。逮捕されたり、アルコール依存症になった者が多かった。また結婚はしていない者が多かったが、既婚者は離婚している場合が多く、また行動に問題がある相手と結婚している率が高かった。子どもたちにも問題行動が見られることが多かった。仕事の面では失業していたり、頻繁に職を変えたりしていて、これも意外ではないが福祉の世話になっている場合も多かった。社会的には孤立しがちで、成人後、親戚と疎遠になっている者が多く、教会に通っている者はあまりおらず、友人も少なくて、精神病で入院している者も相対的に多かった。ロビンスはこの子どもたちが「反社会的なパーソナリティ」をもっていると述べたが、ゴットフレッドソンとハーシーはこの考え方にはあまり注意を払っていない。二人にとっては、これらの人々は自己コントロール能力が非常に低いのであって、ロビンスの研究は「自己コントロール能力の低さがじつに多様な現れ方をする」証拠だと見ている。

ゴットフレッドソンとハーシーに誰もが賛成しているわけではない。ハーシー自身、その後、この本には誤りがあると認めている。だが中心的な主張は変えていない。二〇〇四年、高い自己コントロールから予測される多くのことについて見直したジューン・タングニー、ロイ・バウマイスター、アンジー・ルッツィオ・ブーンは、「その後の経験的な検証によって、この理論は確認された」と述べている。二〇〇〇年、『クリミノロジー』誌は（四万九〇〇〇人以上の人々の）二一のデータをもとにした二一の研究のメタ分析を掲載し、自己コントロールの欠如をどう測るかという違いはあるが、一貫して犯罪や犯罪類似の行動との関連が見られたと述べている。

一九九八年の五五五五人の成人を対象とした調査では、犯罪に見られる性差は自己コントロールの違いによるものだという驚くべき結果が出ている。言い換えれば、犯罪者に男性が多いのではなく、自己コントロールが欠如している者が多いのであり、自己コントロールが欠如している者には男性が多いだけなのだ。

ところで、自己コントロール能力が低い人は犯罪を起こしやすいだけでなく、被害者にもなりやすい。クリストファー・J・シュレックらは二〇〇六年に発表した調査で、六つくらいのアメリカの都市の六年生と七年生を調べ、自己コントロール能力が低い子どもはその後犯罪の被害者になる確率が高いことを発見した。「被害者になるのは偶然ではない」とシュレックらは述べている。「過去二五年を遡って調べてみても、ある種のライフスタイルや背景をもつ者が被害者になりやすいことは明らかだ」。

ゴットフレッドソンとハーシーは子どもの自己コントロール能力が低いのはまちがった育児

のせいだと言う。だがその後の研究によれば、衝動性や多動、注意欠陥障害など自己コントロールの欠陥のように思われる気質の多くは遺伝性が強いらしい。犯罪やその原因の少なくとも一部は遺伝するということは、長いあいだ言ってはならないこととされてきたし、いまでもそのタブーが生きているところもある。残念ながら、このタブーと事実はぶつかりあう。脳画像撮影法が進歩して、脳の構造には遺伝が影響することが明らかになり、遺伝だという主張も裏づけられるようになった。多くの研究によって、一卵性双生児の一人が犯罪者の場合、五〇パーセントの確率でもう一人も犯罪を犯している可能性があることも明らかになった。双子を対象に犯罪と遺伝を研究している犯罪学者のケヴィン・ビーヴァーは、自己コントロールに関しては六〇〜七五パーセントは遺伝だろうと言う。

ビーヴァーは育児の影響はないと言っているのではない。親子のかかわりは複雑だし、環境もたしかに一役演じていると認めている。しかし、その環境の役割は個々の遺伝子型によって条件づけられている。とはいえ、これは多くの人の耳に心地よいメッセージではない。文化的には環境に原因を求めるほうに大きく傾いているし、優生学めいた主張や被害者を責める考え方、犯罪者の家系があるという示唆などには、わたしたちは反発を覚える。わたしがインタビューしたとき、ビーヴァーは「犯罪学の世界では（遺伝に触れると）ろくなことがない」と語った。

だが風向きは変化しているようだ。一つには、エイドリアン・レインという元非行少年の研究者のおかげかもしれない。英国でいろいろと問題を起こしたあと、レインはオックスフォードに進学して心理学で博士号を取得し、世界でも有数の神経犯罪学者の一人となって、いまはペンシルヴェニア大学で研究を続けながら教壇にも立っている。レインが発見したのは、犯罪者とその他の人々のあいだにはさまざまな身体的違いがあることだった。

反社会的人格障害の人たち（法を犯しがちな人たち）は、実際にほかの人々に比べて冷血、つまり血液の温度が低いことがわかった。安静時の心拍数も少ない。汗もかきにくい。長期的な研究では、心拍数が低かった三歳児が一一歳になると攻撃性が強く、二三歳時には犯罪を犯している傾向がみられたという。レインはまたロサンゼルスで二一人のサイコパスの脳を調べ、前頭前皮質（レインが「守護天使」と呼ぶ部分で、辺縁系から湧き起こる攻撃的な衝動の見張り役）がノーマルな脳よりも平均して一一パーセント小さいことを発見した。レインと同僚は別の研究で、殺人者の脳では前頭前皮質の活動が通常の人に比べてかなり低いことを明らかにしている。たぶん理性が働く脳の領域の処理能力が低いので、かっとなったときに暴力を爆発させる可能性が高いのだろう。

このような研究結果から、この人々には自分の行動に責任を取るだけの自己コントロール能力があるのか、またどの程度の罰を与えるべきか、それとも罰するべきではないのか、という疑問が生じる。しかし懲罰に代わる処分（予防措置として生涯、監禁する?）もあまり現実性があるようには思えない。それにサイコパスにはインセンティブが効かないかどうかもはっきりしない。なかには責任を取らされることを知っていて自制する者もあるらしい。怒りに関する研究では、実際に暴力的な衝動のある人でも懲罰や報酬には反応することがわかっている。

怒りのコントロール

アリストテレスによれば、人がわれを失って理性に反した行動をとる理由は大きく言って二つ、喜びと怒りだという。本書ではおもに喜びを取り上げている。だが怒りも自己コントロールにとっては問題で、洞察のきっかけを与えてくれる（さらに喜びのコントロールにも影響する。かっとなって怒りに任せるとき、少なくとも瞬間的な喜びがあることは誰も否定できないのではないか）。

自己コントロールの問題のほとんどがそうだが、怒りもわたしたちの二面性を表している。わたしたちは怒ると「自分らしくない」行動をする。怒りに足をすくわれるのだが、しかしある程度は自分から怒りに身を任せている。強いインセンティブや意志があるときには癇癪を抑えられるという証拠はたくさんある。哲学者は怒りを一種の狂気とみなした。ホラティウスは「怒りは短い狂気だ」と言った。だがこの狂気には理性が一役買っている。そうでなければ自分が侮辱されたことがどうしてわかるのか？「癇癪は理性にある程度の注意を払っている」とアリストテレスは言う。「だが不完全にしか耳を傾けていない。仕事熱心な召使が主人の言葉を終わりまで聞かず、命令を誤解したまま走り出すようなものだ」。

怒りのコントロールが難しいのは、挑発を予想することが困難な場合があるからだ。そのときには、かっとなってから癇癪を抑えるしかない。そこで『ドナルドの昼寝』でドナルド・ダックが試みたように一〇数えるなどの先延ばし策を講じたりする。だがトマス・シェリングが指摘しているように、「怒りのあまりに何をするかわからなくなっているとしたら、どうやって一〇数えるのだ？」

司法の世界はこの問題にずっと昔から気づいていた。だから挑発抗弁というものが存在する。アメリカのジョージア州、テキサス州、ユタ州などでは夫が妻の浮気相手を殺害しても正当な行為とみなされて、犯罪にならない時代があった。ニューメキシコでは妻の殺害さえも赦された。「法律の目的は報復ではなく、人道である」とニューメキシコの控訴裁判所は主張した。「妻の不貞に直面した男性の抑えきれない情熱を法は認める」と。

ただし、ふつう法は妻の側にはこの情熱を認めなかった。たとえばテキサスで一九三〇年代に夫の愛人をピストルで射殺した女性は殺人罪で有罪になっている。正当な殺人だという女性の言い分を法廷は却下した。テキサス州の刑法では「殺人が正当化されるのは、妻の不貞の相手に対して夫が行なった場合」であると明記されており、法廷は杓子定規に法を適用したのだ。

一方、男女どちらにしても情熱的な被告が判事や陪審員の同情を得ることができれば、あるいは映画『アダム氏とマダム』でキャサリン・ヘップバーンが演じたような気の利いた弁護士がつけば、放免されるかもしれない。映画では取り乱した依頼人（ジュディ・ホリデー）が夫と愛人にピストルをぶっ放すが、ドタバタ喜劇の裁判のあと、陪審員が法を無視して無罪を言い渡す（挑発抗弁についての男女差別的な刑法はさておいて、殺人罪に問われた女性被告が男性よりも温情ある判決を下されることは多い。たぶん女性はめったに人を殺さないし、殺人に至った場合には男性被害者による暴力的虐待を長年受けていたケースが多いからだろう。そのような殺人事件でも自己コントロールを失って暴力を奮うのだが、挑発は明らかだ)。

なるほど難しい状況だなと思われたとしたら、その思いは当たっている。ただし、この難しい状況はずいぶん昔、司法制度で(結局そうならざるを得なかっただろうが)犯罪の動機や心の状態が果たす役割を認めたときにすでに生じていた。問題は、法律はわたしたちにどの程度の自己コントロールを期待するのか、ということだ。そして強制以外の要素が(たとえば神経学的な構造が)罪科軽減の材料としていったん認められれば、状況はますます危うくなる。

そこで、「被告と同じ状況に置かれれば、理性ある人間であってもかっとして抑えが効かなくなって当然だとみなされる挑発であれば、法的に(抗弁として)認められる」という原則が司法世界で優勢になって、「挑発抗弁」は広がっていった。

いまでは不貞な配偶者について細かくほじくり出す必要はなくなった。法律の目からすれば、さまざまな痴話げんかや争いで自己コントロールが損なわれる場合があるのだから、元妻や元ガールフレンドその他「大切な人」のすべてが合法的な獲物になる可能性がある。たとえばコネティカット州イーストウィンザーで、一九八七年二月二八日未明にマーク・チカノが元ガールフレンドのエレン・バビットの家を訪れた。寝室の窓の外にひそんだチカノはバビットが別の男性とセックスしているのを聞いた。チカノは家のなかに忍び込んでカップルが寝つくまで待ち、それからバールでバビットの恋人の頭を叩き潰した。バビットの一一歳の息子が入ってきて悲鳴をあげると、チカノは少年を絞殺した。つぎにこれもバールでバビットを殴打して殺害した。裁判でチカノは、激しい感情的動揺のもとで行動した（元恋人が別の男とセックスしているのを聞くことは耐えがたかった）と主張し、陪審員は殺人ではなく過失致死で有罪を評決した。

「挑発抗弁」に逆風が吹き始めたのは、大勢の女性が弁護士や判事、法律学教授として活躍するようになり、法廷は男性にもっと自己コントロールを求めるべきだと主張するようになってからだ。それでもこの問題を研究している法学者のスーザン・ロゼルは、いまでも多くの法廷で「挑発抗弁」が認められているし、最近は理性ある人間にわれを失わせるほどの挑発があったかどうかについて、法廷が陪審員に判断を委ねる傾向が強くなったと述べている。ロゼルはこの傾向が気に入らないと言う。「挑発抗弁は……配偶者の不貞を目撃すれば自分をコントロールできないのもある程度までは当然だ、と平然と主張する。だがこれは真実ではない。わたしたちは挑発抗弁が示唆するよりも、また現代の学説が主張するよりも、激情をもっとコントロールすべきだし、実際にそうしている」。

たとえ怒っていてもインセンティブは効く。だからこそプリコミットメントが効果を発揮する。自己コントロールについて考察し、さまざまな著書を出版したヤン・エルスターは、古代の王について語っている。王は「美しい見事な食器が献上されると気前良く金を払ったが、そのような食器は非常に壊れやすいものだったから、ただちに叩き壊した。そうすれば従者に怒りを爆発させる危険がなくなるからである」。一三世紀のトーラー学者でラムバンという名で知られているラビのモシェ・ベン・ナクマンは、憤怒に注意せよと何度も繰り返して警告した。どんな極端な場合でも憤怒を避けることはできる、とラムバンは考えていた。「決して癇癪を起こしてはいけない。たとえへとへとに疲れていても、消耗していても、失望していても、苛立っていても、ショックを受けていても、混乱していても、恐怖におののいていても」。警告するだけでなく、ラムバンは憤怒を避ける方法も教えている。「そうとうの金額を取り分けておいて、もし怒りに身を任せたら、それを人に与えなさい。その金は癇癪を起こす前にどうしても考え直さざるを得ないくらい多額でなくてはいけない」。

インセンティヴが効くなら、文化にも影響力がある。殺人事件の発生率は世界じゅうで非常に大きなばらつきがあるし、怒りに対する社会的な寛容の度合いも同じだ。たとえば日本ではだいたい怒りは抑えるべきものとされている。心理学者のキャロル・タヴリスは『怒り――誤解された感情』という優れた著書のなかで、人間関係が密な小さい共同体は怒りに不寛容だが、対照的にアメリカ人は怒りに逆に価値を置いている、と述べている。わたしたちの文化では怒りは正気のしるしであり、健康だとすらみなされる。そしてフロイトのおかげで多くのアメリカ人は、感情は水のようなもので抑えれば圧力が高まるから、どこかで吐き出すことが重要だと考えている。この理論によると、感情を吐き出さなければ蓄積されて危険が大きくなるし、爆発させなければ自分自身に向かって自分をダメにしてしまう、という。タブリスは、ほとんどのアメリカ人が怒りについてはこの考え方をとっていて、ブルーノ・ベッテルハイムのような識者までがこの説を信じていたと言っている。鬱病は自分に向かった怒りだと言われてきたし、怒りは胃潰瘍の原因になると信じられていた。

問題は、この考え方が間違っていることだ。鬱病は自分に向かった怒りではないし、胃潰瘍は（怒りではなく）細菌が原因で起こる。怒りを吐き出しても怒りの感情がエスカレートするだけらしい。実際、最近の研究で明らかになったとおり、表情やボディランゲージは両方向に働くので、身体で感情を表現すると感情が増強される。チャールズ・ダーウィンもウィリアム・ジェームズもそのことは見抜いていた。「感情を外に向かって自由に表現すると、その感情は強化される」と、ダーウィンは的確に指摘している。「一方、感情の表現を抑制すれば――抑制が可能な場合には――感情は和らげられる」。

誰でも怒ることはある。だが、ほとんどの場合、自分の怒りにどう反応するかをしっかりコントロールしている。その証拠の一つはペンガモクと呼ばれるマレーシアの伝統的な狂気に取り憑かれた人々だ。ペンガモクの狂気は流血沙汰を引き起こすことが多い。伝統的に一種の狂気とみられてきたが、計画性とは言わないまでも、自発的に狂気に走っているという面がかなりあるらしい。殺人を犯して精神病院に収容されたペンガモクを調べた一九七〇年代の研究によると、いずれも手当たり次第に凶器を手にしたのではなく、伝統的なマレーシアの武器を使っており、「被害者のほとんどは殺人者の知り合いで、批判や苛立ち、挑発のもとになっていた」という。

ペンガモクのなかには被害者を選ぶパターンがはっきりしていて、ときには強い目的意識がうかがえる者もあったから、かなり計画性があったようだ。あるペンガモクは三つのコーヒーハウスを順番にまわって、五人の中国系の人々を被害者に選び出していた。なによりも印象的なのは、マレーシアの社会が寛容から厳罰へと移行したとき（ペンガモクははらわたを取って四つ裂きにされた）、コントロールできないはずの狂気の事件が劇的に減少したことだった。

結局のところ、ペンガモクも自己コントロールを失ったというよりは自分から捨てたようだ。

14. 依存、衝動、選択

ギリシャ人は自分が楽しむことを充分に認めていた。ところがわたしたちは何かが欲しくてたまらず、自分をコントロールできないと、その対象自体に衝動を引き起こす働きがあるせいだとか、子どもの頃や赤ん坊のころ、さらには子宮のなかで受けた心理的損傷がかたちを変えて働いているせいだ、と言いたがるようになった。依存に対するギリシャ人の考え方は無邪気すぎるかもしれないが、人が何かを過剰に消費するのは楽しいからであることを否定するのもまた間違いである。

『高級娼婦とフィッシュケーキ——古代アテネ人の情熱的消費』
——ジェームズ・デヴィッドソン

そういう一見ものすごい問題を克服するのは、じつはそう難しくない。難しいのは克服しようと決意することだ。

——ロバート・ダウニー・ジュニア

病気は現れては消える。南北戦争後の何十年か、良心的な人々はみな神経衰弱にかかった。神経衰弱は現代社会に直面した繊細な魂がかかるとされた漠然とした神経の障害だ。同性愛が病気とみなされた時期もある。いまはそうではないが。病気はいい儲け口になる可能性もある。ジェリトールというサプリメントは「貧血」を緩和すると約束したし、最近では社会不安障害や注意欠陥障害というような新しい病気が、これらの病気と治療法を宣伝する製薬会社をそうとうに潤している。

依存症

現代社会が作り出した最もとんでもない病気は、次々と登場する各種の依存症ではないか。少なくともそのうちの一つが病気とされたことについては、医者でも科学者でもなく、ドワイト・アンダーソンという宣伝マンの力が大きかった。自分自身アルコール依存症だったことがあるアンダーソンは、第二次世界大戦当時、アルコール問題研究会議という医療関係者グループに雇われて、慢性的な飲みすぎの問題に病気のお墨付きを与えるために働いた。

アンダーソンの巧みな助言は一九四二年に発表された独創的な記事としてかたちになった。アルコール依存症者をそれまでとは違って病人として扱うことだ。「病気であれば、治療が考えられる。さらに少なくともある程度までは、当人の責任ではなくなる……そこから、問題の責任は医療関係者、行政府の保健担当部局、そして一般的な大衆に移る」。

もちろんアンダーソンがアルコール依存症という病気を発明したのではないが、世間に広めたのは彼だった。一七世紀の昔、英国の聖職者が教区の人々にアルコール中毒という「病気」

について警告している。アルコール依存症が「あまりに蔓延しているので」「英国中の医師たちが集まっても、どうすれば止められるかわからない」と言われていたのだ。一八世紀には、独立宣言の署名者の一人でもあるフィラデルフィアの偉人ベンジャミン・ラッシュが医師としてこの問題を取り上げ、「酔っ払いは、ある種の遺伝的、家族的な、伝染性のある病気に似ている」と述べている。

だがアルコール依存症が病気だという考え方が社会に受け入れられるようになったのはアンダーソンが登場してからだ。いまではアルコール依存症という病気はすっかり確立したものとなり、かつては自己コントロールの問題とされたその他の自損的なふるまいの数々も医療の世界に組み入れられている。しかも依存にはもう薬物や物質すら必要ではなくなった。人は「衝動（抑制）障害」に対して無力だとみなされ、ヘルスケアの専門家や大衆文化による治療を受ける。米国精神医学会が発行する『精神疾患の分類と診断の手引き第四版（DSM—IV）』には、病的賭博や盗癖を含めたいくつかの依存症が列記されている。大衆文化の場では、ショッピング依存症からセックス依存症、食物依存症、仕事依存症、ビデオゲーム依存症、テレビ依存症、インターネット依存症などなど、数限りない病気が生み出された。このうちのどれかをDSMの次の版に採用するかどうかには議論があるが、すべてが不採用になるとは考えにくい。現在の版の病的賭博の診断基準を見ると、ほかの依存症についても似たような基準ができるのは容易に想像がつく。

身体に化学的に作用する薬物依存と、近年注目されるようになったショッピングやセックスなどの行為への依存を明確に区別することは難しい。これには重要な理由がある。哲学者のゲイリー・ワトソンの言葉を借りれば、「依存は通常の欲望の延長線上にある」。この見方に立つと、依存は自己コントロールを理解するうえで役に立つ。依存ほど短期的な選好と長期的な選好との（欲望に付随することの多い）対立をはっきり示すものはほかにないからである。

依存をふつう以上に執拗な欲望と考えるのには、それなりの根拠がある。人は誰でも快楽を求める。その快楽のもとがドラッグでも行為でも、化学的には同じように作用する。さらにある種の依存症になりやすい人はほかの依存症にもなりやすいことから考えても、問題は依存の対象というより欲望にあるのだろう。

ところで依存症とは何か？　心身に良くないとわかっているのに有害な行為を繰り返し行なってしまうことを指す。たいていは多くの、自分がそのつもりだった以上の時間を費やし、やめようと思ってもやめられず、社会的な活動や仕事を犠牲にして薬物を濫用し、やめると離脱症状に苦しむ。礼儀正しい社会ではこんな症状が病気であることに誰も疑義を呈さないが、わたしは正直なところ、依存症が病気かどうかわからないと思っている。依存症者の行動は明らかにインセンティブに影響されるが、嚢胞性繊維症の症状にはインセンティブは影響しない。それに依存症と呼ばれるものは、X線検査や血液検査で判明する疾患というよりも、不健康な行動パターンに過ぎないのではないか。だとすれば、どうして依存症は病気なのだろう？

一方で、多くの病気が社会的に作られていることも事実だ。病気であることを誰も疑わない問題でも、その多くはある種の行動パターンから生じている。肺がんの大きな原因は喫煙だし、喫煙者はそれをよく知っている。心臓病や糖尿病、肝硬変、高血圧、HIV、その他多くの病気のほとんどは生活を改めれば予防できる場合がある。その点はドラッグやアルコール濫用と同じだが、これらは病気ではないとは誰も言わない。

依存症を考えると、強迫的な抵抗しがたい衝動なるものについてわかってくる。やたらに几帳面な人を強迫的だと言うことがあるし、映画や本を抵抗しがたいほど説得力があると言い、依存症もある意味で強迫的、抵抗しがたいと表現する。だがほとんどの依存症の人たちの行動は、ほんとうの意味で抵抗できないわけではない。たとえばアヘンの依存症になっても(アヘンは依存性が強い)、たいていは三〇代くらいになると専門家の助力なしになんとかやめている。一九七四年ごろから始まった有名な研究があるが、これらの研究によるとベトナム戦争に従軍してヘロイン依存症になった元兵士のうち、アメリカに帰国してから三年たってもヘロインをやめられなかったのは一二パーセントだけだった、とリー・ロビンスは指摘している。多くの人たちは東南アジアでの軍務のストレスから解放されると、ヘロインからも(ふつうは専門家の介入なしに)解放されているのだ。事実、治療の対象になるのは最も難治度の高い人たちのようで、だからこそ治療も失敗することが多いのだろう。俳優のロバート・ダウニー・ジュニアが何度も治療を受けて失敗したのは有名で、依存症は常に強迫的で抵抗しがたいという印象が生まれているようだが、じつは治療を求める依存症患者は特別なのかもしれない。

また依存症の発生率は時代や場所によって大きく違うことも指摘しておくべきだろう。ドラッグの濫用もほかの欲求行動と同じで、強迫的な衝動というより習慣の産物という面が大きい。第二次世界大戦後に生まれたアメリカ人のドラッグ依存症の割合は、戦前のアメリカ人に比べて何倍も高く、ほかの精神疾患の年齢層による違いをはるかに超えている。ストレスが大きくて、大金が動き、自己中心的なカルチャーに染められているハリウッドは、とくに薬物依存につながりやすいようだ（メル・ギブソン、リンジー・ローハン、ケルシー・グラマー、チャーリー・シーン、ライザ・ミネリ、その他数知れない例がある）。依存については、食生活やショッピング、怒りの発散、その他の快楽のかたちと同じように文化の違いが大きく影響するらしい。

歴史を考えると、社会的圧力や法律の知的な運用その他の要素も効果的な解決策になる可能性がある。一七九〇年、平均的なアメリカ人は一年に二・五ガロン（九・四リットル）の酒を飲んでいた。だが、一九世紀初めの三〇年でアルコールの消費量は急増し、一八三〇年ごろには年間平均消費量が純粋アルコール換算で七ガロン（二六・五リットル）になり、ある歴史家は「アルコール共和国」と呼んだくらいだ。見よい景色ではなかっただろう。あちこちに酒場があって暴力がはびこり、多くの女性や子どもは混沌として暴力的な家庭生活にさらされた。

その後、文化が変化した。プロテスタントの信仰復興運動の波が広がり、自己コントロールが宗教の領域に組み入れられて、節制運動が全国で始まった。歴史家のジャクソン・リアーズは語っている。「福音派の牧師たちがコントロールの文化を広める主要な力になった。人としての選択が精神的な秩序の中心に置かれることになった」。言い換えれば運命論がはやらなくなって、自由意志が重要視されるようになった。その結果、アメリカ人は生き方を改めた。一八四五年には、一人当たりのアルコール消費量は年間二ガロン（七・六リットル）足らずにまで減った（数値は調査によって異なるが、変化の方向と大きさは一致している）。地方行政当局が認可する酒場の数は減り、多くの店主たちは酒をストックしておくのをやめた。賭博や競馬それに闘鶏などの血なまぐさいスポーツなども酒量とならんで減少した。

インセンティブとの関係

依存症がインセンティブに影響される事実は、これが治療不可能ではないことを示している。たとえばドラッグ依存症の治療成功率は高くないが、治療後も不意にドラッグ検査をされて、結果次第で免許や仕事を失う恐れがあるパイロットと医師の場合は別だという。この二つの職業の人たちは、依存症が再発したときに失うものの大きさをよく知っているので、治療の成功率が非常に高い。また、効きめがあるのは厳罰の脅威だけでもなさそうだ。映画のチケットをご褒美にするというような穏やかなプログラムでも、ある程度の効果があるという。

価格も消費に影響する。その価格（代償）が早死にというような深刻なものではなくても、である。エコノミストのフィリップ・クックとジョージ・タウチェンは、酒税が引き上げられると慢性的な深酒の指標とも言える肝硬変が減ることを発見した。マリファナやコカインなどの合法化に反対する人たちは合法化すれば濫用者が増えると言うが、法律や懲罰で濫用者の数が違ってくるなら、そのような依存は強迫的で抵抗できないわけではなさそうだ。

インセンティブはたぶんほとんどの依存症に影響を及ぼす。一ヵ月間、我慢したら一〇〇万ドルあげると言われたら、ほとんどはその間は薬物に手を出さないだろう。ジョン・チーヴァーは酒を止められない自分を「弱い人間、根性なし」だと評した。ある意味では、この自己批判はきつすぎるかもしれない。チーヴァーがこう書いた当時でも、アルコール依存症は病気だとされていたし、ほかの多くの自己規制の障害と同じに遺伝の要素がかなりあるとみられていたからだ（何年かのちに娘のスーザン・チーヴァーも依存症との闘いについて記している）。しかし一方では、根性なしというチーヴァーの言葉は、彼が自分から進んで酒に手を出したことを示唆している。酒を飲んでいるが、ほんとうは飲みたくない、ということがあり得るだろうか？もしそうなら突然エイリアンハンド・シンドロームを発症して、映画のなかのストレンジラブ博士のように自分の手が勝手に動いたということなのか？　チーヴァーが脳の半球の一部を切除していたのでない限り、そんなことはないはずだ。

長年苦労してきた妻がチーヴァーの頭に銃を突きつけ、「瞬きをしないで。瞬きすると撃ちますよ！」と脅したとする。いくら脅されても自律神経系の働きは止められないから、チーヴァーは必ず瞬きをするはずだ。これについては、チーヴァーには選択権がない。今度は、もっと現実的に考えよう。妻がたぶん一晩中怒ったり泣いたりしたあげくに耐え切れなくなって、「飲まないで。飲むと撃ちますよ」と言ったとする。チーヴァーはきっと飲まないだろう。ということは、チーヴァーの飲酒は我慢するのが難しいとしても、抵抗できないわけではない。頭に銃を突きつけられても、アルツハイマー病の症状も多発性硬化症の症状も消えはしない。

ここで、どうしようもない強迫的な衝動とは何を指すのかを考えたほうがいいかもしれない。この言葉はこの何十年か拡大解釈されて真意が不明になった。車を運転中に信号で停車したところ、竜巻に車ごと巻き上げられた。これはたしかにどうしようもない。そんな目にはあいたくないが、自然の力には抵抗できない。だが依存症はどうか？　もし依存症がどうしようもないのなら、どうして依存をやめられる人が大勢いるのか？　依存症はどうしようもない、自分の意志に反して行動してしまうのだ、というなら、欲求を満たす一方で、（治療を求めたり、ドラッグや金を捨てたり、警察に出頭して）自分の意志を行使しないのはなぜなのか？

依存症はほかの多くの行動と同じで、少なくともある程度は自発的なものではないのか。一般には心理学者のジーン・M・ヘイマンが言うように、「ある行動がどのくらい自発的かは、結果によって行動がどの程度左右されるかによって測られる」。そして依存症は行動の結果によって変化することがわかっている。依存症は仕事の成果も、家計も、配偶者との関係も損なう。健康にも良くない。違法なドラッグが欲しくて泥棒したり、もっとひどいことをする可能性もある。こうした結果を、一〇代や二〇代初めの若者はあまり気にしない。リスクを冒すことにあまり抵抗がなくて、ドラッグ使用が始まるのがいちばん多い世代だ。だが二〇代終わりになると、そういう人たちもドラッグをやめたり減らしたりする（依存症の人たち全員がぱっとやめるわけではないが）。このころには脳が成熟して、自己コントロール能力が大きくなるのかもしれない。また二〇代終わりになると、おとなとして責任を取らされることに気づき、家族を守って仕事を続けたいと思うのが充分なインセンティブになるのかもしれない。

依存症が自発的ではないかというのには、ほかにも理由がある。知識だ。依存性のある薬物の利用者の多くは、依存症のリスクがあることを最初から知っている。それに長く使えば使うほど依存症のリスクが高まることもわかっているだろう。もし知らないとしても、知っているべきだと考えていいのではないか。人が大勢いる都市部の公園に矢を打ち込む人間は誰かが怪我をする可能性が高いと知っているべきだ、というのと同じだ。とくにタバコの場合は知識の役割がはっきりしている。ニコチンは依存性が高いが、タバコが生命を縮めることが知られてからは、大勢の人が（助けなしに）禁煙している。このことは、ほんとうはどうしても吸わずにいられなかったわけではないことを示している。

恐るべきピーナツ効果

さて、依存症に（どんな欲求もそうだが）生理的な要素が働いていることは明らかだ。依存症の強迫的な衝動は使用した薬物による脳の変化が引き起こしている、という説もある。遺伝性を指摘する人たちもいる。明らかに遺伝子は依存症にも自己コントロールにも一役買っている。犯罪と同じで、依存症も広く言えば自己コントロールの問題であることが多い。ある研究によると、「喫煙者、アルコール依存症者、ドラッグ依存症者、病的な賭博者らはすべて、運動性の衝動と遅延による価値割引の異常があり……この異常は前頭前皮質の活動低下に関連している」という。言い換えれば、依存症の患者は（「だるまさん、ころんだ」という子どものゲームでわかるように）自分の行動を抑制することが難しい。そしてほかの人よりも将来に置く価値が低い。この意味で、依存症の問題は自己コントロールの機能が存在するとされる前脳に障害を受けた人たちが抱える問題に似ている。要するに依存症になる人たちはふつうの人たちより欲求の処理が下手なのだ。

だが、生化学の作用や遺伝子の働きがあるとしても、依存症にまったく自発的な行動の要素がない、ということにはならない。ヘイマンは、あらゆることで脳は変化するし、脳の基本的な特徴は可塑性だが、だからといって選択肢がなくなるわけではない、と指摘している。それに遺伝性があるからどうしようもないわけでもない。すべての行動は遺伝の影響を受けているし、それでもわたしたちは自由を奪われているわけではないからだ。依存症者の行動が明らかに自己破壊的でも、だから強迫的でどうしようもないのだということにもならない。人は始終間違った選択をするし、それでもあなたの選択は自発的ではなかっただろうとは誰も言わない。

ところで、強迫的でどうにもならないような行動がないともいえない。拒食症の患者や強迫性障害の患者などは意志の障害に苦しんでいるように見える。これらの人々はまるで侵入したエイリアンに自主性を奪われて操り人形のように動かされ、生命のもとであるカロリーを拒否したり、ガスの元栓を一〇〇回も確認しなくてはいられないようだ。そして一部の依存症の人たちも同様に意志をハイジャックされたか、意志そのものに欠陥があるのかもしれない。この人たちはほかにも心理学的な問題を抱えていることが多く、死ぬまで飲み続けたり、麻薬を注射し続けてしまうこともある。

この人たちは病気だと言うべきなのかもしれないし、「依存症」という言葉は、このような難治のケースにだけ使うように改めるべきなのかもしれない。自分の欲求に立ち向かう気を起こせば行動を変えられる大勢の喫煙者やコーヒー好き、インターネット・サーファー、コカイン・ユーザーは除外したほうがいいのではないか。長年のあいだに、あまりに多くの行動が自発的な行動の領域から非自発的な行動の領域に移されてしまった。まるで呼吸を止められないのと同じにショッピングも止められないかのようだ。だが、何らかの行動を非自発的な行動の領域に組み入れるたびに、わたしたちは自分の自主性を少しずつ削り取っている。

古代ギリシャ人のように、わたしたちが依存症と呼ぶ行動の多くはじつは習慣性のある快楽の追求なのだと認めたほうがいいかもしれない。依存症になるいちばんの理由は、自己コントロールの中心的な問題、つまり短期的な快楽に価値を置きすぎるからだ。ドラッグを使用したり、サイコロ博打のテーブルに向かう人たちは快楽を求めている。当人は麻薬をもう一度注射すること、あるいはサイコロ博打をもう一度するという決断を、真空状態のなかで行なっているつもりかもしれない。行動経済学の専門家はこれを「ピーナッツ効果」と呼ぶ。どんなことでも、それ自体は大きな人生のなかではピーナッツのように些細なことだからだ。

だが、選択は積み重ねられる。一つが他に影響し、短期的な快楽の選択を積み重ねていけば長期的には大きな悪影響が出る。これが依存症のジレンマで、だからこそあらゆる種類の依存症が蔓延しているのかもしれない。技術の発達によって、クラック・コカインやビデオゲームなど快楽を提供して誘惑する品物が量産されるようになったし、短期的な快楽に対する文化的な障壁や実際的な障壁は以前よりはるかに低くなっている。

15. 明日があるから

誰でもものごとを先延ばしにするが、わたしほどそれが得意な者はいないかもしれない。才能と経験をもとに、また膨大な先延ばし戦術のレパートリーを駆使して、わたしはあらゆることを無限に先延ばしする方法を発見できる。

たとえば、あるときはオフィスを片づける。別のときには、請求書の支払いを済ませなければ、水まわりの工事を依頼しておかなければ、その他一見生産的に見える雑事をしてしまわなければ仕事にはかかれない、と自分に言い聞かせる。もちろん、インターネットはいつだって仕事の邪魔をしようと待ち構えている。おやつや飲み物も頻繁に口実になる。セックスのあとにタバコを吸いたくなる人たちがいるのと同じで、わたしは仕事の前にはスナックがほしくなる。それに十八番の「機が熟していない」という言い訳もある。まだまだ準備が整ってないじゃないかと思う。いま書くべきことを書くには、それがかたちにならないといけない、水死体のようにぽっかりと無意識の淵から浮かび上がってくる必要があるというわけだ。

先延ばしは自慰と同じで最も後ろめたい快楽の一つだろう。自分のためにする、代用品のない快楽で、決して公共の面前ではできない。だが社会全体が先延ばしをすることだってある。ニューヨーク市は費用や工事の迷惑に直面するのを嫌がって、セカンド・アベニュー地下鉄建設工事を何十年も先延ばしにしてきた。車社会では、費用をかけて建設しても誰も使わないかもしれない鉄道システムの工事を遂行するよりも、ガソリンや駐車場に高い税金をかけて自動車運転を抑制するほうが簡単なのだ。借金すれば苦労は先延ばしできるし、いつまでもどこにも通じない線路を建設していれば何かをしているようには見える。どちらもどこにでも見られる典型的な先延ばし策だ。

安心していい。先延ばしはどこにでもある。デポール大学の心理学者ジョゼフ・フェラーリは先延ばしの研究で業績をあげた人だが、アメリカ、オーストラリア、ペルー、スペイン、トルコ、それに英国で調査を行い、先延ばしに関してはとくに国民差はないことを発見した。動物にさえ、先延ばしをするものがいる。そして自己コントロールに関連する事柄の多くがそうであるように、ここでもドーパミンが一役演じているらしい。

国立精神衛生研究所（NIMH）の研究によると、ある種のドーパミン受容体を数週間働かなくすると、サルがワーカホリックになるという。レバーを押すという訓練済みの単純な作業に復帰させたあと、「報酬までの時間がどれほど引き伸ばされても、時間とは関係なく作業の失敗の頻度が低いままであることからわかるように、サルは極端なワーカホリックになる」と、NIMHの研究者バリー・リッチモンドは言う。「サルには珍しいことだ。人間と同じで、サルも報酬をもらえるまでに多くの作業をしなければならないのを知っていると、先延ばしにして怠けたがる」。

先延ばし（procrastination）の病は大昔からある。もともとは「明日まで延ばす（procrastinare）」という意味のラテン語から発している。古代ギリシャの詩人ヘシオドスは紀元前八〇〇年ごろに「仕事を明日まで延ばしてはいけない」と警告し、そんなことをする人間は「いつも破滅と背中合わせだ」と脅した。ローマ人のキケロは「どんなことであっても遅いのと先延ばしは憎むべきだ」と言った。だが先延ばしがほんとうに問題にされるようになったのは一七五〇年ごろ、産業革命の広がりとともに共同で生産活動を行う人たちの行動をしっかり監視する必要が生じてからではないか、という人たちもいる。サミュエル・ジョンソンは一七五一年に先延ばしを評して、「ありふれた弱点の一つ、道徳家がいくら叱ろうと、理性が諫めようと、多かれ少なかれ誰の心にも潜んでいる」と述べた。ジョンソンと同時代のフィリップ・スタンホープは、「今日できることは決して明日まで延ばすな」と助言している。

この先延ばしの短い歴史を教えてくれたのはカルガリー大学の心理学者ピアース・スティールだ。スティールもこの問題の専門家で、少なくともある研究者たちによれば先延ばしはどんどん広がっているらしい、と報告している。このような研究はそう易しくはない。関連文献のなかにはジョークやいたずらが限りなく混ざっていて、チーズを使ってマウスの先延ばしを調べたスティルトンとエダムの共同研究の引用などというものまで出てきたりする。しかしスティールは真剣に取り組み、作業の好ましさや先送りに対する当事者の鋭敏さなどの要素を捉えるおもしろい公式を編み出した。さらに八一のクイズに答えると自分の先延ばし傾向が測れる先延ばしウェブサイトまで（ウェブサイトはみんな先延ばしの手段だと思うが）作っている。ただし、そんなクイズに答えるという事実だけで、答えは知れていると思う者もあるだろう（興味のある方はググっていただきたい）。

先延ばしは典型的な自己コントロールの失敗だ。ほとんどの場合、先延ばしするよりも先延ばししないほうがいいに決まっている。結局、仕事はしなくてはいけないのだし、先延ばししても仕事は容易にはならない。それに先延ばしはほかの自己コントロールの欠陥とも関連している。研究によると、先延ばしをしがちな人は自己コントロール能力を調べる質問表で点数が低いし、心理学者が誠実さと呼ぶ性格の質問表でも点数が低い。ギリシャ人が言いそうな表現を借りれば、先延ばしは「意志薄弱」の一例であり、アリストテレスは「無力」と呼んだ。つまり仕事があるのも、仕事をしなければならないのもわかっているし、呪文を唱えたら仕事が完了するなら呪文を唱えるだろうが、どうしても仕事をする気力を奮い起こせない状態である。

先延ばしはドラッグ

人は楽しくない、あるいはめんどうなことを先延ばしする。いやな会見、負担の大きな宿題、ガレージの掃除。気後れするほど難しい仕事なら、とくに先延ばししたくなる。報酬を得るまでに時間がかかること（たとえば博士号取得が六年先で、しかもその後も就職できる保証はないなど）も先延ばしされがちだ。

だが先延ばしで重要なのは、先延ばしされる行為だけではない。先延ばしする人間にも注目すべきだ。誰にも負けない長年の経験をもとにしたわたしの理論によれば、先延ばしする人は気分転換や気晴らしによって自己嫌悪を癒そうとしている。トルストイが、人はなぜタバコを吸ったり酒を飲んだりするのかといえば「ただただ、良心が発する警告の声を消してしまうため」だ、と言ったのと同じである。

先延ばしを薬、ドラッグの一種だと考えてみよう。気分を変えてくれる薬、若干依存性があって、大量に摂取すると有害で、一種の変性意識の状態、つまりうろうろふらふらする特殊な気分に導いてくれる薬だ。こういう見方をすると、先延ばしは自己コントロール問題の主流にどっかりと座ることになる。自己コントロールの問題の多くには、自己治療という大きな要素があるからだ。よくわかる例がドラッグ依存やアルコール依存だが、強迫性障害も不健康な行動パターンによって、たとえ一時的であれ不安を解消しようとしている。ドアの鍵や蛇口をもう一度確認したいという思いはかゆみのようなもので、かけばそのときはすっきりする。

仕事をしなければならないと思うと不安になったり落ち込んだりするときには、自己治療したくなるのも無理はない。だから先延ばしは気分転換の技術なのだが、ただし（食べたりドラッグを使用したりするのと同じで）近視眼的ではある。だが、それで気分が良くなると思えば、どうしたって先延ばししたくなるだろう。自己コントロールに関してはアメリカで有数の研究者である心理学者ロイ・バウマイスターと二人の共同研究者が八八人の大学生を対象に調査を行なっている。大学生たちはアロマテラピーと色彩が気分に与える影響を調べる実験だと告げられた。また数学を含む知能テストもすると知らされ、一〇分から一五分練習すると点数が上がると言われた。しかし準備の時間は好きなように使っていい。部屋にはさまざまな「暇つぶしの道具」が備えられていた。

学生たちの一部はつまらない「暇つぶし」(幼稚園生対象のパズルや古い技術雑誌など)しか与えられなかったが、別の学生たちにはおもしろい「暇つぶし」(ビデオゲーム、やりがいのあるプラスチック製パズル、人気のある雑誌の最新号など)が与えられた。それから学生たちは気分が良くなる、あるいは悪くなる文章を読むように指示された。また一部の学生は確実に気分を鎮める効果があるキャンドルの香りを嗅いでくれと言われた。もともとアロマテラピーに関する調査ということになっていたからだ。

この実験から何がわかったか？　いちばん先延ばしがひどかったのは、気分が悪くなっていて、しかも嫌な気分を変えることができると考え、さらにおもしろい「暇つぶし」の道具を与えられた学生だった。このグループの学生たちは一五分の準備時間のうち一四分をサボって過ごした！　自分の嫌な気分は変わらないと思った(気分を良くするキャンドルを与えられなかった)学生がサボった時間は六分未満だった(気分が良くなった学生でも、気分を変えられると思った者はもう少しサボった時間が長かった)。

この実験からわかるのは、わたしたちが先延ばししてサボることで気分が良くなると思っていることだ。だがこの治療法は病気よりも始末が悪い。仕事を先延ばしにすると、ふつうはますます不安になり、落ち込む。仕事にとりかかったと考えてみよう。eメールをチェックするのも、ほかの一時的な気晴らしを選ぶのも自由だ。だがデスクからは離れない。キーボードを前にしている！　それでも目の前にある抜け道を通り、『フィナンシャル・タイムズ』の記事を読んだり、eBayで格安商品を探したりして気晴らしをしたくなる。劣等感について解明してくれた偉大な心理学者アルフレート・アドラーは、神経症とは「無意識の抑圧ではなく、手に負えない作業を回避しようとする意図的な策略である」と考えていた。この基準からすれば、先延ばしはまさに神経症だろう。

劇場としての先延ばし

先延ばしは策略だ。わたしたちはほんとうのことを知っているが、しかし騙されたいと強く願っている。たとえば人は仕事に必要な時間や努力をいつも過小評価する。実際には過小評価だと知っていても、である。「たとえば科学者や作家はプロジェクトを完成するのに必要な時間を過小評価するので有名だ」と心理学者のダニエル・カーネマンとエイモス・トヴェルスキーは言う。「過去の失敗から考えて、計画したスケジュールどおりに進めるべきだとわかっているときでも、過小評価してしまう」。

カーネマンとトヴェルスキーはこれをプランニングの誤りと呼んだ。プランニングの誤りはどこにでもあるし、とくにめんどうな仕事に直面したときには起こりやすい。多くの実験によって、人はいつも実際より早く仕事が終わると予想することがわかっている。このような行き過ぎた楽観主義者はアメリカ人だけではない。日本でもカナダでも同じだという。仕事に要する時間を過小評価することで（そして仕事を先延ばしにすることで）得る利益のほうが下手なプランニングのコストよりも大きい場合がある、という人もいる。真の仕事量に怯えて逃げ出さないためにも、自分を騙すことが必要なのかもしれない。それに仕事を実際より簡単だと考えて良い気分になっていたからこそ、後になって仕事に取り組む元気が出るのだろう。

プランニングの誤りは自発的なもののようだ。結局、いくら失敗を経験してもやってしまうのだし、インセンティブに影響されるからである。興味深い研究がある。大学生にアナグラムのパズルを解くように指示して、かかる時間を予想させると、正確な予想に報酬を与えたほうが予想の確度が上がる。かかる時間は対照群のグループと同じだから、予想にあわせて時間を調整しているわけではない。報酬がもらえるとわかると、過度な楽観主義が消えるらしい。そして実際にこちらのほうが予想よりも早く作業を終えている。

先延ばしにする仕事よりも楽しい作業を見つけて気晴らしをすることもある。たとえばうちのなかの雑用をどうしてもしなければならないと思う。小説の書き方を尋ねられたヘミングウェーは、まず冷蔵庫を掃除すること、と答えた。あるいは仕事の最初の段階でぐずぐずする。わたしの息子の一人は毎晩サキソフォンを練習することになっているのだが、練習の前にサキソフォンをケースから出してリードを湿らせるのにあきれるほど長い時間をかける。この種の先延ばしが極端になると病気と診断されるのだろう。「一次性強迫性緩慢」という言葉は、強迫性障害の患者が着替えや外出の支度など、なんにでもやたらに長時間かけることを指している。

心理学者のジョン・サビーニとモーリー・シルヴァーは、わたしたちが仕事を先延ばしにするときの行動について、とくに鋭い指摘をしている。ほんの一時のはかないことなのだが、象徴的な価値がある、というのだ。深刻な先延ばしをする場合、よほど時間があって締め切りがはるか先でない限り、友だちと出かけたり、パーティを開いたりはしない。いよいよ締め切りが迫って、いやいやデスクに向かう。しかし、あらゆることが気にかかり、集中できない。そうやってぐずぐずしているうちに時間が過ぎ、床に就く時間になってもまったく仕事ははかどっていなかったりする。後ろめたい思いをしながらコンピュータでソリティアをするより、友だちと出かけて楽しんできたほうがましだろうに。

ところで、先延ばしの重要な要素として劇場性がある。わたしたちは仕事をする気があることを他人だけでなく自分にもドラマチックに伝えなくてはならない。だからこそ学期末レポートを書かなければならない学生は、外出して意味のあることをしたりはしない。代わりにデスクに向かっているのだが行き詰まり、ちょっとフェイスブックをのぞいてみようと考える。あるいはヤフーのゴルフ記事や、(この前、仕事を先延ばしにしているときにeBayで購入した)デスクに置く新しいフロイト像を包んだよその地域の新聞に興味を引かれたりする。この学生は別にゴルフ好きではないが、レポートを考えるとストレスが大きいし、出かけて何かする気にもなれない。ゴルフ記事はほんの小さなことだし、とくに楽しいわけでもない(楽しい記事だと後ろめたさが大きすぎる）。こんな気晴らしはありがたい麻薬だが、後味は苦い。サビーニとシルヴァーの指摘でとくに重要なのは、デスクに向かっている学生は「真剣に」気晴らしはしない、ということだろう。「不合理な先延ばしは仕事の態勢を維持しようとする試みだと言えるかもしれない。それは『先延ばしフィールド』とも言うべき状態だろう」。

仕事を先延ばししてサボるのはポテトチップを食べ過ぎるのと同じで、そのあいだは楽しいにしても、いい気分ではない。それに疲れる。いずれしなくてはならない（しかも後になるほど難しいかもしれない）ことを回避し続けるには相当な集中力が必要だったりする。目の前の仕事から注意をそらし続けなくてはならないし、それにはエネルギーがいる。すべてを解決するたった一つのことを（やりたくない仕事に取り組むことを）避けるだけのためなのに、なんという浪費だろう。

先延ばししてサボるのはもともと非合理的だ。合理的な遅延ならばサボりではない。だがある種の近視眼的な見方だと、先延ばしに合理性があるように見える。サビーニとシルヴァーはこんな事例を挙げる。数週間で論文を書くことになっているとしよう。だがいまはこれから五分間に何をするかを決めなくてはならない。ピンボールで遊んでも論文にはたいした影響はないし、そのほうがずっと楽しい。次の五分にも、多少の変化はあっても同じ理屈があてはまる。こうして締め切りまでの時間のほとんどが費やされる。ここではあらゆる種類の依存症と同じで、ちょっと気分を良くしようとしているだけだ。だが、サビーニらはそんなことは認めない。「不合理な先延ばしをする方法の一つは、きわめて短い持ち時間に関して合理的な計算をして行動することだ」と切って捨てる。

先延ばし、罪悪感、屈辱感

先延ばししてサボるのは後ろめたい快楽だが、罪悪感というよりも屈辱感と関係があるようだ。屈辱感は罪悪感とはまったく別ものだ。残念ながら、罪悪感と屈辱感は同じように扱われてきた。

二つのなかでは罪悪感のほうがたちがいい。罪悪感の対象は自責や後悔を感じる行動だ。何かについて罪悪感をもてば、謝るかその行為を打ち消したり修正したりしようと思うだろう。

罪悪感が自分のしたことについて感じるものであれば、屈辱感は自分自身について感じる。屈辱感は自分を価値がない人間だと思うという意味だ。自分がしたことをひどいと思うのではなく、自分はひどい人間だと思う。罪悪感があると行動やふるまいを変えようとするが、屈辱感なら自分のどこかを変えなくてはならない。コールリッジが言ったように、「魂を窒息させそうな屈辱感」は実に悲しい。罪悪感よりも表現しにくく、もっと苦しい。屈辱感は自分が劣った小さな人間だと思い、他人に否定的な目で見られていると感じることだ。罪悪感ならば行動を改めようと思うが、屈辱感はただ隠したい。

心理学者のジューン・タンネイはロンダ・L・フィー(後にディアリング)との共同研究で、屈辱感と罪悪感、完全主義、誠実さ、その他について八六名の学生にアンケートを実施し、先延ばしてサボる傾向は屈辱感を感じやすいことと関連するが、罪悪感とは関係がないことを発見した。

屈辱感はほかの自己コントロールの問題にも関係している。タンネイらは三八〇人の子ども(と両親、祖父母)を対象とした調査で、「五年生で屈辱感を感じやすかった子どもは高校生になって停学になったり、さまざまなドラッグ(覚醒剤、抑制剤、幻覚剤、ヘロイン)を使用したり、自殺未遂を起こす率が高かった。また屈辱感を感じにくい子どもたちに比べて、大学に進学する率も、コミュニティサービスに従事する率も低かった」ことを明らかにしている。

これは罪悪感を抱きやすい子どもときわめて対照的だ(この結果は社会経済学的地位による違いを修正した後も変わらなかった)。「五年生のときに罪悪感を抱きやすかった子どもたちはそうではない子どもたちに比べて大学進学率が高く、コミュニティサービスにもよく参加している。自殺未遂やヘロインの使用、アルコールやドラッグの影響下の運転も少なく、酒を飲み始める年齢も高い。罪悪感を抱きやすい五年生はのちに逮捕されたり、有罪判決を受けたり、実刑になることも少なかった。青年期になってからは性関係をもつ相手が少なく、『安全なセックス』をして避妊具を使用する率が高かった」。

屈辱感は罪悪感のたちの悪い双子のようだ。罪悪感の対象は行動であり責任なので、全体的に自己コントロール(人との共感も)を高めるように働く。だが屈辱感はただ破壊的なだけで、当人は他人だけでなく自分にも辛く当たることになる。また自殺の引き金になることはよく知られているし、さまざまな研究でも薬物依存とつながりがあることが明らかにされている。屈辱感が醜く後ろ暗くて自分を傷つけることは、アーヴィング・ゴッフマンの名著『スティグマの社会学――烙印を押されたアイデンティティ』を読むとよくわかる。

「われわれの長期的な家族研究によれば、屈辱感の痛みからは何も良いことは生まれないようだ」とタンネイとディアリングは述べている。「屈辱感が問題行動の抑制につながるという証拠はない。屈辱感は若者の犯罪行動を抑止することにはならないし、危険なセックスの抑止力にもならない。責任ある運転を促進することもない。それどころか、建設的なコミュニティサービスに参加することも妨げるようだ。一方、罪悪感は倫理的な感情の強力な要素であるらしい」。

詳しく見れば見るほど、屈辱感は病気のように思われる。そして多くの病気と同じで、少なくとも部分的には遺伝的な要素があるらしい。というか、少なくとも罪悪感よりは遺伝的な要素が強いようだ。一九九五年に一六〇人の双子を調べた調査でそのことが明らかになっている。それに比べて罪悪感は環境の影響が大きいらしい。

屈辱感と罪悪感には共通点がある。どちらも嫌な感情を避けたいがための先延ばし、サボリ行為を誘うことがある。またどちらも先延ばしのサボリから生じる場合がある。先延ばししてサボっていると嫌な気持ちになる。だから先延ばしのサボリ行為は原因であり結果で、逃げ道であり悪化要因だということになる。ふつうはぐずぐずと先延ばしするのはやめようと決意すれば止められるが、どうも先延ばしする性質そのものに遺伝的な面があるらしい。双子の遺伝子とパーソナリティを調べた別の調査によれば、先延ばししたがる傾向のほぼ二二パーセントは遺伝的に決まっているらしいという。

動機争い

先延ばししてサボる傾向が高まっている理由の一つは、仕事の変化にある。技術のおかげで（技術は自己コントロールの大敵の一つだったことを思い出していただきたい）、暮らしを立てるための仕事が変化し、ぐずぐずしやすくなったのだ。

たとえば組立ラインで仕事をしていたら、ぐずぐずとサボるチャンスはほとんどない。人気コメディ『アイ・ラブ・ルーシー』でルーシーとエセルがチョコレート工場で働くエピソードがあったのを覚えておられるだろうか？　だが（いまはたいていの人がそうだが）デスクに向かう仕事だと、仕事の成果を日々測ることはほとんど不可能だから、サボりは避けられないだろう（会社によってはそれでもがんばっている。たとえばベスト・バイの本社では成果のみを重視する仕事環境――ROWEを導入して、時間のような仕事へのインプットではなくアウトプットで業績を測定するという）。

問題は、生産性を高めるのに貢献している今日の技術進歩が先延ばしのサボり行為を助長する働きもしていることだ。なにしろわたしたちの多くが仕事で使っているいちばんのツール（インターネットに接続されているコンピュータ）は、eメールをチェックしようか、チャットに参加しようかと考えて仕事をサボりたくなる最大の誘惑源でもある。仕事を抱えていても、何百ものウェブサイトが奏でるセイレーンの誘惑の歌声は耳を捉えて放さない。だから現代の「知識労働者」は、当人が日夜仕事に励んでいると言っていても、その時間のすべてを仕事に費やしているとは限らない。

気が散るのは昔から問題だった。「神経質な彼の日々は細かなことに費やされて終わる」と、トーマス・マンは自作の小説の主人公で一八七〇年代のビジネス・エグゼクティブのトーマス・ブッデンブロークについて書いている。「数え切れない細かなことはどれも重要ではないのだが、意志の弱さのゆえに、彼は時間の実り多い合理的な使い方を決断できない」。

しかし現代のほうがどうしたって気が散りやすいことは否定できない。いまのわたしたちは、いわば有害な動機があふれる環境に暮らしている。集中しようと思っても電話やeメール、インスタントメッセージ、うるさい同僚や魅力的な同僚に始終邪魔されるし、市場経済はつねに新しい商品をちらつかせてわたしたちの欲求をくすぐる。いつでも目新しいものがあらゆる方向にひらひらと通り過ぎていく海を泳いでいるようだ。だから、仕事を先延ばししてサボりたくなる誘惑にいつも取り囲まれている。ピアース・スティールは「アイスクリームを載せた魔法のスプーンに追い回されつつ、ダイエットしようとがんばっているようだ」と言った。

サボリの誘惑に囲まれた仕事とそんな誘惑がまったくない仕事の違いは、とくにわが家でははっきりしている。歯科医の妻は職場ではそんなチャンスはないので、サボるなら家庭しかない。妻の日常はスケジュールがタイトだし、不安そうな患者がいつも彼女の顔を見つめている。この違いは大きい。妻はどれほど疲れていても、仕事になるとがんばる。
一方、物書きはサボることしかしていないのでは、と思うことが多い。

明日、書こう

いつか、屈強な男たちが酒場を回って歩き、市民にマスケット銃をつきつけて、さあ物書きになれと脅す日が来るかもしれない。それまでは、物書きは強制されたのではなく自分からこの職業を選んだとみていい。だから彼らは書きたいと思っているはずだ。それならなぜ物書きは先延ばししてサボることで有名なのか。

わたしが思うに、一つにはものを書くには抽象的な思考が必要だからだろう。そこが目に見える具体的な仕事と違う。抽象的な思考の報酬ははるか遠い未来にしかないし、それどころか報酬がまったく得られないことだってある。それにいまは抽象的思考の場はインターネットにつながったコンピュータの前だ。これ以上にサボりたくなる仕事環境が考えられるだろうか？

自分はどんなときにいちばんサボってだらだらするかを分析すると、何かよけいな思考や記憶が浮かんだときだとわかるだろう。その理由は自意識にある。抽象的な思考はじつにさまざまなことへの扉を開く。ある意味では「わたしの人生は自分自身からの長い逃避行だ」というサミュエル・ジョンソンの言葉は誰にでもあてはまるのではないか。

ロイ・バウマイスターは、わたしたちの頭のなかのプロセスには階層があると考えている。

高い階層のプロセスは時間的なスパンが長く、意義も複雑で、ゴールも抽象的だ。この高い階層のプロセスが低い階層のプロセスより優先されないと、自己規制に失敗する。いちばんいい例が先延ばしのサボりだ。

デスクに向かってパソコンのモニターを眺めながら、山のような複雑な材料を整理し、読みやすい文章にまとめようとしているとしよう。そこでふっと、この前（たぶん前日に）仕事をする代わりにぐずぐずと遊んでいたことを思い出して、あれはまずかったな、と考える。そう思えば、当然自意識が苛まれていやな気分になる。そこでロイ・バウマイスターの言う階層の低いほうへ、サボりがちな人間には毎度おなじみの低級な満足のほうへ（インターネットや冷蔵庫のほうへ）と逃げ込んでしまう。

書くことは逃げ道の一つであることが多い。だが孤独のうちに自分を奮い立たせて書くという仕事は、抽象的だということもあって、いつでも先延ばししてサボりたくなる。書くことはつまり考えることだが、誰だって考えることは先延ばしにしたいものだ。昔からそうだったようで、一八世紀の画家ジョシュア・レイノルズは、「人は思考という苦行を避けるためなら何でもするだろう」と言っている。

だから、自分がいつでも抽象的な思考から降りたがっていることを知っている物書きは、一生懸命に仕事量を確認するなどして、なんとか自分に仕事をさせようと苦心する。アンソニー・トロロープやアーヴィング・ウォレス、アーネスト・ヘミングウェイなどのさまざまな作家は自分の仕事量を丹念に記録していた。ジョン・マクフィーは筆が進まないとバスローブのベルトで自分を椅子に縛りつけたと、アン・ファディマンは書いている。多作で有名なトロロープは毎日書くべきページ数だけでなく、一ページ当たりの語数まで（二五〇語）決めていた。もちろん六三冊の本を出しているトロロープも、五〇歳から書き始めて一一四冊の小説を残した母親のフランシスにはとてもかなわないのだが。「破られない規則ほど力強いものはない」と彼はもっともなことを書いている。「一滴ずつ落ちる水が岩をうがつ力をもっているのと同じだ。毎日少しずつ仕事をしていても、ほんとうに毎日であれば、たまに力技を発揮するよりも大きな仕事ができる」。

これも多作だった一九世紀の作家エミール・ゾラはそのことをよく承知していたに違いない。彼はマントルピースに「一本の線を引かぬ日はなし」というギリシャの画家の言葉を彫らせていた。

経済学者のヨーゼフ・シュンペーターほど、自分の執筆の努力を厳しく監視していた人はいないだろう。シュンペーターはハーヴァードで教えていた学生にするように、自分にも点数をつけていた。彼はとても厳格な現場監督だった。シュンペーターの伝記を書いたトーマス・マクロウは記している。「日々の仕事の成果を採点するにあたって、彼は執筆と調査（終わりなく続いていた数学の勉強を含む）に点数をつけたが、学生に教えることやカウンセリングその他の仕事はほとんど採点の対象ではなかった。彼はラテン語やギリシャ語の本も、それからヨーロッパの小説や伝記も楽しんで読んだ……ときにはエラリー・クイーンやその他の作家の推理小説に没頭することもあった。外で食事することも、展覧会やクラシック音楽のコンサートも好きだった。だがほんとうに大切なのは仕事だけだった。仕事の面では、シュンペーターはクリアすることが不可能な基準を自分に課して、常に誠心誠意努力した」。

自分の仕事量を監視するのは、体重を監視するのと同じで効果的ではあるが、もっと過激な方法は、仕事をしたくないときでも強制してくれるように誰かに頼むことだ。もちろん、その誰かが自分でもかまわない。デモステネスはわざと自分の頭を半分剃って、三カ月間閉じこもったという。髪が生え揃うまでは外に出られないようにして、そのあいだの時間を雄弁術を磨くことに使ったのだ。

アリゾナ大学の社会学者ジェフリー・J・サラズは、フェイスブックに恥ずかしい写真を掲載することでサボリ病を克服した。彼は原稿の整理が終わるまでは写真を削除しないと決めていた。のちに彼は、製造業に携わる人たちは自分のペースで働くことを夢見るかもしれないが、「専門職の人たちは組立ラインにつながれ、監視されることを夢想している。サルトルの言葉を借りれば、われわれは自由という呪いにかけられているのだ」と言った。

だが強制的に生産性をあげるには誰かの力を借りたほうがいいことが多い。前にも言ったが、ヴィクトル・ユーゴーは執事に服を取り上げさせて、仕事をするしかないように仕向けた。この方法が有効なことはその後の調査で確認されている。作家たちは気ままに書いているよりも執筆を強制されたほうが生産性があがり、独創的なものを書いたという調査が少なくとも一つはある。歴史家のジェルジ・ルカーチもきっと同意見だったに違いない。訪問したジョージ・スタイナーがその豊かな仕事に触れたとき、「ルカーチはおもしろそうに答えた。『どう

すれば仕事をさせられるか、知っているかい？　軟禁だよ、スタイナー、軟禁すること
だ！』」。
　先延ばしのサボリ病と闘った物書きのなかでもとくにユニークなのはジェフ・ダイヤーだろう。ダイヤーは（長期の旅行を含め）あの手この手で仕事を先延ばしにした顛末を『怒りのほかはなく――D・H・ローレンスとの格闘』という本にしてしまった。ダイヤーはローレンスについて書くはずだったのだが、いつまでも先延ばしにし続けた。そして結局、先延ばしについての本を書いてしまったのである。

16. 自由気ままに

自己コントロールなしには決して良い人生はあり得ない。
――レフ・トルストイ

誘惑に抵抗したいという誘惑に抵抗しよう。
――『ニューヨーカー』の広告

現代世界では、自己コントロールができればたしかに良い人生が開ける。自己コントロールに不足がないという人は今日では珍しいので、市場は新たな恐るべき自己コントロール・エリートにたっぷりと報酬を払うし、自己規律の雄は退屈きわまりない大学院にも耐えられるだけでなく、夜明けにジムに通って運動したあとの食事にも充分に気をつけてスリムな身体を維持している。

誰でもこういう人たちを知っているだろう。子どもの勉強や運動のスケジュールを分単位で完璧に管理し、幼いテーラー君の行くべき道を幼稚園からハーヴァードまで計画しておく。彼らを笑うのはたやすいが、しかし毎月クレジットカードの残高にはらはらし、メニューにあればついフライド・チーズケーキを注文してしまうわたしたちのような庶民に比べて、少なくとも間違っているとは思えない。それどころか、アメリカの自己コントロール派貴族階級は、その力強い鉄壁のような背骨で現代世界に理想的に適応しているように見える。彼らはわたしたちよりも先にニュースを知っているようだ。きっと早起きだからだろう。その自己コントロールこそ、二一世紀を生きるうえで最も重要な資質かもしれない。

ところで、心の奥の欲求を抑圧していると必ず惨めになるという通説を信じ込んでいるわたしたちのような残りのアメリカ人には、これは苦い薬に違いない。なにしろ通説では、幸せになるには自己コントロールの戒めを緩める――肩肘張らず、気楽に、好きなようにする――必要がある、びくびくと禁止事項に捉われて楽しむこともできないのは不幸だ、と言われているからだ。

だが自己規制のスーパースター多数も含め、ほんとうに気を緩める必要がある人たちが多いことも間違いない。過剰な自己コントロールは自己コントロールの不足よりも大きな問題になり得る。科学的な裏づけもある。過剰な自己コントロールの問題の代名詞として遠視、つまり行き過ぎた未来志向について明らかにした研究が多数、発表されている。そういう気の毒な人たちは、機知に富んだコラムニスト、ドン・マーキスを見習いたいと願っているだろう。マーキスは一カ月の禁酒ののち、ついにバーに出かけていき、「わたしはとうとう、いやらしい意志力を克服したぞ。だからスコッチをダブルで頼む」と言った。

過剰な自己コントロールがよく恐れられている症状（神経症、後悔、フロイト的失言）を引き起こすことはめったにないが、それでもコストはある。こんな想像をするとよく理解できるのではないか。とても珍しくておいしい紅茶をプレゼントされたとする。当然、あなたはその紅茶を特別のときのためにとっておく。とっておいて、とっておいて、ついに紅茶は変質してしまい、ゴミ箱行きになる。楽しみを先に延ばし続けると豊かになるどころか貧しくなる。「知恵にも行き過ぎがある」とモンテーニュは言った。「知恵の行き過ぎも愚かさと同じく是正する必要がある」と。

そこでわたしたちはバーボンを飲み、マリファナを吸い、子ども時代の抑圧された苦痛を解放する「原初の叫び療法」を受け、恋人に縛り上げてもらって自分自身を解放しようとする……何からか？　自分自身からだ。「わたしたちは前頭葉から休暇をとりたいと願っている。感覚と衝動を解放するディオニューソスの祭りだ」とオリヴァー・サックスは自己コントロールの座とされる脳の部位について記した。「抑制され文明化した前頭葉が活動しすぎる気質には休みが必要だということは、どの時代、どの文化でも認識されていた」と。

努力してたがを緩める

たぶんご存じだろうが、自分のなかの葛藤を扱ったたくさんの文献のほとんどは、理性的な自分が衝動的で手に負えない自分を従わせるにはどうすればいいかをテーマにしている。ダイエットに苦労したり、仕事があるのにネット・サーフィンがやめられなかったりした経験がある人なら、誰でも身に覚えがある問題だ。だが多くのエコノミストはオスカー・ワイルドの精神（「誘惑を退ける唯一の方法は誘惑に負けることだ」）に倣ってか、逆の戦術を取り、人は快楽を我慢しすぎて不幸になることが多いと主張する。

タイラー・コーエンは「規則重視の自分」と「衝動的な自分」を対比して、わたしたちは後者に冷たいが、いろいろとすばらしいことを経験させてくれるのは後者だ、と言う。少なくとも二つの自分は協力すべきではないか、というのがコーエンの言い分だ。たとえば、未来志向で規則重視の自分が衝動的な自分を刺激するのも理にかなっているだろう。規則重視の自分は新奇性や意外性の価値をよく理解しているから、衝動的な自分がふいの楽しみに身を任せるチャンスを作ってやろうとするかもしれない。

まあ、わたしたちの多くは自分には我慢しすぎる傾向があると思いがちだが——ビールをお代わりするのにこれほど良い口実があるだろうか——行き過ぎた克己心の持ち主もたしかにいて、そういう人たちは理性的で計画的な自分が衝動に従うようにわざと仕向けることがある。アルコールに自制心を緩める力があることは誰でも知っている。人はその効果を充分に承知で、アルコールを口にする。『オセロ』でキャシオが言うように、自分から「敵を口に流し込んで、頭が働かないようにする」わけだ。歴史を通じて兵士たちはいつもアルコールの力を借りて人を殺す（そして、死ぬ）準備を整えた。スペイン内戦の際には、銃殺隊には早朝からブランデーがたっぷり与えられたし、第二次世界大戦中のフランス軍には戦線が崩壊するまでの短い期間に大量のワインが供給された。

自分からたがを緩める気にさせるのは酒だけではない。もう一つは克己心を捨てられるような報酬をちらつかせることだ。ジョージ・バーナード・ショーの『ピグマリオン』に良い例がある。イライザ・ドゥーリットルのろくでなしの父親アルフレッド（以下ではドゥーリットルと表記）が、ヘンリー・ヒギンズとピッカリング大佐に言う。

ヒギンズ　それじゃあ五ポンド、進呈しよう。
ピッカリング　しかし、無駄に使ってしまうんじゃないかな。
ドゥーリットル　とんでもない、旦那。そんなことはしませんや。あたしがその五ポンドを後生大事に貯めこんで、働かなくなるってご心配じゃありますまいね。月曜日には一ペニーだって残っちゃいないから、心配は無用。そんな金なんかなかったみたいに、また仕事に精出さなくちゃなりませんや。金のせいで貧乏になる気遣いなんぞ、これっぽっちもありゃしません。女房と二人できれいに使っちまいます。それであたしらは楽しいし、店も儲かり、だんな方は金が無駄にならなかったと安心できるってものだ。これ以上に立派な使い道なんぞ、ありっこない。
ヒギンズ　なるほど、もっともだ。じゃあ一〇ポンドにしよう（ごみ収集人に二枚の札を差し出す）。
ドゥーリットル　いや、それはいけない。うちのやつは十ポンドも使う度胸はありません。たぶん、あたしもですがね。一〇ポンドといやあ、大金だ。つい貯めこみたくなっちまう。そしたら幸せとは、はいさようなら、でさ。言ったただけくださりゃいいんで、旦那。一ペニーだって余分にはいらないし、一ペニーだって少ないのもごめんですって。

同じように、懸賞に当たった実直な人たちが、現金ではなくてスポーツカーをもらったり贅沢な休暇を過ごすほうを選ぶという（ちょっと理屈にあわない）話もよく聞く。彼らもドゥーリットルと同じで、この際でなければそんな贅沢は味わえないとわかっている。アルフレッド・ドゥーリットルのように、もしお金を選んだら貯めこんでしまうか、生活費にまわしてしまって、夢のバリ旅行が夢で終わることを恐れているのだ。これはゆきすぎた、あるいは望まない克己心に対抗する手段の一つなのである（そう、ゆきすぎた克己心を我慢するにも克己心が必要になる）。

これについては二〇〇二年に、マーケティング学の教授のラン・キヴェッツとイタマール・サイモンソンがいくつかおもしろい実験をしている。ひとつは一二四人の女性旅行者を対象に、八五ドルの現金と八〇ドル相当のスパ体験のどちらを選ぶか、と尋ねた調査だ。答えはわかりきっている、そうではないか？　ところが、そうではない。四〇人はスパ体験を選んだ。お金をもらえば、スパ体験をしても五ドル残るのに。全員に選択の理由を書いてもらったところ、スパ体験を選んだ女性の大半は、自分に贅沢をさせたいから、と答えた。典型的な回答は「スパ体験を選べば贅沢ができる。お金をたとえば食料品に使ったりせずにすみます」というものだった。

逆説的だが、たがを緩める必要があることが性的マゾヒズムの快楽を生むのかもしれない。性的マゾヒズムは社会のなかで最も自己コントロールの厳しい人たちには特別の魅力があるらしい。ロイ・バウマイスターは、マゾヒズムはアルコールやスピリチュアリティと同じで自意識から逃避する方法、たとえ短いあいだでも現代世界で多くの人が負っている自我という重荷を下ろす手段なのではないか、と言う。バウマイスターの見解に従うなら、手錠をかけられて殴られるのが好きな人は、休憩を欲している（地球を支える）アトラスということになる。

解放されるための緊縛

おなじみのオデュッセウスも自我の重荷を背負っていた。セイレーンのエピソードは、妻のもとへ、王位へと戻るために発揮されていたエンクラテイア（抑制）、自制心から逃れて自由になりたいという欲望の劇的な表現と見ることもできる。たがを緩める必要という観点から、もう一度この物語を見直してみよう。同性愛的な連帯感のなかで、英雄オデュッセウスは部下たちに船の巨大な男根（もちろんマスト）に自分を縛りつけるように命じる。これは同時に家父長制下の男の義務に自分を縛りつけることでもあったかもしれない。抵抗しがたい危険な魅力をもつ女性たちの誘惑によって自分の信念が切り崩され、広大な母なる大海に男としての能力が溶解してしまうのを防ぐためだ。アルファオスのすべてがそうであるように、オデュッセウスもこの緊縛から快楽を得ている。緊縛といっても自分が指示したのだし、セイレーンの誘惑の歌声に苛まれるとき、彼としては屈服することも撤退することもできない。

オデュッセウスは自分の力を温存するために、しばらくのあいだその力を放棄した。たぶんさまざまな性的マゾヒズムにも同じ力学が働いているのだろう。性的マゾヒズムと言っても多様だが、ほとんどに共通しているのは、コントロールを失いたいという欲望のドラマ化だ。とくに恋人に縛られるのは、自分からたがを緩めることを意味している。無力な「被害者」は抵抗しようがない。

だがこの先に待っている有害な衝動から身を守るために自分を縛らせるという点で、オデュッセウスは自分から緊縛に「身を任せる」者とは違う。後者の場合、望ましくない衝動の行く先は死につながるエクスタシーではなく、社会的な節度という捨てきれない殻なのである。過剰な克己心をもつ者にとっては、緊縛は自由を意味するし、「奴隷になること」はマゾヒストの真の好みである後ろめたい快楽に浸ることだ。緊縛が自由を意味すると言えばオーウェルの世界のように聞こえるが、重要な事実を思い起こせば納得がいくだろう。彼らは自分からこのような隷属を望み、依頼しているということだ。どれほど熱烈なサドマゾ・セックスの愛好家でも、行為は同意のうえで行なわれなくてはならない。オデュッセウスと同様にマゾヒストは自分から縛ってくれと頼むのであり、相手はその指示に従うという意味では従属的な立場にいる。

オデュッセウスのケースでは、一時的な、だが本物の権力の委譲がある。セイレーンの歌声が聞こえているあいだ、英雄オデュッセウスがいくら縛めをほどいてくれと言っても、その言葉は聞き入れられない。対照的に、平均的なマゾヒストは力のごく一部しか相手に渡さず、事前に決めた「合言葉」を口にすればそこで行為は急停止するというやり方で、行為のあいだじゅう支配力を維持している。言い換えれば、緊縛といってもほんとうに束縛に身を委ねるのではない。だが人生のほかの事例でも同じだが、心理分析家のジェシカ・ベンジャミンが言うように「隠れた支配者」に留まり続けるマゾヒストにとっては、その程度の薄っぺらな制約でも充分なのだろう。

SMの奇妙な力学が見事に表現されているのは、三百年近く前に書かれたジョン・クレランドの小説『ファニー・ヒル』だろう。ファニーの客バーヴィルは金を払って儀式的な鞭打ちを受ける。パーヴィルはまず、「お約束として、ちょっとためらうふりをする」が、その後、自分の靴下止めで「おごそかに」自分を縛らせて、鞭打ちの準備をする。ファニーが「奴隷ぶりがとてもお似合い」と言うと、バーヴィルは自己嫌悪でいっぱいになる。ところで心理学者は、性的マゾヒズムもサディズムも苦悩や自損につながるならば病気だと考える。

最近のSMの主流からは、かつてつきまとった烙印が徐々に消えているように思われる。いまの大衆文化にはごくふつうにSMのテーマが現われる。たとえば『ニューヨーク・タイムズ』の高価な婦人靴の広告を見ればわかるとおり、ボンデージウェアはファッションにも影響している。現実世界ではマゾヒズムはあまりに無害で一般的になった——ふつうになりすぎたかもしれない——ので、病的とはとても考えられないのかもしれない。調査によれば（事実かどうかは疑わしいが）、アメリカ人の五〜一〇パーセントはサドマゾ・プレイの経験があるというし、夢想している者はもっと多いはずだ。

自己コントロールを考えるうえで興味深いのは、それがどんな人々で何を好んでいるのか、ということだ。ほとんどは隷属するほうを好む、つまりマゾヒストらしい。これは現代生活ではマゾヒズムのほうが魅力的だという説とも一致する。成功した個人主義の人々はとくに隷属する役割が好きで、事実、性的マゾヒズムは主に成功した個人主義社会、言い換えれば西欧社会で見られる。ほとんどの性行為は性そのものと同じくらい古いが、マゾヒズムが現れたのは一五〇〇年から一八〇〇年くらい、まさに個人主義が盛んになった時代のようだ。

ルソーは一八世紀終わりに出版した『告白録』のなかで、長いあいだ女性に殴られ支配されたいという欲望をもっていたと率直に述べている。「堂々とした女性の前に膝をつき、その命令に従い、赦しを乞わせられるのは、わたしにとっては最もデリケートな快楽だった」と彼は気恥ずかしさと安堵をにじませつつ説明する。「いちばん告白が難しいのは犯罪行為ではなく、馬鹿げた恥ずかしい行為のほうだ」と。

こう考えれば、女性よりも男性のほうがSMを好み、そのなかでも圧倒的に隷属の側が好きだということも意外ではないし、伝統的な性的役割や男女の身体の大きさの違いからすれば、ジェンダーの役割の自発的な逆転と見ることができる。男性にとっては、性的隷属は自分とまわりの人間に対する支配権を放棄するプレイのチャンスなのだろう。

また、とくに権力者の男性がSMを好むという事実もある。たとえば英国のモーターレース、グランプリの主宰者だったマックス・モズレーがそうだ。モズレーはF1を開催する国際自動車連盟の会長だったとき、サドマゾ・セックスをビデオに撮影されて話題になった。『ニューヨーク・タイムズ』によると、モズレーはカメラの前で裸で縛られて、二〇回以上も鞭打たれたという。彼のマゾヒズム趣味はおおっぴらにはしにくいにしても別に稀有ではなく、とくに彼と同じような社会的階層では珍しくないと知ったら、モズレーもその後少しは気が休まったかもしれない。ロイ・バウマイスターは、売春婦がマゾヒズムの依頼を受ける相手のほとんどは金持ちで権力のある男性だ、と報告している。またある調査では、ワシントンDCのコールガールにはSMの依頼がかなり多く、そのなかでも八対一でマゾが圧倒的に多いという。「自我の荷が重いほど、人はマゾヒズムに向かいたがるようだ」とバウマイスターは書いている。

魅力の一つは、究極的にはマゾヒストが支配し続けていることにあるのだろう。実際にはあとで後悔するほど長く隷属状態が続いてしまうこともあるようだが。たとえばカルティエのような大手のブランドまでが、ツールかキーがなければ外せないジュエリーを売り出している。たぶんジュエリーを外す手段は恋人に与えられ、その恋人はときには近くにいなかったり、いても外せなかったり、さらには協力的でなかったりすることが前提になっていると思われる。

この考えをさらに推し進めたものが貞操帯だ。メーカーの言うことを信じるなら（メーカーの数は明らかに増えている）、貞操帯の売り上げは、たぶん誰でも何でも恥ずかしい思いをせずに買えるインターネットのおかげだろうが、この一〇年あまりに急増しているという。高価なものになるとキーがなければ決して外せないと謳っているが、キーはたぶん当人のもとにはないのだろう。これはセイレーンの海に向かうときのオデュッセウスのような一時的な（一時的には撤回不可能な）権力の委譲を思わせる。セイレーンと言えば、いまでは空港の荷物検査でも警告音が鳴ることのないハイテクのプラスチック製貞操帯も入手できるくらいだ。

「存分に生きることだ。そうしないのは間違っている」

これはヘンリー・ジェイムズの言葉だ。残念ながら、過剰な克己心の犠牲になった患者の権利擁護団体もなければ、チャリティ五キロマラソンも、カラーバンドもないし、過剰に克己心のある人が慎重な目でじっとこちらを見つめて訴える雑誌広告もない。それどころか、克己心という美徳の物言わぬ犠牲者の悲劇は、事実上すべての人に無視されている。ただし、小説家は別だ。

小説家はこのテーマが大好きなのである。アン・タイラーの『偶然の旅行者』（『アクシデンタル・ツーリスト』）』で眠れない夜に備えてシェリー酒の壜を持って旅しているメーコン・ラリーを覚えておられるだろうか？　ラリーのような男性の問題は、どんなトラブルならシェリー酒を使ってもいいのか、ということだ。「何度かそれらしいことがあっても、現在よりひどいときにでさえ、彼は使わなかった。決して来ないかもしれないいつかのためにとっておくのだ……実際、開けてみたら壜の蓋の内側は錆びていた」。やがて克己心の強いラリーはセント・バーナードよろしく、飛行機が怖いと怯える他人のために壜を開ける。緊急の場合に備えていつまでも酒をとっておくラリーは、あるエコノミストがいう「永遠に贅沢を先延ばしにするというパラドックス」を絵に描いたようだ。

だが小説はこのテーマをいつもこんなふうに扱ってきたわけではない。一九世紀にはヘスター・プリン、アンナ・カレーニナ、ボヴァリー夫人のような女性たちが誘惑に抵抗できなかったためにひどい目にあう。だが恐ろしい犯罪を容赦なく罰せられるR・R・ラスコーリニコフのような不運な男性にしても同じことだ。（トマス・ハーディの小説『カスターブリッジの市長』に出てくる）いくらなんでもと思う酒好きな市長マイケル・ヘンチャードや、（小説『シスター・キャリー』で）シスター・キャリーはスターへの道を歩いているのに自分は悲惨な結末を迎える横領犯ジョージ・ハーストウッドもそうだ。それからフランク・ノリスの『死の谷――マクティーグ』では多くの男女が激しい気性と強欲のために生命を落としてしまう。

自制心と依存と技術のすばらしくも複雑なメタファーであるロバート・ルイス・スティーヴンソンの『ジキル博士とハイド氏』は、倫理的に怪しげなヴィクトリア朝のロンドンを舞台に、このテーマをじつに率直に、また巧みに表現している。善意のジキル博士は周辺の霧深い街頭で展開される禁断の果実を味わいたくてたまらないのだが、まずはたがを緩めるための薬を発明しなくてはならない。次に、自分をコントロールする力を取り戻す薬が必要になる。ところがハイド氏に変身するのが習慣になるにつれて、ジキル博士に戻る薬のほうはだんだん効き目が薄くなっていく。残念ながら自分の罪と自分を分けておくことはできないと悟る。その意味では、計画をたてて実行する自分が衝動的な自分と協力すると、倫理的にはじつに危険なペアになる可能性があるのだ。

しかし、どこかの時点で罪の報いから抑圧の代償の大きさへとテーマが移り始めたらしい。(『シスター・キャリー』や『死の谷――マクティーグ』のほんの数年後に出版されたヘンリー・ジェームズの『使者たち(大使たち)』)のランバート・ストレザーや、(一九二二年に出たシンクレア・ルイスの『バビット』の主人公)ジョージ・バビットは、自分の克己心を後悔して苦しむ。さらにもっと最近では、カズオ・イシグロの『日の名残り』の主人公である執事のステーヴィンスの悲しい例がある。あまりにも自制心が強い彼ははるかな昔話になってからもなお、自分が恋をしていたことを口にできない。

自制心が強すぎる人間はたがを緩める必要があるというのは、ハリウッド映画でもよく使われる筋書きだ。『フィラデルフィア物語』(一九四〇年)にはキャサリーン・ヘップバーン演じる上流階級の跡取り娘トレイシー・ロードと、酔っ払いで妻を尊敬しようともしないろくでなしの元夫(ケイリー・グラント)、それにスキャンダラスな女好きで家名を汚す父親が出てくる。どちらの男性も当然ながら、トレイシーを冷たくて心の狭い堅物だと非難する。父親のほうなど、自分の放蕩まで彼女のせいにしているらしい。実際にはトレイシーは頭が良くて自尊心があって自立心の強い、たぶん男の趣味を除けば非の打ちどころのない女性だ。だが映画では、トレイシーは泥酔して初めて本来の自分を取り戻すことになっている。このたがを外すべきだというテーマはとくにロマンス映画や男の友情を描いた映画に多い。『ザ・プロデューサーズ』(一九六八年)の終わりのほうには、裁判にかけられた手に負えないマックス・ビアリストックのために情状酌量を勝ち取ろうとするレオ・ブルームが、男というものは、と判事に延々と語りかけるシーンがある。

しかし実生活では抑圧に代償があるのかどうか、疑わしいことが多い。ランバート・ストレザーにしても、もっと放埒な暮らしをしたらどれほど後悔したかわからない。自制心を発揮するのは辛いかもしれないが、しかし高貴な振る舞いであることも多い。妊娠した妻のもとに留まるために熱愛する恋人をあきらめた『エイジ・オブ・イノセンス／汚れなき情事』のニューランド・アーチャーもそうだろう。今日ではアーチャーの克己心の代償やそうせざるをえなかった社会的な束縛がクローズアップされ、彼の行為が子どもたちやコミュニティ、それに彼自身に及ぼした善はあまり評価されないようだが。

たがを緩めることのほうを強調する新しい趨勢は芸術の世界全体に広がり、さまざまな新しい作品に反映されている。だが二〇世紀にはせいぜい詩や絵画などの一部の世界で求められているだけだった。『戒めを解かれたユリシーズ』などの著作で自己規制とその利益と取り組んだヤン・エルスターは、アンリ・ペールの言葉を引用している。「個人主義の長い世紀が終わって、現代人の多くはどんな反乱も革命も味気なくしてしまうとてつもない芸術的自由にうんざりしているように思われる」と。

一方、商業芸術の世界では形式がすべてらしい。ハリウッド映画は中世の宗教画のように形式的だが、いつも自己コントロールを余儀なくされて鬱屈している人たちは、ピーター・スターンズの言う「過剰なファンタジーのカルチャー」に代用品を求めて憂さを晴らしているのかもしれない。たとえば選手たちが怒り狂い、勝ち誇って大騒ぎし、攻撃しあい、チームメートと抱き合うというプロフットボールの派手な展開もそうだろう。

ほかに発散の代償作用があるものとしては、ラップミュージック（白人中産階級の若者）や、誰もがあきれるほど野放図で自己コントロールに欠けているアニメの『ファミリー・ガイ』やドラマ『マリード・ウイズ・チルドレン』などのテレビ番組がある。アリストテレスの言ううんざりするほど控えめな人間の一人として、わたしはホーマー・シンプソンにすこぶる弱い。彼が有名な（カラメルと粉とリキッド・スモークを混ぜて焼き、それからバターで巻いて食べる）ムーン・ワッフルを食べるのを見るたびに、ああ、わたしたちの代わりに食べてくれているんだな、と思わずにはいられない。

集団的な未来志向

当然ながら、個人だけでなく集団も極端な未来志向という病にかかる。フロイトは、ユダヤ人は非常に活発な超自我をもっているのではないかと考え、ユダヤの伝統と知的な歴史を研究したジェリー・Z・ミュラーはわたしに、「ユダヤ人は自己抑制の民だ」と語った。ユダヤの立法ほど優れたプリコミットメントがあるだろうか？

だがフィリップ・ロスがいくら努力しようと、ユダヤ人を極端な未来志向の民だというのは難しい。それどころか現代社会におけるユダヤ人の成功は、彼らの並外れた自己コントロールの結果ではないか。フロイトも（彼のユダヤ人患者の多くも）その伝統にまったく恥じなかった。アメリカのユダヤ人は比較的酒を飲まず、教育水準が高く、豊かな富を形成し、ほかの民族より暴力的でない。（たとえばニューヨークのユダヤ人というように）ユダヤ人はイラチだというような類型化があるが、もしこれがほんとうなら、それは長期的な計画に役立つからに過ぎない（清教徒と同じで大きな魚を料理しようと思っているのだろう）。とにかくわたしはユダヤ人が気短かだとは思わない。ほかの多くの類型化のようにデマの一種だと考えている。だいたいこれほどの歳月がたち、これほどのトラブルを経験しても、なおメシアの出現を待ち続けているなんて、こんな忍耐強い民族があるだろうか。

一方、中国は（国策の結果かもしれないが）、国全体が極端な未来志向である例の一つと言っていいかもしれない。現在しか目に入らない過剰消費のいまのアメリカとは対照的に、中国は楽しみを先延ばしにして、アメリカ人が欲しがる輸出品を作るのに必要な工場や設備に投資して利益を得ている。しかもその輸出品をアメリカは国債というかたちの中国からの借金でまかなっている。中国の貯蓄率は非常に高く、その多額のドルでアメリカ国債を買ってくれるので、それもあってアメリカの金利は低く維持され、そのためにバブルがふくらんで好景気になったが、結局バブルははじけてしまった。中国人が貯蓄をもう少し控えて、代わりに消費していたら、（中国人も含め）誰もがもっと苦労しないですんだかもしれない。

しかし楽しみを先延ばしにする能力があるという面から、ある文化を特徴づけることができるものだろうか？　ある社会はほかの社会に比べてとくに未来志向だと言えるのか？　ビジネススクールの教授マンスール・ジャヴィダンは長年かけて六一の社会の一万七〇〇〇人の中間管理職を調査した。その結果、楽しみを先延ばしにするとか、投資、計画立案については文化によって大きな違いがあることがわかったという。ジャヴイダンによると最も未来志向なのがシンガポールで、スイス、オランダ、マレーシア、オーストリアが続く。日本もかなり未来志向だ。逆にいちばんスコアが低いのはロシアで、それからアルゼンチン、ポーランド、コロンビア、ベネズエラの順になるという。アメリカもかなり未来志向だが、国の大きさと民族的な多様さのおかげかもしれない。とはいえ、(シンガポールのように)極端な未来志向ではないにしても、未来志向であることはたしからしい。

17. 政府と自律

意識的な自己がどれほど徳高く知的であるにしても、その自己が何の助けもなく独力でやっていけるなどという狂気の幻想は捨てるべきである。
――オルダス・ハクスレー

自分で自分を律することができないなら、わたしたちをわたしたち自身から守ってくれと政府に助けを求めるべきなのか？　また政府にはほんとうにそんな力があるのか？

答えは、イエス、たぶん、である。政府は多くの欠陥を抱えて（たとえば政治家や選挙民もその一つ）動いている。そしてアメリカ人には政府に多くを求めないという長い伝統がある。アメリカでは人々は自由である（金銭的なハラキリをする自由さえある）ということがアメリカの力の源泉だしユニークさだ、とわたしは思う。それに国家権力を警戒すべき理由も、そして公職に就いている誰かさんがほんとうにわたしたちよりわたしたちのためになることを知っているのかという疑問も、いつだって存在する。ジョン・スチュアート・ミルはこの立場について、『自由論』で簡潔に述べている。「市民社会の一員に対して当人の意志に反する権力行使を行なうのが正当とされる場合はたった一つ、他者を害することを防ぐという目的があるときに限られるだろう。肉体的、精神的に当人のためになる、というのは権力行使の充分な根拠とはなり得ない」。

ところが、その市民なる者はほうっておくと他者を傷つけるという事実がある。たとえば借金をどんどん増やして、そのうちその借金を社会が肩代わりしなければならなくなるというように。それに外からの助けがなければ、二次的欲求を尊重して生きられる者はほとんどいないことも思い出すべきだ。問題は弱さだけではない。同時にわたしたちは無知でもある。この無知は学校教育とは関係がない。現代生活の測り知れない複雑さや、時間とエネルギーそれに知性の制約、そしてすべてを自分で整理し管理しようとしても不可能だという事実を指す。医師免許制度を廃止して、誰でも外科医の看板を掲げられるようにすればいいなどと、どれだけの人が考えるだろう？　医療面での基本的な能力をわたしたちそれぞれが判断できると、誰が信じているだろうか？　自動車安全規制を撤廃すべきだと、どれだけの人が考えるのか？　あるいは隠れた流れや深みがあって危険な水域で、監視員なしに泳ぐことを放置すべきだと？「この種の状況では父権的な介入を行なうべきだろう」と哲学者のジェラルド・ドゥオーキンは書いている。「これは思い切った、そして取り返しのつかない危険な決断をするときにかける一種の保険のようなものだ」。

さらにわたしたちは無知だからこそ、弱さへの備えが難しい。たとえば運動をすると食べ過ぎになることが多い。消費カロリーに関する無知のせいで、運動で消費したカロリーを過大に考え、これくらいは食べてもだいじょうぶ、と思ってしまうのだ。それに他者の弱さから身を守るという問題もある。銃規制は政府の力を借りて隣人の情熱から身を守る手段ではないのか？　アダム・スミスが『道徳感情論』で言っているように、「どれほどがんばって自分を律しようとしても、人間的な弱さの声を押し殺すことも、あるいは情熱の暴力を緩和することも不可能な、人間の性質にとって過酷な状況というものがある」。

逆説的だが、どれほど恐ろしいことになろうと、自分の行動の結果は自分ですべて引き受けさせるというのも、政府がわたしたちを守る方法の一つだ。たとえば人が飢えても社会がほうっておけば、人々は金遣いにもっと慎重になるだろう。病院は保険をかけていない人たちを治療しなくてもいいとなれば、もっと多くの人たちが保険をかけるようになるだろう。そんな恐ろしい話をいくつか聞かされれば、たくさんの市民が行いを正すはずだ。だが、幸いなことにわたしたちは人を路上で死なせておく気にはなれないし、そんな社会で暮らしたいとも思わない。要するに純粋に不運な人もいるし、そういう人たちは助けるべきだとたいていの人は考える。問題は、いったんそういう方向になると、どれほどいやいやながらでも、また助け方に一貫性がなくても、結局わたしたちはますます他人の選択の結果を背負わなくてはならなくなることだ。

政府の役割に対する疑問は、金融危機以来いっそう大きくなった。シティコープやAIGなど大手の金融機関に対する規制が不適切で、彼らが引き起こしかけた金融システムの破綻を納税者の負担で救済しなければならないことが明らかになったからだ。さらに金融危機は、平均的な市民には複雑でリスキーな金融商品が適切に理解できないことも、借金を返済する能力もないくせに貪欲な、あるいは近視眼的な貸し手から多額の借金をする人々が大勢いたこともさらけだした。誰でも強力な金融のツールを手にできるのはすばらしいが、後から考えれば、専門家ですらそのツールの多くを安全に使いこなすことはできなかった。サルにダイナマイトとマッチを扱わせないというのは、さほど残酷なことでもなかったのだろう。

家族の絆が弱まり、誘惑が激しくなった現代世界では、こうした仕事の一部を政府に任せるしかない。政府が存在する理由の一つは、個人が自分を適切に律することができないからである。デヴィッド・ヒュームの指摘は的確だ。彼に言わせれば、時間選好に関する——いますぐ小さい報酬をもらうのと、将来もっと大きな報酬をもらうのとどちらがいいか——反応のせいで、わたしたちは自分にとっても社会にとっても有害な短期的利益を追求する。そんなことはしたくない人たちでも、残る人々が明日のことを考えずに今日の利益だけをつかもうとする勢いに巻き込まれて、そうせざるを得なくなるだろう。慎重な人々も無思慮な人々とともに苦しめられる。ちょうどいまの世界のように。

ヒュームの回答は、政府が統治される者の同意を得て、全員の利益のためにある種の行動を制約することだった。この政府は（人々が自らの近視眼的な行動から身を守るために一部の権限を政府に託す）一種のプリコミットメントの手段と言えるだろう。そうすることで、人々は「自分自身とお互いの弱さや情熱からの安全を確保する」。

だが、ここにも危うさはつきまとう。政府にあまりに多くの権限を渡すと北朝鮮になってしまう。とはいえ、政府にはもっとできることがあるし、すべきだろう。少なくとも情報の非対称性や危険な欲求のせいで、人々が不道徳な金儲けをしようとする連中のカモになりそうな場合には、政府が介入する必要がある。健康な選択を推進するという方向で公的領域を設定すべきだろう。何よりも、使おうという意志のある者にプリコミットメントの力強い武器を提供しなくてはならない。

だが、これは容易なことではない。

民主主義の難問

民主主義には問題がある。民主主義は自分を律することが上手でないと思われる個人が代わりにその仕事を託す他者を選挙するという仕組みで、個人に依存するからだ。その個人である人々は二次的欲求と、それを誰かに強制させる意志をもたなくてはならない。さらにどんな政府にも、政府を構成するのはやはり人間だという問題がある。政府を構成する人間もまた、残りの市民と同じように誘惑にかられるし、そのうえ権力という独特の誘惑もある。

不思議なくらい観察眼が鋭かったフランス人のアレクシス・ド・トクヴィルはアメリカについて知るべきことは事実上すべて見抜いており、自己コントロールが民主主義の問題になる可能性があることをはるか昔に認識していた。彼の辛らつな批評は当時に劣らず現代にも見事にあてはまる。

アメリカ合衆国で、民主主義が将来のために感情を抑制してつかのまの欲求を沈黙させようとするたびに困難にぶつかっていることは、ごくささいなことでもわかる。お世辞やへつらいに取り巻かれた人々は、なかなか自分自身を律することができない。目的が正しいと理性ではわかっていても、そのために乏しさや不快感を我慢することを求められると、人々はまず拒否する。

拒否するのは最初だけではない。一九七三年にアラブが原油輸出を禁止して、国じゅうでガソリンスタンドに行列ができて以来、アメリカ人はエネルギーに問題があることをよく知っている。その後のオイルショックを通じて、輸入石油の代金が世界の最悪の政権の資金になっていることもわかったし、化石燃料の燃焼で地球の温暖化が進み、やがてはとんでもない事態になるかもしれないという認識も深まってきた。それでもなお、行動に大きな変化が起こることはなかった。エネルギーに新たな課税をする政治的意志がまったく欠けているどころか、石油価格が上昇すると、一部の議員は価格上昇を相殺するためにエネルギー税を引き下げろという要求までする。ほかの多くのこともそうだが、石油に関する限り、わたしたちは自分の性癖を克服することが不可能らしい。

どうして変化を起こそうという政治的意志が欠けているのか？　まずトクヴィルの慧眼のとおり、選挙で選ばれる代表が有権者に我慢を求めることは難しい。少なくともアメリカの民主主義は、父権主義（パターナリズム）とは正反対だ。アンクル・サムはケチンボだがのんきで鷹揚な伯父さんみたいなもので、わたしたちに苦い薬をのませようとはしない。それに（よほどの老人でない限り）わたしたちに薬を買ってくれる気もない。だが、アンクル・サムを責められるだろうか？　たとえばガソリン税を引き上げたり、社会保障給付を削減したりしようとすれば、選挙民は必ずそっぽを向くだろう。放置しておけばどんなことになるかわかっていても、である。民主主義は人々にいろいろ約束してくれるし、ときには約束を実現することもある。だがそのための費用を賄うために課税するのは苦手で、だから財政は赤字になる。

アメリカの制度の長所や短所の多くは、建国の父祖たちが憲法というかたちで行なったプリコミットメントを反映している。憲法は、とくにアメリカのように変更が困難な場合には、プリコミットメントとしてうまく機能することが多い。憲法は現在および将来の市民と指導者が歩くべき道を限定する文書であり、それも将来の国民が違う考え方をするかもしれないことを充分に見越して採択されている。というか、何よりもそこが重要なのだとわたしは思う。一九世紀の政治家ジョン・ポッター・ストックトンの言葉を借りれば、「憲法は熱狂にかられたときに自らの手で自らを死に至らしめることがないように、理性的なときに人々が自らを縛っておく鎖」なのだ。

このような制約は当然ながら柔軟性に欠ける。アメリカ憲法は不可欠の基本的自由を守るのに役立っているが、よほどの緊急事態でない限り、複雑で大きな国家の政府が複雑な大問題を処理するうえでは妨げになる要素が多い。

さらに民主主義の政府は将来をしかるべく重視することが難しい。投票するのは現在の有権者だからで、その有権者は未来の有権者よりも自分自身を優先する。そのために民主主義の政府は過剰に約束して、徴税不足になり、小細工や楽観的過ぎる見通しに頼って予算のバランスを取ろうとする。だから二〇〇八年末にはアメリカの公的年金の負債が三兆ドル、資産が二兆ドルというはめに陥った。この膨大な債務は政治家が進んで公務員に高い年金支給を約束したせいだ。

この約束は当面は良い結果になった。労働者はおとなしくなり、選挙運動の資金が集まり、従業員は選挙で支持してくれたし、たぶん公務員の賃金まで低く抑えられて、そのために税金も低く抑えることができたのだろう。有権者を含め、当面は良い結果になった。すべての人たちには喜んでいい理由があった。コストは将来の自分たちに、それから将来の世代に先送りされたのだ。これら将来の納税者たちがもしいま声をあげることができるなら、「代表なければ、課税なし！」と叫ぶ権利があるだろう。しかしこれは大都市によくある高いホテル税とよく似ている。高いホテル税をかけられるのは、ホテルの客には投票できないからだ。

民主主義は自己コントロールにつきものの基本的な矛盾に苦しめられている。民主主義は自己コントロールに依存し、自己コントロールを強化しつつ、同時に自己コントロールを蝕んでいる。その意味では資本主義によく似ている。どちらもそれぞれが寄って立つ抑制と計算を推進しつつ、蝕んでもいるのだ。だが民主主義の考え方そのものが、市民の側にあるかたちの自律が存在することを前提としている。そして理論的には、民主的に選出された政府は、あくまで人々が自己の最善の利益のために努力することを助ける手段であるべきなのだ。まちがってはいけない。個人の意志力が届かない真空領域ができれば、国家とその代理がその領域を支配するだろう。自由に自制がともなわない場合には、確立された民主主義国家の市民といえども市民的自由の侵害を受け入れることになる。

だから、かつては自由と同じく自制心で知られた英国で、まるでオーウェルの世界のように四〇〇万台以上の（犯罪増加によって育てられた悪の花である）監視カメラが設置されて、毎日何度も市民の姿を撮影する事態になる。英国はジェレミー・ベンサムの言うパノプティコンの巨大版と化したのかもしれない。パノプティコンとは、囚人からは見えない看守がいつでもどの囚人でも監視することができる円形の監獄のことで、見られているかどうかとは関係なく、いつでも監視下に置かれていると思うしかない。一方、アメリカでは使用者が求職者に履歴書だけでなく尿のドラッグ検査まで要求する。どちらにしても間違った政策が実施されているとしか思えないが、しかしこれらの政策は真空状態で生まれたのではないし、犯罪とドラッグ使用の結果として（言い換えれば、自己規制の欠如のせいで）市民的な自由の少なくとも一部が制約されたと言うべきだろう。エドマンド・バークは一七九一年に「人々が享受する市民的自由は、人々が自らの欲望にかける倫理的な鎖と正比例する」と言った。

アメリカの政府には、有名な禁酒法や同じように醜い現代の同類であるドラッグとの闘いを初めとして、コントロール・メカニズムの失敗事例がたくさんある。禁酒法以前にさえ、選出された指導者たちは人々の飲用を防ぐために安い工業用アルコールに不快な化学物質を混入したりした（その後には致死性の毒物混入にまでエスカレートした）。この集団的なプリコミットメントは、アルコール依存症治療薬のアンタビュースを服用する個人と似ていないこともないが、結果として何千人ものアメリカ人が命を落とした。

コントロール政策はときに逆効果で、放埓を促す結果になったりする。連邦政府の預金保証もその一例だ。一九八〇年代の貯蓄貸付機関の破綻を思い出せばわかる。預金者にはリスクの高い（高金利の）金融機関に金を預けるインセンティブがあった。金融機関が破綻しても、ワシントンが払い戻してくれるとわかっていたからだ。貯蓄貸付機関が次々と破綻したとき、保険制度が被害を拡大する結果になった。そして危なっかしい金融機関に金を預けるリスクを無視したおかげで余分の利益を手にした預金者に、納税者が金を立て替えて支払うことになったのだ。さらに個人の貯蓄や家族のつながり、助け合い機関、その他の公的なものではない社会制度という、かつてあった私的安全網を現代の福祉国家が破壊したということもできるだろう。

だが、わたしたちをわたしたち自身から守るという政府の役割を否定しても何にもならない。また政府がその役割をろくに果たしていないということもできない。アメリカでサリドマイドが市場に出回らなかったのは、連邦政府の審査官だったフランシス・オルダム・ケルシー博士のおかげだ。シートベルト着用を義務づける法律や職場の安全衛生基準が多くの生命を救っていることも、政府の科学研究助成金が医学の進歩に役立っていることも事実だ。そして公共教育とタバコ税を引き上げた政府の政策のおかげで、アメリカの喫煙率は一九五〇年代のほぼ半分に減った。一九七〇年から二〇〇〇年までに、一人当たりの喫煙量は世界のどこの国よりも低下している（そのせいで、ほかのどの国民よりもアメリカ人は体重が増加したのかもしれないが）。

どうすれば政策の効果はあがるか

政府の役割を考えるにあたっての第一歩として、政府はすでにわたしたちの行動にそうとうな影響を与えているし、これからも与えるだろうということを認識したほうがいい。たとえばアンクル・サムは税制を通じて人々に必要以上に大きな家を買うように仕向け、リソースを家屋建築に振り向けるとともに、賃貸よりもマイホーム取得のほうが魅力的だと思わせている。事実、政策が多少変更されれば、わたしたちが自分で自分の身を守り、それによって大きな経済的見返りも生まれる可能性がある。所得税よりも消費税のほうが貯蓄を促して消費債務を減少させ、さらには生産性を上昇させる効果だってあるかもしれない。いまの所得税よりもはるかにシンプルで累進的な消費税だって考えられる。ただし、もちろんアメリカの税制はアインシュタインの相対性原理よりもっとわかりにくいのだが。

次のステップは、いつでも政府は国民を守るためにわたしたちの選択肢を限定している、と認識することだ。自分で自分のめんどうがみられる人たち（豊かで教養があって良心的な人々）は課税によって自分たちの利益を損なわれている。だがその利益はまったく無駄になったのではなく、その大部分は移転されているだけなのだ。誰にかといえば、衝動をコントロールする能力の低い人たち（貧しくて、教育がなくて、落ちこぼれた人たち）である。言い換えれば、大きくなった父権主義（パターナリズム）には代償があるが、わたしは喜んでその代償を払うつもりだ。それに選択の余地はないのではないか。なぜなら、自分の軽率のおかげで滅びる人々をほうっておくのでない限り、どちらにしても負担は負わねばならない。ちょうどいま、慎重だった人たちが他人の金銭的ないい加減さの代償を支払わされているのと同じだ。グローバルな金融システムはいつだって大きすぎて破綻させられない。そして政府が金融システムを救済するたびに、そのコストを負担するのは責任感のある納税者なのだ。だから頭金がなければマイホームを買えないとしたら、そしてシティバンクから平均的な家族まで、すべての借金申込者に相当額の自己資本所有を義務づけるとしたら、そのほうが良い世の中になっていたかもしれない。ジョン・スチュアート・ミルも認めている。「事故を防止することも、公的権限の適切な仕事の一つである」。

個人が意志力の限界を認識すべきであるように、社会の側も、好ましくない選択肢を狭めようとしても個人にできることには限りがあると認めるべきだろう。コミュニティの法律の目的が他者の行動から市民を守ることだけ、という場合はほとんどない。法律が課す制約のつじつまがあっているか、理由が明確かどうかはまた別の話だ。アメリカでは一部の毒物（コカインなど）は違法だが、他の物質（バーボン）は合法とされている。ギャンブルは以前はほぼ禁止だったが、いまはそうではなくなった。自殺は法律に反しているが、ある種の緩慢な自殺はじつは奨励されている。少なくともタバコやタバコほどではないが有害なその他の商品から利益をあげている関係者は奨励したいだろう。政府は長年、それぞれの時点でさまざまなことから国民を保護しようとしてきた。ビールを飲むこと、金を所有すること、合意のうえで成人同士がある種の性行為をすること、二つある腎臓のうちの一つを売買すること、妊娠中絶すること、人種の違う相手と結婚すること、ある種の輸入加工肉製品を食べることなどだ。歴史をひもとけば、誰でもリバタリアンになりたくなるだろう。

多くの意味でわたしもリバタリアンの一人だが、しかしリバタリアンにも限界はある。リバタリアンにもリベラル派や保守派にも共通しているのは、すべての人にとって何がベストか、自分たちはよく知っているとうぬぼれていることだ。そしてリバタリアンにはさらに別のうぬぼれがある。自分にとって何がベストかをそれぞれが知っていて、その判断に従って行動できると信じていることだ。しかし実際には、ほとんどの人は何がベストかはだいたい見当がついても、人間の本質や傾向性に逆らって最善の行動ができるかといえば、その能力は限られている。

それではどうすればいいのか？　禁酒法やドラッグとの闘いを振り返ればよくわかるとおり、人々が望むことを禁止しても効果はない。不健康な奢侈品の税率引き上げはそれなりに効果があるだろうが、実行上の問題があるし（キャンディとチーズはどちらが有害か？）、ほどほどに食べたり飲んだりしている人々まで負担を強いられる。たとえば少々のアルコールなら身体にもいいと言われる。それなら酒税は上げるべきなのか、下げるべきなのか？

わかりやすい回答の一つは、なんといっても教育だ。外国語を勉強しなければ大学は卒業できないが、金銭管理や栄養学には無知でも卒業できる（実際に卒業しているだろう）。金銭管理や栄養学について人々を教育しようという全国キャンペーンを行なっても、意志の弱さに苦しむ人たちにはあまり効果はないが、少なくとも人々の認識を高めて無思慮な行為を多少減らすことにはなるだろう。「悪いと知りつつやってしまう」とアリストテレスに言われた人たちの一部は、健康な二次的欲求を知って、（うまくいけば）それに従って行動することを学ぶかもしれない。

だが人々がほんとうに必要としているのは、長い目で見て自分のためになることをするように無理やりにでも仕向ける方法だろう。前にも言ったように、州によってはギャンブルの問題を自覚している人たちが一定期間自分のカジノ立ち入りを禁止するプログラムがある。このプログラムは強制は難しいし、自分で立ち入り禁止にしたくせにあとになってカジノに入れろと訴訟を起こす者までいる。それでも、このプログラムは効果をあげているようだ。二〇〇七年に一六一人を対象にした調査が『ギャンブル研究ジャーナル』に掲載されているが、このプログラムによってギャンブルの問題も賭けたいという衝動も減少したという。

それならギャンブルだけに限る必要はないだろう。ほかにも自分で自分に禁止できそうなことはいろいろ考えられる。たとえば、保険会社がすでにやっているように、行き過ぎた体重増加や高血圧には罰金を課すこと。生命保険会社はすでにこのようなリスクの高い人たちの保険料を高くしているが、あれと同じだ。さらに追加の社会保障納付金を払う制度をつくってもいいかもしれない。その納付金は退職するまで引き出せないことにする。それからふつうよりも解消するのが難しい盟約結婚という考え方も、もっと広げてみる価値がありそうだ。結婚生活の節目節目に到達した夫婦には税控除を認めるというのはどうだろう。そうすれば「金婚式」にもさらに新しい意義が生まれる。

この考え方を推し進めて、タバコやアルコールの購入の際に運転免許証や写真付きの身分証明書の提示を求めることにする。そして免許証や身分証明書には、当人の求めに応じて「禁酒」や「禁煙」の表示をし、少なくとも次の更新時期までは取り消せないことにすればいい。

いくつかの州（わたしが調べた時点ではカリフォルニア、テキサス、フロリダがそうだった）では、このプリコミットメントの考え方を性犯罪者の去勢に適用している。被告は一定期間の（薬による）化学的去勢を言い渡される場合があるが、同時に被告が自分から化学的な、さらには外科的な去勢を要請することも法律で認められている。テキサスの法律は一九九七年に成立しているが、きっかけは、また自分が子どもを傷つける前に外科的去勢をしてくれと言った連続性犯罪者だった。そして二〇〇五年までに三人の男性が外科手術を受けている。テキサス大学の医療倫理学者ビル・ウィンスレードによれば「手術を受けた三人は、わたしの知っている限り、処置をまったく後悔していないし、おかげで自己コントロール能力が高まったと感じている」という。

ほとんどあらゆる商品に貼り付けられた警告はだいたい意味がないが、自己コントロールしようと考える人たちは情報開示を歓迎すべきだろう。食品に賞味期限や栄養成分の表示を義務づけることも役に立つ。それに見ただけではわからないが有害で、とくに取り得もないトランス脂肪酸を禁止することも有益だ。政府はわたしたちがつい考えなしに選択してしまうことを認識して、インセンティブや心理的な「枠組みの変換」その他のテクニックを使って、長い目で見てベストだと多くの人たちが同意する方向へ誘導すべきだろう。それをしない場合の代償は非常に大きい。ロックが言ったように、「そのような制限は、沼や断崖をさえぎる垣根と同じもの」だから。

自己コントロールが苦手な人たちは低所得で適切な教育を受けていない場合が多いので、そうした問題と取り組むのも効果的だろう。低所得が自己コントロール力の低下の原因なのか、それとも因果関係が逆なのかは不明だが。所得の不平等の緩和（国民皆保険もその方法の一つ）や公立学校の改善（公的資金にだけ頼るのはやめたほうがいいかもしれない）は自己コントロールの改善に役立つに違いない。

有権者は自己コントロールの問題を認識していることが多い。前にも触れたが、だからこそ自分で老後のための預金をすることができない有権者たちに社会保障制度が広く支持された。同様に英国で人々がそれなりに進んでBBCの料金を支払っているのは、俗悪番組を見たがる自分から身を守るためだ。実際、英国の有権者は健全なメディア維持のために料金を支払うことを自ら選択している。ほうっておけば自分たちがジャンクフードのような番組に惹かれることがわかっているからである。

イスラエル生まれの英国のエコノミスト、アヴナー・オファーは、だからこそ西欧民主主義では公的部門がこれほどに（GDPの三〇パーセントから五五パーセントを占めるほどに）肥大したのだと指摘する。オファーに言わせれば、人々は国家が提供するさまざまな便益のパッケージ（そのための料金は支払わなければならない）のほうが、それぞれ勝手に金を使った場合よりも自分たちのために役立つことを理解している。この考え方からすると、税金はコストのかかるプリコミットメントで、選挙民が浪費してしまって後悔しないように、老齢や病気、貧困に備えて保険をかけていることになる。

だが何ごとにも限界はあり、もちろん公的支出や納税者の忍耐にも限りがある。少なくともアメリカでは、納税者は政府がほんとうに自分たちよりうまく金を使うことができるのか、確信がもてないでいる。社会主義について、遅かれ少なかれ他人の金は使い果たして尽きてしまう、という言葉があった。おかしなことに、二〇〇八年の金融危機以後は資本主義にも同じ言葉があてはまりそうなのである。バークが指摘したように、どこかで誰かが自己コントロール能力を発揮しなくてはいけない。「どこかに意志と欲望をコントロールする力がなければ、社会は存在し得ない。そしてその力がそれぞれの内側にないなら、その分だけ外側になくてはならないのである」。

18. 自分のゴッドファーザーになる

「本性を否定すべきじゃないわ」

「本性は否定するのが当然だ……そこが動物と人間の違いなのだから」

「でも、そんなのは狂っている」

「しかし、それだけが生き残る道だ」

わたしは彼女の胸に顔をつけながら言った。

——ドン・デリーロ『ホワイト・ノイズ』

一〇年ほど前、MITの大学院生ディーン・カーランとジョン・ロマリスは思考の糧だけを摂取していたのではなかった。だから二人とも経済学の論文を完成するころ、自分が太ってしまったのに気づいた。

どちらも太ったことが気に入らなかった。ふつうならダイエットブックを買ったり、ウエイト・ウォッチングに加入するところだが、この二人がいたのは経済学的思考では世界有数の場所の一つだったので、彼らはインセンティブについて少々心得があった。そこでカーランとロマリスは契約を結んだ。それぞれが半年に三八ポンド（一八キロ弱）痩せる、もし失敗したら年間所得の半分を相手に差し出すという契約だ。どちらも失敗したら、体重減少が少なかったほうが所得の四分の一を相手に与える。

この額は大きい。これだけの罰金を払わなければならないのなら、ケーキを食べて太っている場合ではないだろう。だが、しばらくはとくに何ごとも起こらなかったので、二人は期日を延長していたが、とうとう、このままではどうにもならない、ということになった。延期すればいいということで、どちらも気が緩んでしまったのだ。そこで二人は条件を厳しくすることに決めた。新しいルールでは、期日延長などの条件変更を言い出したほうはただちに罰金を払わなければならない。

この話をわたしが聞いたのは何年もたってからで、どうして自己コントロールはこれほど難しいのか、どんな手立てがあるのかを調べる途中で、天気のいい午後にニューヘヴンでカーランにインタビューしていたときだった。現在のカーランは小太りで地味なエール大学教授で、第三世界の開発についての業績で知られている。彼はいつも体重では苦労していると語った。太る傾向のある家族だった。母親は長年肥満と闘い、ついには胃を小さくする手術を受けたという。

大学院生のころに戻ると、カーランとロマリスの新しい契約は効果を発揮した。二〇〇二年にはどちらも体重を減らし、契約が続いているあいだはどちらもほぼ減量を維持していた。あるときにはロマリスの体重が約束の数値を超えたので、カーランは実際に友人から一万五〇〇〇ドルを徴集したという。取らないわけにはいかなかった。そうしないとシステムの信頼性が保てない。それではどちらも太ってしまう。

二人が別の都市に住んでからも、しばらくは契約は続行された。そのために、どちらもあまり猶予期間なしに会って体重測定しようと提案できることにした。そのうち二人は別々の道を行くようになった。わたしが会って話を聞いたころには、どちらもそれぞれに体重で苦労していた。いまはシカゴ大学の教授であるロマリスは、二〇〇八年にカーランとの契約が終了したあと何ポンドも太ったと語った。カーランも罰金がなくなったので太ったが、やがて友人のエール大学法学教授イアン・エアーズと似たような契約を結んだ。おかげでその後、カーランは体重をコントロールできているが、あるときには五万ドルの罰金を払わされそうになったという。

規律ある知識人である彼らが食欲をコントロールするのに、どうしてダモクレスの剣のような手段を取らなければならなかったのか？ カーランは、契約は健康的な体重とコレステロール・レベルというような長期的な目標よりも短期的な報酬（ピスタチオ入りのハーゲンダッツ・アイスクリームをいま食べること）を選びがちな人間の本性を抑える働きをした、と説明する。誰でも自分でルールを作ることはできる。カーランの減量契約はルールを破ったときのコストを引き上げたのだ。契約がなかったら減量できたか？ 晴れた午後、健康的なサラダを前に彼は即答した。「できなかった」。

プリコミットメントは効果がある。だからカーランは世界の誰もが利用できるstickK.comというウェブサイトを創設した。このサイトはインターネット上のプリコミットメントのスーパーストアと言っていい。カーランがエアーズと一緒に始めたベンチャー事業で、ここで参加者はそれぞれの行動をコントロールする契約を結び、もし違反したら自分で選んだ罰金を支払う。原理的には、作家のトロロープが言うような破ることのできない規則を自分に課すサイトである。もとは勉強家の大学院生の思いつきだが、このサイトには「あなたの契約、請け負います！」というしゃれたキャッチフレーズがつけられている。

　考え方はきわめてシンプルだ。stickK.com（二つ目のKは契約を意味する法律用語の略語だが、野球好きはこの文字が三振を意味することを思い出すかもしれない）には、減量、禁煙、毎日運動することなどのできあいの合意事項がいくつかある。自分で別の契約内容を作成してもいい。そういう登録者も四万五〇〇〇人いる。条件は自分で決め（二〇週にわたって毎週一ポンド〔四五〇グラム〕ずつ減量するというように）、違反した場合の罰金を送金し、もし望むなら審査員の名前も登録する。違反するとstickK.comがお金の一部を指定した慈善事業に寄付する。登録者が失敗してもしなくても、stickK.comは一切お金を取らない。

　もっと強いインセンティブを望むなら、stickK.comが「アンチ・チャリティ」と呼ぶ方法を選んでもいい。たとえば、自分が決めた約束を守れなかったら、がんばって働いて貯めたお金をジョージ・W・ブッシュ大統領図書館に寄付しなければならないとすれば、これは約束を守る強烈な動機になるのではないか。stickK.comによると、成功率は八五パーセントだという。「stickKがやっているのは、良くない行動のコストを高くすることだけです。あるいは良い行動のコストを低くすること、と言ってもいい」。

(ところで、「アンチ・チャリティ」という方策を思いついたのは stickK.com ではない。一九八四年に『ブラックメール・ダイエット』という本を書いたジョン・ベアが、減量できなかったらひどい目にあう、というセッティングをすればいやでも減量できる、と述べている。ベア自身は減量に失敗したらアメリカ・ナチ党に五〇〇〇ドル寄付すると約束して、減量に成功した)。

あなたは健康のためにという漠然とした理由で今日の午後ジョギングをするかもしれない。だがジョギングしなかったら一〇〇〇ドル払わなければならないとしたら、天気が悪かろうが、仕事を山ほど抱えていようが、足首が痛もうが、ジョギングに出かけるだろう。そして、かっと燃え上がったら簡単に冷静なときの指示を撤回してしまうコールリッジやアニメのミスター・クラブ(カーニ)と違って、stickK.com と契約した人たちは撤回するわけにはいかない。なにしろエアーズがいうように、「この契約には法的拘束力があります。わたしは契約法の専門家ですからね」。

stickK.com に参加する人たちはいろいろな約束をしている。小説を書きますという人たちはたくさんいるし、少なくとも一人は職場にお弁当を持参すると約束している。毎日お祈りをするとか、毎日フロスで歯をきれいにするというような前向きな行動を取ると約束している人が多いが、なかには何かをやめますと約束している人たちもいる(少なくとも一人は、徐々に自慰行為をやめることを目標にしている)。また爪噛みや「自傷行為」など強迫的な行為をやめると約束している人も多い。「元配偶者に電話するのをやめる」というような約束は悲痛でもある。

stickK.comに登録する人たちはインセンティブを意識しているようだ。たとえばあるユーザーは砂糖断ちを約束して、失敗した週には一〇ドル払うことにした。ある日、彼女は「コミットメント日記」に失敗したと報告した。「四月九日、ジンジャーブレッドを食べた。おなかが空いていた。それにお客があったので、おいしいものを焼いて出したかったのだ。抵抗することもできたが、しなかった。でも、少ししか食べなかった。いま考えれば、どうせ一〇ドル払うのだから、もっとたくさん食べればよかったと思う」。

プリコミットメントと貧しい人たち

ディーン・カーランはstickK.comを創設するまで、とくに専門の第三世界の金融に関連して、プリコミットメントについて長く考えをめぐらしていた。数年前、カーランはハーヴァードやプリンストンの同僚とともに、人は自分から貯蓄のためにプリコミットメントの方策を利用するだろうか、もしするとしたら、どれほどの違いが出るだろうか、という調査を行なった。

二人が行なったエレガントな設計の実験はすばらしい結果を引き出した。これは「オデュッセウスを帆柱に縛りつける試み――フィリピンにおける貯蓄強化商品の実態」というタイトルで報告されている。二人の実験はミンダナオで、グリーン・バンクという地元の金融機関と協力して実施された。二人の教授はまず現在および過去の銀行の顧客一七七七人について、楽しみを先延ばしするのが得意かどうかを調べた。「今日、二〇〇ペソもらうのと一カ月後に三〇〇ペソもらうのと、どっちを選びますか」さらに、「六カ月後に二〇〇ペソもらうのと七カ月後に三〇〇ペソもらうのと、どちらを選びますか」というアンケートに答えてもらったのだ。

最初の質問に小額でも早いほうがいいと答え、二番目の質問には遅くても金額が大きいほうがいいと答えた顧客は、たぶん自己コントロールの問題を抱えている。研究者たちはこのうち七一〇人に、「SEED（貯めつつ稼いで楽しもう預金）」という預金口座を開かないかと申し出た。この特別口座の金利は標準的な四パーセントだが、一つ特別なことがある。あらかじめ決めた期日か預金額にならないと引き出せないのだ（ほとんどの預金者は金額ではなく期日のほうを選んだ。金額のほうだと永遠に引き出せない恐れがあるからだ）。

申し出を受けた人たちのうち、自分を認識している二〇二人、二八パーセントがSEEDの口座を開いた。このなかでは、わずかながら女性のほうが多かった。そしてSEED口座を開いた人たちのうち八三パーセントはガネーシャ・ボックスを銀行から買い取った。これは鍵つきの貯金箱で、一つ普通と違うのは鍵を銀行がもっていることだった。ガネーシャ・ボックスを買った人たちは一ペソか二ペソくらいのわずかな金を貯めていく。もちろんこのボックスはSEED口座の趣旨を小型にしたような、貧しい人たちのプリコミットメントの道具だった。

カーランと同僚たちは、SEEDが成果をあげたことを知る。一年ののち、SEEDの口座をもっている人たちの預金額はなんと八一パーセントも増加した。これはささやかな実験だが、人々にプリコミットメントのチャンスを与えれば、たとえたいした所得がなくても迅速にお金を貯められることが明らかになったのである。

　さらにこの実験で、自己コントロールに問題がある人の多くはそれを自覚していることもわかった。SEED口座の参加者の大半は、ガネーシャ・ボックスを買うくらい、自分をよく知っていた。この自己認識は第三世界の貧しい人々のあいだでは珍しいものではない。南アフリカの貧しい人々を調べた研究者たちは、この人々がよくお金の見張り番を頼むと言っている。「隣人や親戚、友人など、信頼できる人に『このお金を預かってくれ、そしてわたしに触らせないでくれ』と頼む」と研究者の一人は説明する。「ときには見張り番のほうも同額を預けることがある。こうすれば、誰かに金を貸してくれと言われても、『自分の金じゃないんだ』と断れる。だからうまくいく」と。

　一九九〇年代、預金の早期引き出しが制限されているせいで、アメリカ人は退職後のための預金に励まないのだろうといわれたことがあったが、調査したところ、六〇パーセントの人は制限を継続すべきだという意見だった。退職後のための預金に早く手をつけられるようにすべきだと考えた人たちは三六パーセントに過ぎなかった。どうしてこんな結果になったのか？　たぶん、人々は自分が預金に手をつけたいという誘惑に負けやすいことを知っていたのだろう。だから安全のために制限を残しておきたいと考えたのだ。

　これは意外ではない。わたしの母は一九六〇年代に、地元の銀行でクリスマス・クラブ口座にせっせと預金していた。ちょっと考えるとクリスマス・クラブは馬鹿げていた。定期的に預金しなければならないのに（記憶では、母は車のローンを組んだときに受け取るような通帳をもっていた）、金利はごくわずかか無利子なのだ。しかも驚いたことには、銀行は一二月までお金を返してくれない。もちろん母がこの口座に預金していたのは、それが理由だった。こうすればいやおうなしに預金するし、しかもその預金は無事に残る。

わたしも以前、大手の新聞社で働いていたとき、同じようなことをしていた。給料から自動的に天引きされる信用金庫の預金だ。当時は昇給するたびに昇給した分だけ天引きされる額を増やした。だから所得が増えてもライフスタイルは変わらず、お金を貯めることができた。政府の予定納税制度を使って同じことをしていた同僚もいる。この制度に詳しくない人たちは知らないかもしれないが、アンクル・サムが給与から天引きする額はかなり裁量がきくのだ。ローンを抱えているとか子どもがいるなどで税控除を受けられる人たちは、ふつうは最終的な納税額にあわせて天引き額を減らす。政府は余分な金に金利を払ってくれないからだ。一方、余分のお金は税の申告をするまでは返ってこない。つまり申告するとかなりのお金が戻ってくるわけだ。金利分をサービス料と考えれば、ほかの方法では預金できないことを知っている者にはなかなかいい方法になる。

自己コントロールが上手な人たちは手近なツールを利用する。ナンバー賭博の宝くじもその一つのようだ。宝くじがどういう仕組みかご存じなら、ナンバー賭博もおわかりになるだろう。ただし、ナンバー賭博のほうが割りがいい。

わたしはナンバー賭博が盛んな地域で育った。人々は二五セントか五〇セントの賭け金を胴元に支払って、夢や誕生日やそんな数をもとに三桁の数字に賭ける。その数字が当たれば勝ちだ。毎日の当たり数字はたとえばその日の水道使用量やアメリカ証券取引所の取引総額の最後の数字というように、インチキができない客観的なところから取られる。宝くじと同じように、ナンバー賭博も当事者にとっては一つの娯楽だ。

だが一九七〇年代に社会学者のアイヴァン・ライトがハーレムのナンバー賭博を調べて、これは気晴らしでも「愚かさへの課税（国家が運営する宝くじを、皮肉なエコノミストたちはこう呼んだ）」でもなく、人々の貯蓄を促す効果的なプリコミットメントの仕組みであることを明らかにした。部外者にわからなかったのは、ハーレムの住民たちは銀行を信用していないし、銀行が何かしてくれたこともなかった、ということだ。そこで違法ではあってもナンバー賭博がその隙間を埋めていた。

まず、当たりの数字はつねに000から999までの三桁でしかない。だから勝率は天文学的な数字ではなく、1000対1である。さらに賞金は決して何百万ドルもの額にはならないが、勝者は一ドル賭けて、賞金を管理する胴元に決まりの手数料一〇パーセントを払っても五〇〇ドルくらいを手にすることができる（もちろん税金なんか払わない）。するとハーレムのギャンブラーたちはどれほどの金を貯めることになったか？　調査によると、参加者は常連で、七五パーセント近くが週に二回から三回以上、四二パーセントは毎日、何年も賭けていた。言い換えると、長期的な投資のようなものだった。そしてだいたい一ドルを一〇〇〇回賭けるごとに五〇〇ドルが戻ってくる計算だった。これは投資のリターンとしてはたいしたことがないように見える。だが、多くの参加者は二五セント硬貨、つまりいくら貧しい人たちのあいだでもいつのまにか消えてなくなる程度の額を賭けていた。その見返りは希望だ。賭けに勝つまでは「貯金」は獲得できない。それに便宜という見返りもあった。ナンバー賭博の胴元はうちまで来てくれる。だからこそ人々は賭けを続けていた。インドの貧しい地域では「預金徴集者」が同じ機能を果たしている。徴集者は客に二二〇のマスが書かれたカードを渡し、客は毎日一マスごとにたとえば五ルピーを預ける。マスが全部埋まると、預金者は一一〇〇ルピー返してもらう。一〇〇ルピーは徴収者の手数料だ。預金者は取りに来てくれる便宜の代償として、そしてコミットメントの手段の代償として、喜んでマイナスの金利を受け入れる。

ハーレムでは、ナンバー賭博の参加者は自分たちの金が黒人の企業や地元の雇用創出、それに近隣の投資にも役立っていることを知っている。だが何よりも大事なのは、遅かれ少なかれ大金を手にできることだ。そしてそれがいつになるかは、誰にもわからない。

「ほとんどのギャンブラーは、ナンバー賭博が個人的な貯蓄の手段であることを理解している」とライトは報告している。「この一見馬鹿げた勘違いが正当化されるのは、ふつうの預金の仕組みに失望した体験があるからだ。ナンバー賭博の胴元は預けた二五セントを決して返してくれない、と彼らは言う。いくら決心が鈍っても取り返せない。だが、うちに二五セントをしまっておけば、あれにも使いたい、これにも使いたいとしょっちゅうせっつかれる。決心が鈍ったら、その金を使ってしまうだろう。だから小金のいちばん良い使い道はナンバー賭博に賭けることだ、と彼らは考える」。

プリコミットメントと父権主義

偶然ではないだろうが、stickK.com が登場したのは、父権主義（パターナリズム）への関心が再び高まった時期でもある。父権主義は、一時は優生学と並んで「政治的に間違った」タブー視される言葉だった。だが、最近ではエコノミストのリチャード・セイラーと法学者のキャス・サンスティーンを初めとして賢明な人たちのなかにも、人々に良い選択をさせるために、思慮深い「選択のアーキテクチャ」を通じて行政が手を貸すことは正しい、と唱える人たちが出てきた。この考え方を加速させたのが、グローバル金融危機とその後の国境を越えた不況だ。たとえば企業のカフェテリアでも、客が健康な食べ物を選ぶように仕向けるため、フルーツや野菜が目立つように置かれ、値段もデザートよりは魅力的に設定されている。行動を強制するのではなく、間違いなく望ましいものが選ばれるように選択肢の見せ方を工夫するのだ。これが「ソフトな父権主義」である。

典型的な例は、企業が従業員を自動的に401kプランに参加させるが、脱退する権利も認めるという動きだろう。いままでは正反対で、従業員が自分から進んで参加する仕組みだった。人間には現状を維持する傾向が強い。あからさまに言えば、人々の人生では惰性が強力に働いている。たとえば二〇〇一年に発表されたブリジット・メイドリアンとデニス・シェイの調査では、自動的に加入する制度が採用されたあと、ある企業の新入社員の401kプラン参加率は四九パーセントから八六パーセントに上昇したという。初期設定を逆にしたおかげで、コストもかからず誰も制約されないのに、大勢の従業員の退職後の備えが大幅に充実することになった。

stickK.com の考え方も同じだ。このサイトでは、人々が二次的欲求を守るために自分の意志で行動する。たとえばタバコは吸いたいが、しかしその欲求どおり行動すべきではないと思う。理性的には禁煙すべきだという二次的欲求に従いたい。そうすれば肺ガンのリスクその他のタバコの害を避けられる。stickK.com の長所は、自分で長期的な目標を設定して、自分で父権主義を実践できることだ。stickK.com はそのための手段を提供する。考え方は痩せるための胃の縮小手術や顎間固定手術と同じだろう。stickK.com はマフィアのボス、ヴィト・コルレオーネのように、拒否できない申し出をしようという。そして、わたしたちそれぞれが自分のゴッドファーザーになるより良い方法があるだろうか？

19. 現在を楽しめ

……おまえも部下もいろいろな苦難に遭いはしても、いつかは故郷へ戻れるだろう。
ただし彼らの、そして自分自身の激しい欲望を抑える力があればの話だが。

――オデュッセイア

どうすれば自分のゴッドファーザーになれるのか？ 答えは無知で幼稚な態度を捨てて、自分に対してもっと高度なアプローチをすることだ。それにはまず、誘惑に直面したときに意志の力をあてにするのはできるだけやめること。オデュッセウスのように、アポロンの牛のいる島に上陸して、飢えた船員たちがバーベキューしたくなるのを我慢させるより、さっさと島の沖合いを通り過ぎたほうがいい。これは、自分が環境にいかに影響されやすいかをわきまえることでもある。そしてできるだけ良い影響を受けるように環境のほうを変えるのだ。

何よりも大事なのは、高度なアプローチのためには、わたしたちは自分の最善の意図を守りきれないと自覚しなければならないことだ。かつてなかったほどに自由で豊かな世界でより良い生き方を目指すなら、他者の――家族だけでなく、友人や同僚、コミュニティの――力を借りるしかない。自分を自分自身の意図という帆柱に縛りつけるために全力をあげること、そこにしか希望はない。ベッツィ・ケラーもそうした。

ケラーはコネティカット州グリニッチに住む栄養士で母親でもあり、いつも活動していることが大好きだった。ところが二〇〇五年にスキー事故で膝の靭帯を痛めて、ギプス生活を余儀なくされた。運動でカロリーを消費できなくなったケラーは、過激な方法を取った。子どもたちにおやつを与えたあと、自分は乾きにくいマニキュアを塗って、おやつの袋に手を入れられないようにする。食事は実際より多く見せるために小さめの皿に盛り付けた。食事後はすぐに歯を磨いて、後片付けしながら何かつまみたくなるのを防いだ。さらにデザートを出すときには、自分のデザートの半分にすぐに塩をかけて食べられなくしてしまう（この方法は母親から学んだものだった。母親は高齢になってからも健康な体重を維持していた）。こんないろいろな手段を取った理由は簡単だ、とケラーは話してくれた。「効き目があるからです！」

ケラーのような人たちの行動に、わたしたちは矛盾した感想を抱くかもしれない。まず、この人たちの自制心にわたしたちは驚く。だが、これほどプリコミットメントに頼らなければならないのは自制心が「欠けている」からではないか、という気もする。たとえば痩せるために顎間固定の処置をしてもらう人は、人工的な方法を取らなければ自分では食欲をコントロールできないことを認めているわけだ。ヤン・エルスターは、酒に関する限り、多くの社会には酔っぱらいと禁酒の両方に反対する規範が存在する、と指摘している。映画『マルタの鷹』のなかで、シドニー・グリーンストリートが酒を注ぎながら、うまいことを言う。「『ああ、そのくらいでいい』というやつは信用しないことにしている。飲みすぎないように気をつけなきゃならんってことは、飲んだときには何をしでかすかわからん、ってことだからな」。

そろそろ明らかになったと思うが、どんな感想を抱くにせよ、最善の意図を貫徹するように自分自身を縛る(できるなら撤回不可能なやり方で)ことは、自己コントロールの最も強力な武器なのだ。ほんとうは選びたくない選択肢が予想できたら、全力をあげて妨害するほうがいい。そうなっても意志の力で拒否できるなどと、決して考えてはならない。

意志の力はあてにならない

意志の力はよく筋力にたとえられる。時間をかければ鍛えられるが、しかし短期的には筋力と同様に疲れて弱ってしまう。いろいろな調査が繰り返し、自己コントロール力が消耗すると誘惑に弱くなるという結論を出している。これが最大の問題だと考える人たちさえいる。現代の少なくとも一部の社会では、自己コントロール能力に重い負担がのしかかっているので、ほとんどの時間は疲れて消耗している。ミシェル・ド・モンテーニュは魂について同じことを言った。魂を働かせるには「ときどき休ませて、ほどほどにしなくてはならない。緊張が続きすぎると、狂ってしまう」と。

「自我の消耗」と呼ばれるテーマの研究は非常にわかりやすい。研究者たちは被験者の自己コントロール能力に(チョコチップクッキーの皿を前において我慢するというように)負荷をかけ、そのあともっと自己コントロール力を必要とする作業をさせる。負荷をかけなかった対照群の人たちに比べて、負荷をかけられて消耗した人たちはほぼ決まって二番目の作業の成績が良くない。シロクマのことを考えないようにしてください、と言われた人たちは、その後、滑稽なビデオを見せられると笑いを抑えられなくなる。最初にチョコレートを我慢させられた人たちは、その後で難しい問題を解かせるとすぐに諦めてしまう。自己コントロール力が消耗した人たちはくだらない娯楽や食べ物を選ぶ。ダイエット中なら、食べ過ぎる。

興味深い研究がある。被験者に「退屈な歴史上の人物の伝記を音読してください」と頼むのだが、その際に身振りや表情でできるだけ感情を強調してくださいと指示する。別のグループにも同じ文章を音読してもらうが、こちらは読み方を指示しない。そのあと、全員がありふれた商品を割安で購入するチャンスを与えられる。感情的に消耗した人たちのほうがよけいにお金を使った、と聞いて意外に思われるだろうか？　さらに、消耗していた人たちは値段が高くても買う傾向があった。

自己コントロール力が消耗するとき、どんな生物学的プロセスが働いているのか、あるいはどうして時間をかけて鍛えると強くなるのかははっきりしない。脳の関連領域でブドウ糖の使い方がうまくなるか、自己規制に努めていると重要な神経伝達物質の流れが増大するのかもしれない。おもしろいことに、自己コントロールと意志決定はどうやら同じ謎のエネルギー・リソースを使用しているらしい。だから、現代世界でさまざまな選択肢に直面しているせいで、わたしたちはいつも自己コントロール力が消耗した状態にあるとも考えられる。

ブドウ糖が一役演じていることはたしかなようだ。自己コントロール能力が必要な作業の前後で、血液中のブドウ糖濃度を調べた研究がある。すると予想通り、作業後のブドウ糖のレベルはそうとうに低下していた。そして血液中のブドウ糖のレベルが低いほど、二番目の作業の成績も悪かった。ここで砂糖（ダイエット甘味料ではなく）入りのレモネードを一杯飲むと、回復の効き目があるらしい。この結果をダイエットにあてはめれば、食べないからよけいに食欲との闘いが厳しくなっているのかもしれない。「意志力というのは単なる比喩ではない」とロイ・バウマイスターは言う。「良い生き方は生物学的には負担が大きい」。

ここからどんな結論が引き出せるか？　修士論文を書こうと苦労しているときに禁煙するのは難しいかもしれない。意志力が消耗しているときにはチョコレートやゲイタレードが元気をつけてくれるのではないか。と言っても、複合炭水化物やリーン・プロテインを推奨する専門家に反論するつもりはないが。また、充分な睡眠をとるのもよさそうだ。

それに、ほんとうのことを言ったほうがいいらしい。嘘をつくのは自己コントロール能力に負荷をかけるらしいからだ。ハーヴァードの道徳認識研究室で脳画像撮影を行なって調べた心理学者たちは、「不誠実な行動をすると、前頭前皮質のコントロール関連の領域の活動が活発になる」ことに気づいた。つまり嘘をつくと、誘惑に抵抗するのに必要な心理的リソースが減るらしい。

鍛えれば強くなるという事実からも、意志力は筋力と似ていると言える。だから多くの宗教は定期的に断食など禁欲的な儀式を信者に行なわせるのかもしれない。宗教的な人たちは自己コントロール力が大きいように思われるが、自分で鍛えている人もそうらしい。ある研究では、自己コントロールのエクササイズ（姿勢を正す、ネガティブな気分を振り払うなど）を二週間行なった学生は、しなかった学生たちに比べて、ハンドルを長いあいだぎゅっと握り続けるという作業の成績が明らかに向上したという。

筋力としての意志力についての研究ではパイオニアである心理学者のマーク・ミュラヴェンが行なったこの実験の結果に、ウィリアム・ジェームズはきっとうなずくだろう。彼は一九世紀の人らしい勢いでこんなふうに勧めている。

毎日、ちょっとした練習を行なって、努力する力を維持しなさい。とくに必要でない場面で立派な行いを続けるとか、毎日あるいは一日おきに、ただ難しいことをするために難しいことに挑戦していると、ほんとうに緊急事態が迫ったときにあわてたり自信がなくて不安になったりしなくてすむ。この種の修行は住宅や品物にかける保険のようなものだ。保険をかけたときには何も役立たないし、あるいは一生、見返りがないかもしれない。だが火事になれば、保険をかけていたおかげで救われる。毎日とくに必要のないところで集中力を養い、意志を鍛え、禁欲を実行している人も同じことだ。何かが起こったときには、何もかもが揺れ動いて根性のない人々が籾殻のように吹き飛ばされても、塔のように堂々と立っていられるだろう。

だが筋力にも限界があり、ボディビルダーでも永遠に腕立て伏せを続けることはできない。だからジェームズの勧めに従うのは悪くないにしても、高度な自己管理ツールという戦略のさまざまをすべて放棄してしまうのは愚かと（あるいは自己コントロールの面で言えば幼稚と）いうものだろう。たとえば車のスピード出しすぎが心配ならクルーズ・コントロールを設置する。車に乗る前にもう一杯と思いかけたら、子どもたちの名前を唱えるか、悲しみにくれる顔を思い出すべきだ。それよりもバーに腰を下ろす前に子どもたちの写真を眺めたほうがいいだろう。笑いや楽しい気分など、愛着を表す強い感情が意志を強くすることは知られている。それに罪悪感も友だちである。友だちの助けを求めることはいつだって役に立つ。正しい友だちであれば。

地獄は他者ではない

誰かが見ていると思うと、身を慎むことが多い。実験によると、たとえば無人の新聞販売スタンドに鏡をおいただけでも、ちゃんと料金を払っていく人が増えるという。鏡には状況に流されるのを防ぎ、まじめに仕事をさせ、ごまかしを減らす力もあるらしい。子どもたちを対象にした別の調査では、鏡を置いただけでハロウィーンのキャンディが盗まれる率が七〇パーセントも減少した。

他人を鏡と考えることもできる。ハワード・ラクリンは書いている。「友人や親戚は長いあいだの自分の行動を映し出す、欠くことのできない鏡だ──わたしたちの魂の鏡である。『壁にかかった魔法の鏡』で、この飲み物、このタバコ、このアイスクリームサンデー、このコカインが新しい未来になりそうか古い過去になりそうかを教えてくれる。そんな友人や親戚なしで暮らそうというのは、自己コントロールに恐ろしいリスクを負うことになる」。

いろいろな意味で人間関係は欠かせないが、自己コントロールということでは、オデュッセウスが乗組員に頼ったように、わたしたちは人間関係を頼りにしている。他人の力を借りずに、自分で自分の意志に身体を縛りつけることはできない。禁酒プログラムの参加者には気持ちが弱ったときに連絡できるスポンサーがいるし、インターネット・サイトのstickK.comでさえ、目標を達成したことを証言してくれる審査員を決めておくことを勧めている。

孤独だと自己コントロールが損なわれることはわかった。だが、コミュニティには社会的疎外を減らし、規範を打ち立てるなどのほかにも、さまざまな方法で自己コントロールを促す働きがある。コミュニティは社会的情報システムでもあり、評判は重要だから、コミュニティに身を置くことがそれなりの力になることは知られている。コミュニティは良い評判という報償もくれるし、冷遇や無視という罰も与える。そのことをわきまえておくと、自己コントロールに役立つ。新年にあたっての決意をするなら、みんなに話したほうがいいし、ブログに書いておくのもいい。そのあとは、自分の評判がかかっているのだから、いやおうなく決意を実行しなければならなくなる。

自分の最善の意図を貫徹するためにほかの人の力を借りるのは昔からあるテクニックだし

(「神よ、どうか今夜はデザートを注文させないでください!」)、それには充分な根拠があるのだから、誰でも活用したほうがいい。友だちに褒められるか貶されるかと考えるのは、利用する価値がある無料の報酬システムだが、そのようなシステムがなくなると多くの人は自己コントロール力を失ってひどいことになる。現代生活でいちばん困るのは、そのような共同体という側面が崩れていることではないか。人はいとも簡単に引越しをするし、わずかな金や日光や、ただ新しいことをしたいというだけのために、幸せの源泉であった友だちや親戚、隣人、同僚とのつながりを捨てる。結婚の破綻も、親戚や友だちのネットワークを破壊して似たような結果をもたらす。ほんとうに自分の欲望をコントロールしたいのなら、このような人間関係からやたらと逃亡したがる傾向を見直すべきだろう。

とくに友情は見過ごされがちだが、家族関係の崩壊が生み出す深淵を埋めるのは友情しかないのではないか。アリストテレスがよく知っていたとおり、友だちは大切だし、慎重に選ばなければいけない。仲間から受けるプレッシャーというものがあるし、このプレッシャーはいろんなことに影響する。だからプレッシャーになる仲間は気をつけて選んだほうがいい。ジョンズ・ホプキンズ大学公衆衛生大学院の健康・行動・社会部門のデヴィッド・ホルトグレイヴ科長は、「時間をかけて行動を変えて、その変化を維持しようと思うなら、その変化を支え続けてくれる人々が必要だ」と言っている。

セラピストのところへ行けば友人を雇うこともできるが、自己コントロールについてはいくらフロイトが大御所でも、フロイトの流れを汲む精神分析は料金が高くて時間がかかるから避けたほうがいいかもしれない。それよりもアルバート・エリスのやり方のほうがお勧めだろう。

ブロンクスの冷ややかな両親のもとで育ったエリスは病気がちな子どもだったが、一九歳のときに自分で内気さを克服した。ニューヨーク植物園のベンチに一人で座っている女性全員に声をかけるという仕事を自分に課したのだ。結局、彼は一三〇人くらいに声をかけたが、デートに応じてくれたのはたった一人だった。それでも「誰も嘔吐もせず、逃げ出しもしなかった。警察を呼んだ女性もいなかった」とエリスは何年もたってから『ニューヨーク・タイムズ』で語っている。「わたしは考え方を変え、感じ方を変え、とくに行動を変えることで、内気さを完全に克服した」と。

エリスはその後、著作家、そしてフロイト流のセラピストになったが、まもなく正統的な分析手法と袂を分かって、いまでは「認知行動療法」として知られているものを始めた。何年もかけて過去の人間関係やトラウマに焦点をあてる心理分析と違って、認知行動療法はもっと手っ取り早く問題に対する考え方を変えることを目標にする。不満を言うのをやめ、自分の状況を淡々と冷静に見つめ、状況を良くするために必要な手段を講じようという考え方である。映画『マーティ』のなかでミセス・ピレッティが芝居がかった言動をする妹に言うように、「そんなことを壮大なオペラにしないで」というわけだ。

認知行動療法はストア派に多くを負っている。ストア派は人間的な要素を強調し、環境や出来事に対する自分自身の反応のように自分でコントロールできることを重視した。エリスもストア派も、感情にも意志が働く余地は大きく、ある感情の状態を意識してそれに同意することも否定することもできるという見方をとった。エリスにはアルコールや怒り、優柔不断、気分などに関する著作がたくさんあり、自分の問題に対する考え方を変えなさいと強く主張している。自己欺瞞や「破局的な見方」などの有害な精神活動を掘り起こして、ほかの悪い習慣と同様に前頭前皮質で容赦なく点検しなくてはいけない。大事なのは自分と自分の環境について正しい知識をもち、それを活用することだ。それに認知行動療法は自分でもできる。退屈だからといって何かを食べるのは合理的か？　合理的でないなら、やめる方法を探そう。

環境を利用する

子どもっぽい考え方をしてはいけない。わたしたちは気づかないうちに環境に影響される。だから、望ましい反応ができるように環境を整えることだ。暮らしの環境の初期値――いままでは惰性で決まっていること――を、二次的欲求にあわせて自分で設定すればいい。そうすれば良いことが起こるだろうし、認知のリソースを多くの不必要な選択で浪費しなくてもすむ。アポロンの牛がいる島には上陸せずに通り過ぎよう、とあらかじめ決めておくわけだ。

環境をコントロールする効果的な方法の一つは、関心の対象を整理することだろう。気を散らしそうなものはデスクから片づける。インターネットに費やす時間を減らしたければ、アクセスをブロックするソフトウェアを使う。少なくともeメールやチャットのプログラムはしばらくオフにしておくべきだ。電話の電源を抜き、オデュッセウスの乗組員たちのように耳栓をする――集中力を妨げることはすべて取り除くのである。気を散らしそうなものも誘惑も消せないのであれば、せめて考え方を変える。そういうものの気を惹かれる面は無視して、自分がほんとうにしたいことを考えればいい。

家庭環境については、避けなくてはならないものは購入しないこと。おなかが空いているときには買い物をしない。見た目や匂いで気をそそる実店舗ではなく、オンラインで注文する。クレジットカードは財布から出して、引き出しにしまってから出かける。これを買ったら代金を払うためにどれくらいの税込み収入を稼がなければならないかを考える。

自制心を強化するために環境を整えるもう一つの有効な方法は、自然に触れ合うことだ。わたしにとって興味ある自然とは人間だけなので、こんなことは書きにくいのだが、しかしストレスが大きくて匿名性の高い都市生活が自己コントロールに脅威を与えていることは、研究によって明らかになっている。都会は刺激的だが、認知力をすり減らす。都会をちょっと歩いただけで、関心も記憶力もへとへとになる。注意欠陥障害の子どもたちは自然な環境だと症状が緩和される。都市部の少女たちを対象にした調査では、緑色のスペースが見えるかどうかで、自制心のスコアが二〇パーセントも違った。シカゴの公営住宅では、芝生のある中庭が見える部屋の女性たちはそうでない部屋の住人に比べて集中力が高く、人生の大きな問題に対処する力も大きかったという。さらに「グリーンな」アパートでは家庭内暴力も少なかった。「都会で聖人になるのは難しい」と歌ったブルース・スプリングスティーンは正しかったのだ。

二次的欲求に忠実に生きようと本気で思うなら、そして新年の決意をする人たちがよくするように、そのためにわざわざ計画をたてるなら、いちばん過激な方法は自分をB・F・スキナーのハトとして扱うことだ。人は目的を達成したら自分にご褒美を与えよう――上等のワインを開けよう、新しいドレスを買おう、ハワイにバカンスに出かけよう――とよく考える。だがご褒美に値するかどうかを誰かに判断してもらわない限り、この方法には問題もある。自分を研究用のラット扱いしてもかまわないなら（実際のところ、人間もラットもそう変わらない）、友だちや家族が大きな助けになる。わたしが一日に三ページ原稿を書いたことを確認できない限り、酒を飲ませないでくれ、と妻に頼んでおいたら、この本は何カ月も早く完成しただろう。原稿ができないならセックスを拒否すると妻が言えば、二〇〇七年に完成していたかもしれない。

難しくて先の長い変化を起こしたいのなら、前もって（自分にも他人にも）その意図を宣言するといい。正式に結婚式をあげるまでの婚約期間はいつだって有意義なものだ。志願兵の誓約書調印から実際の入隊までに期間がおかれるのも偶然ではない。またある調査によると、慈善活動への募金で申し込みのあと入金が遅れてもかまわないことにすると、募金額が上がったという。別の調査では、食料品の注文に時間をかける人ほどお金を使わず、しかも健康的な食べ物を買っていた。

逆にスピードと手軽さは自己コントロールの大敵だから、自分と疑わしい楽しみとのあいだに時間とスペースの距離を置いておくと役に立つ。たとえばワシントンDCの郊外に住むシステム管理者のスコット・ジャファは、「自分の401kにオンラインでアクセスする暗証番号を消してしまい、老後のための貯蓄に手をつけられないようにした。目的は手続きを『難しくすること』、そして自分の感情に負けそうになっても『人間を介在』させないとお金を引き出せないようにすることだった」。このプリコミットメントのおかげで、株価が急落してはらはらしたときも早まった行動を取らなくてすんだという。

本を書くというのは、現代の仕事の性質を象徴的に表わしている。体系化されておらず、肉体的というよりは精神的な作業で、しかも往々にして報酬は乏しかったり、はるか先のことだったりする。そんな状況に置かれたら、いちばんいいのは具体的な目標を、リーズナブルで達成したかどうかがすぐにわかる目標をたてて、できれば書面にしておくことだ(自分も基本的にはあてにならないから、冷戦時代によく言われたように「信頼するが、検証もする」姿勢をとったほうがいい)。

環境をコントロールするとは、仕事がしやすいように仕事を組み立てることを意味する。大きなプロジェクトなら、はっきりしていてわかりやすく、日々の進行度合いがわかる「中間的な目標」をたてておく。たとえば今日の目標は本一冊を仕上げることではなくて、原稿を二ページ書くこと。この目標を書いておけば、たとえ本が仕上がらなくても達成感を得られる。漸進的改良主義には違いないが、健康的だ。短期的なご褒美を選ぶわけだが、しかしそのたびに完成に近づいていく。

食べ物の環境を整えることはとても大切だ。コーネル大学の食品心理学の専門家ブライアン・ワンシンクは、クッキーなどの太る食べ物は絶対に袋から直接食べてはいけない、と言う。何枚かをきちんとお皿にとって食べなさい。また野菜は大きなボウルに入れてテーブルに出してもいいが、太る食べ物はキッチンでそれぞれのお皿に少量ずつ取り分けて出すこと。大勢で食事するなら、最後に食べ始めなさい。食べ放題のビュッフェの場合には（現代生活は事実上、食べ放題のビュッフェだが）、原則として一度に二種類だけ皿に取ること。

自己コントロールのパラドックスの一つは、得るものがあれば必ず失うものもあることだろう。たとえば運動は自己コントロール能力を高める。運動が加齢による前頭前皮質の収縮を遅らせ、ボケのリスクを減らすこと、それにラットの場合はほかにもいろいろと脳の働きに良いことがわかっている。だが、いまの人たちはご先祖さまに比べて圧倒的にデスクワークが多いから、運動をするには自己コントロール能力を使わなくてはならない。ここでも、どうしても歩く必要があるところに住まいを定めるなど、高度な戦略が助けになるだろう。あるいは運動のパートナーを決めて、どうしてもジムに出かけなくてはならないようにするとか。

運動が自己コントロール能力を高めるのは、一つにはセロトニン・レベルが上昇するからだ。その意味では明るい光も有効だが、七面鳥その他セロトニンが豊富だとされる食べ物は効果がないらしい。セロトニンは気分に影響するが、気分もセロトニンの効力に影響するようだ（俳優は異なる気分の「演技をする」ことでセロトニン・レベルを変えることができるという）。嫌な気分になったら外に出て、明るい日光のもとで活動しよう。ただし、クレジットカードはうちに置いていったほうがよろしい。

習慣を利用する

望ましい欲求に従って生きるいちばんいい方法は、たぶん習慣化することだろう。習慣とは、オースティン・パワーズの映画に出てくるドクター・イーブルが小指を口の端に突っ込むように、無意識のうちに何度も繰り返し行なっていることだ。そのような行動は、最初は意志的に行なったのだろうが、繰り返しているうちに、あるきっかけがあると自動的に出てしまう。そのような習慣や癖は誰にでもある。意識というリソースには限りがあり、人間はできるだけそのリソースを節約するように進化してきたからだ。そこで、意識はできることなら何でも脳の自動的な領域に追い込み、反復行動を前頭前皮質からもっと深部の大脳基底核に移して、処理能力を重要なことのためにとっておこう――それによってエラーの確率を下げよう――とする。アルフレッド・ノース・ホワイトヘッドは言う。「考えなくても遂行できる操作をどんどん広げることによって、文明は進歩してきた。思考という操作は、騎兵隊の戦闘のようなものだ。騎兵は数が厳しく限定されているし、元気な馬を必要とするから、決定的な瞬間にだけ出動しなくてはいけない」。

実際、わたしたちはたいていのことを考えずに行なっている。最初に運転したとき、どきどきしてハンドルを握り締めたのを覚えておられるだろうか？　ファミリーカーを運転するのに最大の注意を払わなければならなかった。だが時間がたつにつれて、職場の問題について思いめぐらしたり、後部座席の子どもたちの喧嘩を聞きながらでも運転できるようになる。わたしは息子たちに話しかけながらネクタイを結べるが、ネクタイに集中しろと言われたら混乱するだろう。妻はテレビを見たり、友だちと亭主の愚痴をこぼしあいながら、セーターを編んでいる。

だから習慣や癖は必ずしも悪いものではない。だが、習慣は捨てにくい。とくに束になってやってくるような悪い習慣は変えにくい。もともと本能的な衝動に根ざしているからだ。良い習慣は大事にすべきだ。「理性に従うことが習慣になる」と自制心の発揮に役立つ、とアリストテレスは言った。ウィリアム・ジェームズは名著『心理学の諸原理』の一章を割いて習慣について述べている。「すべての教育において大事なことは、神経システムを敵にするのではなく味方につけることである。そして成果を資本として活用し、その金利で楽々と暮らすことだ。そのためにはできる限り多くの有用な活動を自動化、習慣化する必要があるし、自分にとって不利な道に進んでしまわないように、疫病を予防するように防御しなくてはいけない」。

習慣に道徳的な重要性があることは、ジェームズが指摘したとおりだ。そしてわたしたちは、習慣的な行動こそ自分であることを知っているらしい。マーク・リアリーが述べているように、「いったん形成された自意識は意志決定に重要なインプットを提供する。わたしたちの行動は多くの場合、自分がどんな人間か――たとえば自分がどんな性格で、どんな能力をもっているか――という信念に影響される。自分はこういうことをする人間だからと思って行動し、『こういうことをする人間ではない』と思って何かに抵抗することはよくある」。

そこで、わたしたちが意図に従って行動するかどうかは、それがどこまで習慣化されているかによって決まると言ってもいい。中年になって運動と喫煙で苦労するトーマス・ブッデンブロークを描いたトーマス・マンはこのことをよく知っていた。「彼の意志力は長年の怠惰と不活動によって衰えていた。朝は遅くまで寝ているが、毎晩腹立たしい思いで、明日こそ早起きして指示されたとおりに散歩するぞと決意する。だが実行したのは二度か三度だけ。ほかのこともすべて同じだった。そして始終自分を奮い立たせようと努力してはいつも失敗するために、自尊心が損なわれて絶望に陥る。彼は禁煙しようと試みたことすらなかった。タバコなしではやっていけない……」

一方、ある出来事で自己コントロール能力を発揮すると自信ができて、次の機会にもきっとやれると思う。そのうち自己評価が高まるし、その評価を維持したいと強く願うようになる。試練に遭うたびに決意は固くなるだろう。失敗したら悪い前例ができて、自分自身をだめにしてしまうと恐れるからだ。また失敗をどう考えるかも重要だ。例外だと考えるか、なんらかの方法で合理化できれば、安全な場所に隔離できるから、今後の決意に悪影響を及ぼすことはない。そうやって意図どおりの行動をするという経験を積み重ねていくと、まもなく意志力という不安な領域から習慣という晴れ渡った領域に移すことができて、あとは自動的に進行することになる。それでこそ達成だ。ジョン・デューイは「習慣とはアートである」と述べた。

悪い習慣を捨てて良い習慣を作りたいなら、ほとんどの習慣は時間や場所、人、ある種の気分、それに繰り返し行なっている行動など、環境の信号に大きく左右されることを忘れないほうがいい。勤務先まで決まった道を通って運転するという行動は、最初は目標（仕事に行く）

達成のためだっただろうが、そのうち信号によって（朝、コーヒー、ガレージなど）促されるようになる。わたしたちはただのイヌどころか、パブロフのイヌなのだ。「記憶が特定の行動を特定の場所や気分と結びつけたとき、習慣が形成される」と、南カリフォルニア大学の心理学者ウェンディ・ウッドは言う。「いつもカウチでポテトチップを食べていると、カウチを見ただけでポテトチップに手を出すようになる。このような連想はそうとうに強力なので、ダイエットを成功させるにはカウチを木製の椅子に変えなくてはならないかもしれない」。

悪い習慣が問題なら、良い習慣は貴重だ。正しい行動の心理的なコストを引き下げて、意識的な意志決定を無用にし、正しいことが行なわれないリスクを低下させてくれる。「ごく小さな義務を熱心に遂行して、悪事を避けなさい」とユダヤ教のタルムードは教えている。「一つの義務は次の義務を促すし、一つの悪事は次の悪事を促す」。

ホーマーとネッド

アメリカでは、自分がテレビアニメ『ザ・シンプソンズ』に登場するホーマー・シンプソンかネッド・フランダースのどちらかではないかという気がすることが多い。ホーマーはほとんどの場合、欲望の奴隷だが、心臓は脂肪に包まれていても、根は優しくて親切だ。一方（クリスチャンの隣人）ネッドのほうは自己コントロールの権化のような人間で、一瞬たりとも感情に負けたりしない。だがそれはカルトのような福音主義の奴隷だからだ。どちらも自分の意志を充分に発揮しているとはいえない。

それではどちらになりたいのか、わたしにはなかなか決められない。ホーマーは自分勝手で、近視眼的で、だらしがなくて、鈍感で、揚げた皮を追加した巨大サイズの容器入りフライドチキンに目がない。ネッドは人当たりがよくて、ハンサムで、子どもたちはお行儀がいいし、自分で事業を経営しているが、やっぱりとんでもない欠点がある。ネッドの立派な暮らしはあまりに型どおりで嘘っぽいいし、彼の選択は効率的ではあってもどこかいじけている。

そこで大切なのはホーマーにもネッドにもならず、どの好みに従うべきかを自分で判断し、望ましくない欲求にせっつかれても断固として道を外さないことだろう。道徳哲学者ハリー・フランクファートに言わせれば、それでこそ人間らしい人間になれる。そうでなければホーマーのように自分の衝動に引きずりまわされるか、ネッドのように盲目的に外部の力に従うことになる。

この選択肢に直面して、わたしたちは再び、故郷への長い苦難の道をたどる途中でスキュラとカリュブディスに挟まれた海を進まなければならなかったオデュッセウスと同じ立場に立たされる。幸い、オデュッセウスのような英雄にならなくても、わたしたちの誰もがなれる。自分がもつ欲求はどうにもならないが、しかしどの欲求を優先するかは決めることができるし、それに従って方策を探すこともできるからだ。

自己コントロールという問題の最大のポイントは未来であり、わたしたちが未来をどう考えているか、ということにある。現在、未来はあまり明るくないように思われる。一つには、地球の温暖化や債務の増大、そして食べすぎや肥満などの面で、わたしたちがあまりにもだらしがないからだ。個人としても集団としても、もっと良い生き方は可能だろう。だが、同時に事態はもっとひどかったかもしれないことも思い出すべきではないか。テクノロジーがこの混乱を引き起こす一つの原因だったなら、解決策も与えてくれるかもしれない。遠くない将来、何を食べても体重が減らない薬ができるかもしれない。生まれる子どもたちの遺伝子操作ができるようになったらどうだろう？　超人間的な自己コントロール能力も可能かもしれない。そうしたら予防注射や基本的な学校教育のように、処置を法律で義務づけることになるだろうか？

こうした疑問の答えは将来に、そして別の本に任せるしかない。とりあえずは明るい面を見ることにしよう。自己コントロールは世界の多くの人間が直面する最大の問題だが、それ自体が幸せなことでもある。自制心の発揮は常に問題ではあるが、誰かが主導権を発揮するのなら、他者ではなく自分自身のほうがいいに決まっているのだから。

謝　辞

大勢のすばらしい人々の助けで自制心を発揮できたからよかったものの、そうでなかったらこの本は完成しなかったかもしれない。幸い、わたしにとって感謝を伝えるのは仕事ではなく喜びだ。だから、ここでは先延ばしをしなくてもすむ。

バード・カレッジの友人たち、とくにギリシャ関係で多くの過ちを丹念に指摘してくれたジェイミー・ロムがいなかったら、この本はまったく違った（もっと内容の乏しい）本になっていただろう。ジム・ブラッドヴィグとジェフ・カッツは親切にも図書館利用の便宜を図ってくれたし、ベッツィ・カウリーは図書館でぶつかる問題を解決してくれた。またディミトリ・パパディミトリウのおかげで、レヴィ経済研究所の静かで知的な雰囲気のなかで原稿の見直しに集中することができた。

またバード以外の友人たちの支援もなければ、もっとつまらない本になっていたはずだ。タイラー・コーエン、エリック・フェルテン、ゲイリー・ゴールドリング、チャールズ・R・モリス、ローレン・ウェバー、そしてスーザン・ウィーラーはいろいろな段階で草稿を読み、ここぞというときに励まして、建設的な助言を与えてくれた。とくにスーザンから戻ってきた日焼け止めローションの香りのついた草稿はありがたかった。遠いどこかのすてきな人生を思わせる香りは、長く書斎に閉じこもりすぎた著者にはすばらしいアロマテラピーとなって、やる気をかきたててくれたのだ。

それに長年にわたってわたしにおしゃべりの場を（それに失敗に備えた安全網を）提供してくれた『ウィルソン・クオータリー』のスティーヴ・ラガーフェルドとスタッフがいなければ、この本は書けなかったと思う。この本のテーマの記事を最初に掲載したのは『ウィルソン・クオータリー』だったし、あの記事が意味のあるものになったのはスティーヴのおかげだ。この本の一部はじつに落ち着いた穏やかな雰囲気を湛えているスティーヴの雑誌に掲載された。そしてわたしのような執筆者にもかかわらず、同誌の評判には曇り一つない。

さらにワシントンDCにあるウッドロー・ウィルソン国際センター（WWIC）の職員のみなさんにもお礼を申し上げる。同センターで一学期を過ごし、政府がわたしたちをわたしたち自身から守る方法について考えることができた日々は楽しくも建設的だった。センターの同僚たち（学者、政治家、外交官、ジャーナリスト、それにきっと元スパイも一人、二人いたはずだ）以上に刺激的で参考になる人たちはいなかっただろう。とくにWWICで出会った哲学者のナンシー・シャーマンには心からお礼を言いたい。彼女は無知な著者を明るくアリストテレスの著作に導き、誤解を正してくれた。

この本を書いている最中に、三人の優れた編集者——エリック・アイクマン、ナオミ・ライリー、ニック・シュルツ——がエッセイや書評を書かせてくれた。おかげで思考を整理するとともに、収入も得ることができた。そのほか支援をしてくれた学者や作家として、ジョン・バーグ、ケヴィン・ビーヴァー、マーサ・フィネモア、デヴィッド・ジョージ、ジェレミー・グレイ、ジーン・ヘイマン、ディン・カーラン、ジョージ・ローウェンスタイン、マーク・ミュラヴェン、スーザン・ロゼル、ベッツィ・スティーヴンソン、ブルース・ソーントン、ジャスティン・ウォルファーズのみなさんの名を挙げておかなければならない。さらにジョージ・エインズリーは時間と洞察を惜しみなく分け与えてくれた。

いつかはすべての本が自費出版になるかもしれない。だがその暗黒の日が来るまでは、出版はチーム・スポーツだ。ペンギン・プレスのヴァネッサ・モブリー、ジェーン・フレミング、ヴァージニア・スミスなどオールスター・チームがわたしの味方についてくれたことはとても幸運だった。わたしを担当してくれた編集者のパティ・フェルナンデスは油性ペンを手にした魔術師である。それからエージェントのスローン・ハリスとＩＣＭのスタッフのみなさんにはとても感謝している。スローンほど未来志向の人はいない。だからこそ、彼は現在たくさんのすばらしいことを実現できる。

最後に、もちろんいつもと同様、ルイーズとデヴィッド、ニックに心から感謝している。

自己コントロールはなぜ難しいか――訳者あとがきにかえて

人間は誰でも楽なほうがいいと思う。これは、昔「あんたは安きにつく」と批判されたことがある（たしかに面倒くさがりであることは認める）訳者だけではないはずだ。文明の発達とともに、人々の暮らしは自由に豊かになった。過酷な肉体労働は機械が代わってくれる。いちいち火をおこしてお湯を沸かしたり、料理したりしなくても、ガスレンジや電気ポット、電子レンジその他があるし、調理済みの食品もあって、簡単に食卓が整う。劇場や映画館、コンサートホールまで出かけていかなくても、テレビやDVD、CD、インターネットを通じて、居ながらにして（もちろんまったく同じとはいかないが）芝居や映画や音楽を楽しむことができる。

現代の庶民は、昔なら王侯貴族にしかできなかったはずの暮らしができる。欲しいものを何でも買えるという人は少ないだろうが、それでもモノは安価で豊富になった。絹の衣をまとうわけにはいかなくても、絹と見紛うような化繊、合繊の衣服が安く手に入る。

それでは現代生活は天国かといえば、決してそうではないだろう。日々さまざまなストレスにさらされて苛立ち、心身をすり減らしている人も多い。また都会生活の孤独にさいなまれて、しがらみも制約も多かったが助け合うこともできた昔の大家族をなつかしんでも、いまさら昔には返れない。自由で便利で豊かになったはずの社会で、はたして人は昔より幸せになれたのだろうか。

誰でもそんな現代生活のさまざまな矛盾を、うすうすではあれ感じているのではないか。訳者もそうだった。それで本書の原稿を読ませていただいたとき、そうそう、そうなのよ、そのとおり！　と膝を打ったのである。安易さ、便利さ、手軽さを求めてきた現代人が置かれている状況を、この本はじつにみごとに捉えている。

著者は言う。要するにすべての問題の根源は自分自身、いや自分自身をコントロールできるかどうか、というところにある。つまり敵は誰でもない、自分自身じゃないのか、と。

いろいろな種類の食べ物が安く手軽に豊富に手に入る。これはとてもいいことのはずだ。ところが自分をコントロールできない人間はついつい食べ過ぎて、あるいは身体によくないものを食べて、肥満になったり、成人病になったりする。てくてく歩かなくても、電車があり、バスがあり、マイカーがあって、どこへでも好きなところに行ける。こんな便利なことはない。ところが人は運動不足になり、わざわざお金を払ってジムに出かけて汗を流さなければならない（あるいは、それもできずにどんどん体力が衰える）ことになる。

かつては離婚は恥だった。女性に生活力がなくて、別れたくても別れられない時代も長かった。いまでは、そうしたことはなくなった。二度も三度も結婚する（離婚する）人もいる。では、人はそのぶん幸せになったのか？　必ずしもそうとは言いきれないようだ。

以前は担保もない貧しい人間が融資を受けられる制度などなかった。事業のための投資ならともかく、何かを買いたいから、生活費が足りないからお金を借りるというのは、そう簡単ではなかったはずだ。しかし住宅ローンから始まって消費者ローンへと大衆向けのローンが拡大して、庶民の金策は楽になった。その結果はどうか。ローン破産、クレジット破産だ。

人は理性を働かせて自分をコントロールすれば陥らずにすんだはずの罠に落ちる。いったい、それはどうしてなのか。なぜ、自己コントロールはこれほど難しいのか。そもそも、人間に自己コントロールは可能なのか。著者はじつにさまざまな面から、この問題を解き明かしていく。その目配りは大変に広く、遠くギリシャ時代から始まって歴史をたどり、社会や政治を考え、哲学や心理学、文学、宗教の世界に踏み込み、さらには脳の生物学、神経科学ではどんなことが解明されているかを紹介する(当人が何らかの意志を意識する以前に脳はすでに動きだしているという、はたして自由意志はあるのかという疑問を投げかけたリベットの研究も登場する)。

少し例をあげてみようか。著者は言う。「資本主義システムの根本的な矛盾は、自己コントロールの効いた労働者を生み出す一方で、消費者の抑制をとっぱらうところにある」「支出を抑える気持ちをなくしたのに、所得は増えていない」

まことにそのとおりで、日本人にしても以前に比べればはるかに豊かになっているはずなのに、日々欲望を刺激され続けて、いつも欲求不満になっているのではないか。

また「わたしたちのほとんどは自分が望むほど自己コントロールできるわけではない。(中略)わたしたちはほんとうに微力だと感じる。無力ではないが、弱い。だがその知識こそがわたしたちの味方だ」とも書かれている。闘いに勝利するにはまず敵を知り、己を知らなければならないという。その敵が（自己コントロールが利かない、少なくとも難しい）自分自身だとすれば、何よりも自分を知る必要があることは明らかだろう。

さらに「民主主義の政府は過剰に約束して、徴税不足になり、小細工や楽観的過ぎる見通しに頼って予算のバランスを取ろうとする。（中略）コストは将来の自分たちに、それから将来の世代に先送りされたのだ」と指摘する。著者の言うのはアメリカのことだが、日本もまったくそのとおり！　ではないか。

このように著者の筆致は的確、辛らつだが、同時にユーモラスでもある。自分も物書きのつねとして仕事をついつい先延ばしにして遊んでしまうと告白したりする。この部分には訳者も何度も苦笑してしまった。物書きではなく横文字を縦にする職人でしかない訳者も、つねにパソコンの前にいるものだから、原書を眺めて考えているべきときについついインターネットに接続し、あちこちのサイトを放浪して、あっという間に過ぎていく時間に仰天している。最近ではツイッターのタイムラインなどという時間食い虫の仕組みまでできて、訳者の自己コントロールへの負荷もどんどん大きくなるばかりだ。

それでは難しい自己コントロールをなんとか改善するにはどうすればいいか。著者はこれについても、事前に自分を拘束する方法を考えるとか、環境を整える、まわりの人々を味方につけるなど、いろいろな手段を提示している。しかし人間の脳を自在に変えられるようになるまでは（そんな日がいつか来るかもしれない。あまり来てほしくない気もするが）、決定的な決め手はないだろう。やはり敵を（自分を）知って、いつも警戒を怠らず、極端に走らないように努力するという王道しかないようだ。とはいえ、まず自分を知ること、自己コントロールとは何であって、何が難しく、人はこれについてどんなふうに考えてきたか、そしてどんな道が開かれているかを知ることからすべては始まる。その意味で、この本は自由で豊かなるがゆえに自己コントロールの難度も上昇してしまった現代人にとって必読の書ではないだろうか。

著者のダニエル・アクストは大学卒業後、ジャーナリズムや公共政策を研究し、「ニューヨーク・タイムズ」や「ウォールストリート・ジャーナル」「ロサンゼルス・タイムズ」「ボストン・グローブ」などの新聞にもよく寄稿しているジャーナリスト・エッセイストで、賞の候補になった小説も書いているという。本書もこれらの新聞のほか、「ニューヨーカー」などの雑誌やテレビ番組で取り上げられた。「ウォールストリート・ジャーナル」の書評では「アリストテレスからアンナ・カレーニナ、B・F・スキナー、バフェット、さらにはドナルド・ダックまで繰り出す……肩の凝らない文明批評家」と書かれ、守備範囲が広く、ユーモラスで楽しい書き手である著者の姿がうかがえる。

本書で著者はじつに調査の行き届いた博識ぶりを披露している。邦訳では、そのなかで全体の流れにあまり支障のない範囲で一部を割愛したことを申し添えておく。また、編集者の宮崎志乃さんには内容の点検から索引の作成その他、大変お世話になった。この場を借りてお礼を申し上げたい。

二〇一一年七月

吉田　利子

with Honest and Dishonest Moral Decisions," Proceedings of the National Academy of Sciences 106, no. 30 (July 28, 2009).

William James, "The Laws of Habit," in *Talks to Teachers on Psychology; and to Students on Some of Life's Ideals* (Henry Holt and Company, 1925).

Roy F. Baumeister, *Losing Control: How and Why People Fail at Self-Regulation* (Academic Press, 1994).

Howard Rachlin, *The Science of Self-Control* (Harvard University Press, 2000).

Anita Huslin, "Are You Really Ready to Clean Up Your Act?" *Washington Post*, January 2, 2007.

Jason Zweig, "How to Handle a Market Gone Mad," *Wall Street Journal*, September 16, 2008.

John A. Bargh and Tanya L. Chartrand, "The Unbearable Automaticity of Being," *American Psychologist* 54, no. 7 (July 1999).

Helen North, *Sophrosyne: Self-Knowledge and Self-Restraint in Greek Literature* (Cornell University Press, 1966).

Mark R. Leary, *The Curse of the Self: Self-Awareness, Egotism, and the Quality of Human Life*, 1st ed. (Oxford University Press, 2004).

Charles Duhigg, "Warning: Habits May Be Good for You," *New York Times*, July 13, 2008.

'Normalize'," *Houston Chronicle*, May 10, 2005.
Ian Carter, "Positive and Negative Liberty," in Edward N. Zalta, ed., *Stanford Encyclopedia of Philosophy*, Winter 2007; http://plato.stanford.edu/archives/win2007/entries/liberty-positive-negative/.
Gertrude Himmelfarb, *The De-Moralization of Society: From Victorian Virtues to Modern Values* (Knopf, 1995).

18. 自分のゴッドファーザーになる

ドン・デリーロ『ホワイト・ノイズ』森川展男訳、集英社、1993年
Farah Stockman, "Q and A with Daryl Collins: Financial Secrets of the World's Poorest People," *Boston Globe*, May 17, 2009.
David I. Laibson et al., "Self-Control and Saving for Retirement," *Brookings Papers on Economic Activity* 1998, no. 1 (1998).
Stuart Rutherford, *The Poor and Their Money* (Oxford University Press, 2001).
Ivan Light, "Numbers Gambling Among Blacks: A Financial Institution," *American Sociological Review* 42, no. 6 (December 1977): 892–904.
Brigitte C. Madrian and Dennis F. Shea, "The Power of Suggestion: Inertia in 401 (k) Participation and Savings Behavior," *Quarterly Journal of Economics* 66, no. 4 (November 2001).

19. 現在を楽しめ

ホメロス『オデュッセイア』松平千秋訳、岩波書店 1994年
モンテーニュ『エセー』原二郎訳、岩波書店、1965年
モンテーニュ『随想録(エセー)』松浪信三郎訳、河出書房新社、2005年
ウィリアム・ジェームズ『心理学』今田寛訳、岩波書店、1992年
トーマス・マン『ブッデンブローク家の人々』(第6章前掲書)
ジョン・デューイ『人間性と行為——社会心理学入門』(新訳版)東宮隆訳、春秋社、1960年
Hara Estroff Marano, "Building a Better Self," *Psychology Today*, June 2007.
Joshua D. Greene and Joseph M. Paxton, "Patterns of Neural Activity Associated

(National Educational Service, 1997).
Don Marquis, *The Lives and Times of Archy and Mehitabel* (Doubleday, 1950).
Ran Kivetz and Itamar Simonson, "Self-Control for the Righteous: Toward a Theory of Precommitment to Indulgence," *Journal of Consumer Research: An Interdisciplinary Quarterly* 29, issue 2.
Roy F. Baumeister, *Escaping the Self: Alcoholism, Spirituality, Masochism, and Other Flights from the Burden of Selfhood* (Basic Books, 1991.
Frederick, Loewenstein, and O'Donoghue, "Time Discounting and Time Preference,".
Elster, *Ulysses Unbound.*
Stearns, *Battleground of Desire.*

17. 政府と自律

ジョン・スチュワート・ミル『自由論』塩尻公明・木村健康訳、岩波書店、1971年
『女性の解放』大内兵衛・大内節子、岩波書店、1957年
アダム・スミス『道徳感情論』水田洋訳、岩波書店、2003年
デイヴィッド・ヒューム『人間本性論』木曾好能訳、法政大学出版局、1995年
アレキス・ド・トクヴィル『アメリカの民主々義』杉木謙三訳、朋文社、1957年
John A. Bargh, Peter M. Gollwitzer, Annette Lee-Chai, Kimberly Barndollar, and Roman Trötschel, "The Automated Will: Nonconscious Activation and Pursuit of Behavioral Goals," *Journal of Personality and Social Psychology* 81, o. 6 (December 2001).
Debra Satz, *Why Some Things Should Not Be for Sale: The Moral Limits of Markets* (Oxford University Press, 2010).
Frederick, Loewenstein, and O'Donoghue, "Time Discounting and Time Preference."
"Britain Is 'Surveillance Society'," BBC News, November 2, 006; http://news.bbc.co.uk/1/hi/uk/6108496.stm.
Robert Crowe, "Drugs, Surgery May Temper Drive, but Sexual Interest Won't

Higher Education, March 27, 2009.
Robert Boice, "Contingency Management in Writing and the Appearance of Creative Ideas: Implications for the Treatment of Writing Blocks," *Behaviour Research and Therapy* 21, no. 5 (1983).
Schelling, *Strategies of Commitment and Other Essays.*

16. 自由気ままに

モンテーニュ『エセー』原二郎訳、岩波書店、1965年
モンテーニュ『随想録（エセー）』松浪信三郎訳、河出書房新社、2005年
オリヴァー・サックス『火星の人類学者』吉田利子訳、早川書房、2001年
ウィリアム・シェイクスピア『オセロー』小田島雄志訳、白水社、1983年
バーナード・ショー『人と超人 ピグマリオン――ベスト・オブ・ショー』倉橋健・喜志哲雄訳、白水社、1993年
ジェシカ・ベンジャミン『愛の拘束』寺沢みずほ訳、青土社、1996年
ジョン・クレランド『ファニー・ヒル』吉田健一訳、河出書房新社、1997年
J. M. ライニッシュ、R. ビーズリー『最新キンゼイ・リポート』小曽戸明子・宮原忍訳、小学館、1991年
ルソー『告白録』井上究一郎訳、河出書房新社、1963年（第3章前掲書）
アン・タイラー『アクシデンタル・ツーリスト』田口俊樹訳、早川書房、1989年
トマス・ハーディ『カスタードブリッジの市長』上田和夫訳、潮出版社、2002年
シオドア・ドライサー『シスター・キャリー』村山淳彦訳、岩波書店、1997年
フランク・ノリス『死の谷――マクティーグ』石田英二・井上宗次訳、岩波書店、1957年
ロバート・ルイス・スティーヴンスン『ジーキル博士とハイド氏』村上博基訳、光文社、2009年
ヘンリー・ジェイムズ『大使たち』青木次生訳、岩波書店、2007年
斎藤光編『シンクレア・ルイス』(20世紀英米文学案内第13巻)、研究社出版、1968年
カズオ・イシグロ『日の名残り』土屋政雄訳、中央公論社、1990年
Martin Henley, *Teaching Self-Control: A Curriculum for Responsible Behavior*

15. 明日があるから

アーヴィング・ゴッフマン『スティグマの社会学――烙印を押されたアイデンティティ』石黒毅訳、改訂版、せりか書房、2001年

トーマス・マン『ブッデンブローク家の人びと』(第6章前掲書)

"Brain's Reward Circuitry Revealed in Procrastinating Primates," National Institute of Mental Health, August 10, 2004, http://www.nimh.nih.gov/science-news/2004/brains-reward-circuitry-revealed-in-procrastinating-primates.shtml.

Dianne M. Tice, Ellen Bratslavsky, and Roy F. Baumeister, "Emotional Distress Regulation Takes Precedence over Impulse Control: If You Feel Bad, Do It!" *Journal of Personality and Social Psychology* 80, no. 1 (2001).

Rebecca Shannonhouse, ed., *Under the Influence: The Literature of Addiction* (Modern Library, 2003).

Tice, Bratslavsky, and Baumeister, "Emotional Distress Regulation Takes Precedence over Impulse Control,".

Markus K. Brunnermeier, Filippos Papakonstantinou, and Jonathan A. Parker, "An Economic Model of the Planning Fallacy," National Bureau of Economic Research Working Paper Series No. 14228 (August 2008).

John Sabini and Maury Silver, *Moralities of Everyday Life* (Oxford University Press, 1982).

June P. Tangney and Ronda L. Dearing, *Shame and Guilt* (Guilford Press, 2002).

Piers Steel, "The Nature of Procrastination: A Meta-Analytic and Theoretical Review of Quintessential Self-Regulatory Failure," *Psychological Bulletin* 133, no. 1 (January 2007).

Lisa Belkin, "Time Wasted? Perhaps It's Well Spent," *New York Times*, May 31, 2007.

Irving Wallace, "Self-Control Techniques of Famous Novelists," *Journal of Applied Behavior Analysis* 10, no. 3 (Fall 1977).

McCraw, *Prophet of Innovation*.

David Glenn, "Falling Behind? Try Shame, Fear, and Greed," *Chronicle of*

Christopher Schreck, Eric Stewart, and Bonnie Fisher, "Self-Control Victimization, and Their Influence on Risky Lifestyles: A Longitudinal Analysis Using Panel Data," *Journal of Quantitative Criminology* 22, no. 4 (December 2006).

Elster, *Ulysses Unbound*.

Cynthia Lee, *Murder and the Reasonable Man: Passion and Fear in the Criminal Courtroom* (New York University Press, 2003).

Rozelle, "Controlling Passion,".

Iggeres Haramban and Avrohom Chaim Feuer, *A Letter for the Ages: The Ramban's Ethical Letter with an Anthology of Contemporary Rabbinic Expositions* (Mesorah Publications, 1989).

Tavris, *Anger, The Misunderstood Emotion* (Touchstone, 1989).

John E. Carr and Eng Kong Tan, "In Search of the True Amok: Amok as Viewed Within the Malay Culture," *American Journal of Psychiatry* 133, no. 11 (November 1, 1976).

14. 依存、衝動、選択

J. C. バーナム『悪い習慣』森田幸夫訳、玉川大学出版部、1998年

"The Comeback Kid," *The Oprah Winfrey Show*, November 23, 2004. http://www.oprah.com/oprahshow/The-Comeback-Kid/slide_number/3.

Gary Greenberg, *The Noble Lie: When Scientists Give the Right Answers for the Wrong Reasons* (Wiley, 2008).

Gene M. Heyman, "Drug of Choice," *Boston College Magazine*, Fall 2009.

Jackson Lears, *Something for Nothing: Luck in America* (Viking, 2003).

Heyman, *Addiction*, 105–6.

W. Van Den Brink, "The Role of Impulsivity, Response Inhibition and Delay Discounting in Addictive Behaviors," *European Psychiatry* 22, no. 1 (March 2007): S29.

Mary Harrington Hall, "Best of the Century: Interview with B. F. Skinner," *Psychology Today*, September 1967; http://www.psychologytoday.com/print/22682.

Richard J. Herrnstein, "I. Q.," *Atlantic Monthly*, September 1971.

Shane Frederick, George Loewenstein, and Ted O'Donoghue in "Time Discounting and Time Preference," *Journal of Economic Literature* 40, no. 2 (June 2002). John Rae is quoted in this paper.

George Ainslie, *Picoeconomics: The Strategic Interaction of Successive Motivational States within the Person* (Cambridge University Press, 1992).

Stuart Vyse, *Going Broke: Why Americans Can't Hold On to Their Money* (Oxford University Press, 2007).

Jeffrey R. Stevens and David W. Stephens, "Patience," *Current Biology* 18, no. 1 (January 8, 2008).

John T. Warner and Saul Pleeter, "The Personal Discount Rate: Evidence from Military Downsizing Programs," *American Economic Review* 91, no. 1 (March 2001).

13. 激情による犯罪

マイケル・R. ゴットフレッドソン、トラビス・ハーシー『犯罪の基礎理論』松本忠久訳、文憲堂、1996 年

アリストテレス『ニコマコス倫理学』(第 7 章前掲書)

Susan D. Rozelle, "Controlling Passion: Adultery and the Provocation Defense," *Rutgers Law Journal* 37, no. 197 (2005).

Holt, "Freud's Impact on Modern Morality."

Travis C. Pratt and Francis T. Cullen, "The Empirical Status of Gottfredson and Hirschi's General Theory of Crime: A Meta-Analysis," *Criminology* 38, no. 3 (August 2000).

Velmer S. Burton et al., "Gender, Self-Control, and Crime," *Journal of Research in Crime and Delinquency* 35, no. 2 (May 1, 1998).

Robert Lee Hotz, "Get Out of Your Own Way," *Wall Street Journal*, June 27, 2008.

Espen Walderhaug et al., "Interactive Effects of Sex and 5-HTTLPR on Mood and Impulsivity During Tryptophan Depletion in Healthy People," *Biological Psychiatry* 62, no. 6 (September 15, 2007).

Emad Salib and Mario Cortina-Borja, "Effect of Month of Birth on the Risk of Suicide," *British Journal of Psychiatry* 188, no. 5 (May 1, 2006).

Tinca J. C. Polderman et al., "Genetic Analyses of Teacher Ratings of Problem Behavior in 5-Year-Old Twins," *Australian Academic Press*, February 20, 2006; http://www.atypon-link.com/AAP/doi/abs/10.1375/twin.9.1.122.

Kathleen D. Vohs and Jonathan W. Schooler, "The Value of Believing in Free Will: Encouraging a Belief in Determinism Increases Cheating," *Psychological Science* 19, no. 1 (January 2008).

Theo Anderson," One Hundred Years of Pragmatism," *Wilson Quarterly* (Summer 2007).

12. オデュッセウスと伝書バト

ウィリアム・T. オドノヒュー、カイル・E. ファーガソン『スキナーの心理学――応用行動分析学（ABA）の誕生』佐久間徹監訳、二瓶社、2005年

B. F. スキナー『科学と人間行動』河合伊六ほか訳、二瓶社、2003年

B. F. スキナー『自由への挑戦――行動工学入門』波多野進・加藤秀俊訳、番町書房、1972年

R. J. ヘアンスタイン『IQと競争社会』岩井勇児訳、黎明書房、1975年

P. サムエルソン『経済学』都留重人訳、岩波書店、1992年

ジョージ・エインズリー『誘惑される意志――人はなぜ自滅的行動をするのか』山形浩生訳、NTT出版、2006年

デイヴィッド・ヒューム『人間本性論』木曾好能訳、法政大学出版局、1995年

アウグスチヌス『告白』今泉三良・村治能就訳、河出書房新社、2005年

B. F. Skinner, "Pigeons in a Pelican," *American Psychologist* 15, no. 1 (January 1960).

2005).

Steven Schultz, "Study: Brain Battles Itself over Short-Term Rewards, Long-Term Goals," Princeton University, October 14, 2004; http://www.princeton.edu/pr/news/04/q4/1014-brain.htm.

Deirdre Barrett, *Supernormal Stimuli: How Primal Urges Overran Their Evolutionary Purpose* (W. W. Norton & Company, 2010).

Daniel R. Weinberger, Brita Elvevåg, and Jay N. Giedd, "The Adolescent Brain: A Work in Progress" (The National Campaign to Prevent Teen Pregnancy, June 2005); http://www.thenationalcampaign.org/resources/pdf/BRAIN.pdf.

Jane F. Banfield et al., "The Cognitive Neuroscience of Self-Regulation," in Roy F. Baumeister and Kathleen D. Vohs, eds., *Handbook of Self-Regulation: Research, Theory and Applications* (Guilford Press, 2004).

Scott Shane, *Born Entrepreneurs, Born Leaders: How Your Genes Affect Your Work Life* (Oxford University Press, 2010).

J. C. B. Gosling, *Weakness of the Will* (Routledge, 1990).

11. 自己コントロール、自由意志、その他の矛盾

ベンジャミン・フランクリン『フランクリン自伝』松本慎一・西川正身訳、岩波書店、1957年

スピノザ『エチカ——倫理学』畠中尚志訳、岩波書店、1951年

スピノザ『倫理学（エティカ）』高桑純夫訳、河出書房新社、1972年

モンテーニュ『エセー』原二郎訳、岩波書店、1965年

モンテーニュ『随想録（エセー）』松浪信三郎訳、河出書房新社、2005年

Chen-Bo Zhong and Katie Liljenquist, "Washing Away Your Sins: Threatened Morality and Physical Cleansing," *Science 313*, no. 5792 (September 8, 2006).

Foreman, "Environmental Cues Affect How Much You Eat," *Boston Globe*, August 18, 2008.

Wegner, *White Bears and Other Unwanted Thoughts*.（第1章前掲書）

A. W. Price, *Mental Conflict* (Routledge, 1995).
Jon Gertner, “The Futile Pursuit of Happiness,” *New York Times Magazine*, September 7, 2003.
Richard H. Thaler and H. M. Shefrin, “An Economic Theory of Self-Control,” *Journal of Political Economy* 89, no. 2 (April 1981).
Russell Meares, “The Contribution of Hughlings Jackson to an Understanding of Dissociation,” *American Journal of Psychiatry* 156, no. 12 (December 1, 1999).
George Ainslie, “Précis of Breakdown of Will,” *Behavioral and Brain Sciences* 28, no. 5 (2005).

10. 心と身体という問題

Steve Clark, “ ‘Get Out As Early As You Can’ : Larkin’s Sexual Politics,” In *Philip Larkin*, ed. Stephen Regan (Palgrave Macmillan, 1997).
Jeffrey M. Burns and Russell H. Swerdlow, “Right Orbitofrontal Tumor with Pedophilia Symptom and Constructional Apraxia Sign,” *Archives of Neurology* 60, no. 3 (March 1, 2003).
Charles Choi, “Brain Tumour Causes Uncontrollable Paedophilia,” *New Scientist*, October 21, 2002.
Nicholas Thompson, “My Brain Made Me Do It,” *Legal Affairs*, February 2006.
George Loewenstein, Scott Rick, and Jonathan D. Cohen. “Neuroeconomics,” *Annual Review of Psychology* 59 (2008).
Leda Cosmides and John Tooby. “Evolutionary Psychology: A Primer,” Center for Evolutionary Psychology, University of California at Santa Barbara, n.d.; http://www.psych.ucsb.edu/research/cep/primer.html.
Mark R. Leary, *The Curse of the Self: Self-Awareness, Egotism, and the Quality of Human Life* (Oxford University Press, 2004).
John Paul Wright and Kevin M. Beaver, “Do Parents Matter in Creating Self-Control in Their Children? A Genetically Informed Test of Gottfredson and Hirschi’s Theory of Low Self-Control,” *Criminology* 43, no. 4 (November

Psychology 26, no. 6 (November 1990).
Angela L. Duckworth and Martin E. P. Seligman, "Self-Discipline Outdoes IQ in Predicting Academic Performance of Adolescents," *Psychological Science* 16, no. 12 (December 2005).
Angela Lee Duckworth and Martin E. P. Seligman, "Self-Discipline Gives Girls the Edge: Gender in Self-Discipline, Grades, and Achievement Test Scores," *Journal of Educational Psychology* 98, no. 1 (February 2006).
Raymond N. Wolfe and Scott D. Johnson, "Personality as a Predictor of College Performance," *Educational and Psychological Measurement* 55, no. 2 (April 1, 1995).
Catrin Finkenauer, Rutger Engels, and Roy Baumeister, "Parenting Behaviour and Adolescent Behavioural and Emotional Problems: The Role of Self-Control," *International Journal of Behavioral Development* 29, no. 1 (January 2005).
Alex Spiegel, "Creative Play Makes for Kids in Control," National Public Radio, February 28, 2008.

9．熾烈な内輪もめ

B. F. スキナー『科学と人間行動』河合伊六ほか訳、二瓶社、2003年
アダム・スミス『道徳感情論』水田洋訳、岩波書店、2003年
プラトン『プラトン全集　11　クレイトポン　国家』（第7章前掲書）
クリトン／プラトン『国家――ソクラテスの弁明』（第7章前掲書）
ミシェル・フーコー『性の歴史　II　快楽の活用』田村俶訳、新潮社、1986年
ジョン・バース『旅路の果て』志村正雄訳、白水社、1984年
ウィリアム・ジェームズ『心理学』今田寛訳、岩波書店、1992年
プラトン『プラトン全集　5　饗宴　パイドロス』鈴木照雄訳、岩波書店、2005年
ロレンス・ダレル『ジュスティーヌ』高松雄一訳、改訂版、河出書房新社、1976年
デレク・パーフィット『理由と人格――非人格性の倫理へ』森村進訳、勁草書房、1998年

Quotations from the Literature of the World (John C. Winston, 1908).

Juliano Laran, "Choosing Your Future: Temporal Distance and the Balance between Self-Control and Indulgence," *Journal of Consumer Research*, April 2010.

Jennifer L. Geddes, "Blueberries, Accordions, and Auschwitz: The Evil of Thoughtlessness," *Culture*, Fall 2008.

8．マシュマロ・テスト

Walter Mischel, *A History of Psychology in Autobiography*, eds. G. Lindzey and W. M. Runyan (American Psychological Association, 2007).

W. Curtis Banks et al., "Delayed Gratification in Blacks: A Critical Review," *Journal of Black Psychology* 9, no. 2 (February 1, 1983).

Bonnie R. Strickland, "Delay of Gratification as a Function of Race of the Experimenter," *Journal of Personality and Social Psychology* 22, no. 1 (1972).

"Mischel's Marshmallows," Radiolab, WNYC, March 9, 2009.

Walter Mischel and Carol Gilligan, "Delay of Gratification, Motivation for the Prohibited Gratification, and Responses to Temptation," *Journal of Abnormal and Social Psychology* 69, no. 4 (October 1964).

Walter Mischel, Yuichi Shoda, and Monica Rodriguez, "Delay of Gratification in Children," *Science* 244, no. 4907 (May 1989).

Walter Mischel and Ozlem Ayduk, "Willpower in a Cognitive-Affective Processing System: The Dynamics of Delay of Gratification," in Roy F. Baumeister and Kathleen D. Vohs, eds., *Handbook of Self-Regulation: Research, Theory, and Applications* (Guilford Press, 2004).

Carey Goldberg, "Marshmallow Temptations, Brain Scans Could Yield Vital Lessons in Self-Control," *Boston Globe*, October 22, 2008.

Yuichi Shoda, Walter Mischel, and Philip K. Peake, "Predicting Adolescent Cognitive and Self-Regulatory Competencies from Preschool Delay of Gratification: Identifying Diagnostic Conditions," *Developmental*

Future of Children 15, no. 2 (fall 2005).
Jon Elster, *Ulysses Unbound: Studies in Rationality, Precommitment, and Constraints* (Cambridge University Press, 2000).
Mary Pilon, "Should I Get a Prenup?" The Juggle, WSJ.com, July 6, 2010; http://blogs.wsj.com/juggle/2010/07/06/to-prenup-or-not-to-prenup.
Darrin M. McMahon, "The Pursuit of Happiness in Perspective," Cato.org, April 8, 2007; http://www.cato-unbound.org/2007/04/08/darrin-m-mcmahon/the-pursuit-of-happiness-in-perspective.
Sarah Bronson, "No Sex in the City," *Jewish Week*, August 3, 2001.

7. 古代ギリシャの人々はどう考えていたか

プラトン『プラトン全集　11　クレイトポン　国家』田中美知太郎・藤沢令夫訳、岩波書店、2005年
クリトン／プラトン『国家——ソクラテスの弁明』山本光雄・田中美知太郎訳、河出書房新社、2004年
ジョン・デューイ『人間性と行為』（第1章前掲書）
ウィル・デューラント『西洋哲学物語』村松正俊訳、講談社学術文庫、1986年
アリストテレス『ニコマコス倫理学』高田三郎訳、岩波書店、2005年
John J. Winkler, *The Constraints of Desire: The Anthropology of Sex and Gender in Ancient Greece* (Routledge, 1990).
George William Cox, *Tales from Greek Mythology* (Longman, Green, Longman, Roberts & Green, 1863).
Helen North, *Sophrosyne: Self-Knowledge and Self-Restraint in Greek Literature* (Cornell University Press, 1966).
James N. Davidson, *Courtesans and Fishcakes: The Consuming Passions of Classical Athens* (St. Martin's Press, 1998).
Eva Cantarella, *Bisexuality in the Ancient World,* trans. Cormac O Cuilleanain (Yale University Press, 2002).
E. J. Lemmon, "Moral Dilemmas," *Philosophical Review* 71, no. 2 (April 1962).
William S. Walsh, *International Encyclopedia of Prose and Poetical*

American Culture (Pantheon Books, 1993).
Charles R. Morris, *The Tycoons: How Andrew Carnegie, John D. Rockefeller, Jay Gould, and J. P. Morgan Invented the American Supereconomy* (Times Books, 2005).
Daniel M. Fox, *The Discovery of Abundance: Simon N.Patten and the Transformation of Social Theory* (Cornell University Press, 1967).
Brink Lindsey, *The Age of Abundance.* (第4章前掲書)
John Patrick Diggins, *Ronald Reagan: Fate, Freedom, and the Making of History* (W. W. Norton & Company, 2007).
New York Times, July 20, 2008, A15; Christian E. Weller. "Drowning in Debt : America's Middle Class Falls Deeper in Debt as Income Growth Slows and Costs Climb," *Center for American Progress*, May 2006.
Edmund L. Andrews, "My Personal Credit Crisis," *The New York Times Magazine*, May 17, 2009.
Barbara Dafoe Whitehead, "A Nation in Debt," *American Interest*, August 2008.

6. 自己コントロールと社会の変化

L. フランク・ボウム『オズの魔法使い』江國香織訳、BL出版、2008年
ジョン・カシオポ、ウィリアム・パトリック『孤独の科学——人はなぜ寂しくなるのか』柴田裕之訳、河出書房新社、2010年
トーマス・マン『ブッデンブローク家の人々』川村二郎訳、河出書房新社、1989年
Tony Judt, blog entry, http://www.nybooks.com/blogs/nyrblog/2010/mar/11/girls-girls-girls.
Brink Lindsey, *The Age of Abundance.*
Jonathan Haidt, *The Happiness Hypothesis: Finding Modern Truth in Ancient Wisdom* (Basic Books, 2005).
Eli Zaretsky, *Secrets of the Soul: A Social and Cultural History of Psychoanalysis* (Knopf, 2004).
Andrew J. Cherlin, "American Marriage in the Early Twenty-First Century," *The*

Whitney Matheson, "A true tale of tattoo envy," *USA Today*, July 30, 2003.

Natasha Singer, "Erasing Tattoos, Out of Regret or for a New Canvas," *New York Times*, June 17, 2007.

4．便利な発明のコスト

トーマス・K. マクロウ『シュンペーター伝――革新による経済発展の預言者の生涯』田村勝省・八木純一郎訳、一灯舎、2010年

Robert Kubey and Mihaly Csikszentmihalyi, "Television Addiction Is No Mere Metaphor," *Scientific American*, February 2002.

Neil Tickner, "Unhappy People Watch TV; Happy People Read/Socialize," press release, University of Maryland, November 14, 2008.

Brink Lindsey, *The Age of Abundance: How Prosperity Transformed America's Politics and Culture*（Collins, 2007）.

"Americans Waste More Than 2 Hours a Day at Work," salary.com, July 11, 2005; http://www.salary.com/sitesearch/layoutscripts/sisl_display.asp?fi lename-&path-destinationsearch/par485_body.html.

5．繁栄の代価

マルクス／エンゲルス『共産党宣言』村田陽一訳、大月書店、2009年

D. M. ポッター『アメリカの富と国民性』渡辺徳郎訳、国際文化研究所、1957年

W. H. ホワイト『組織のなかの人間――オーガニゼーション・マン』岡部慶三・藤永保訳、東京創元社、1971年

Stephen Innes, *Creating the Commonwealth: The Economic Culture of Puritan New England*（W. W. Norton & Company, 1995）.

Douglas Belkin, "A Bank Run Teaches the 'Plain People' about the Risks of Modernity." *Wall Street Journal*, July 1, 2009; http://online.wsj.com/article/SB124640811360577075.html#printMode.

Mark Landler, "Outside U.S., Credit Cards Tighten Grip," *New York Times*, August 10, 2008.

William Leach, *Land of Desire: Merchants, Power, and the Rise of a New*

(Hyperion Books, 1996).

3. 自分を叱咤して

ルソー『告白録』井上究一郎訳、河出書房新社、1963年
コウルリヂ『老水夫行』斎藤勇訳、研究社出版、増訂新版版、1966年
アンドリュー・ソロモン『真昼の悪魔――うつの解剖学』(第2章前掲書)
タイラー・コーエン『インセンティブ――自分と世界をうまく動かす』高遠裕子訳、日経BP社、2009年
アーノルド・ローベル『ふたりはいっしょ』三木卓訳、文化出版局、1972年
レイ・モンク『ウィトゲンシュタイン〈1〉――天才の責務』岡田雅勝訳、みすず書房、1994年
キャスリン・アシェンバーグ『図説不潔の歴史』鎌田彷月訳、原書房、2008年
ジョージ・エリオット『ミドルマーチ』工藤好美・淀川郁子訳、講談社、1998年
ドストエフスキー『賭博者』原卓也訳、新潮社、1969年
イサベル・アジェンデ『天使の運命』木村裕美訳、PHP研究所、2004年
"Krusty Love," *SpongeBob SquarePants*, September 6, 2002, www.imdb.com/title/tt206512/episodes.
Mandy Stadtmiller, "Nixed Drink," *New York Post*, December 16, 2008.
Janet Landman, *Regret: The Persistence of the Possible* (Oxford University Press, 1993).
Michael Shnayerson, "Something Happened at Anne's!" *Vanity Fair*, August 2007.
Thomas C. Schelling, *Strategies of Commitment and Other Essays* (Harvard University Press, 2006).
Adam Gopnik, "Man of Fetters: Dr. Johnson and Mrs. Thrale," *New Yorker*, December 8, 2008.
Rebecca West, *The Fountain Overflows* (New York Review of Books Classics, 2002).
Richard Conniff, "Cultured Traveler: Seeking the Comte de Buffon — Forgotten, Yes. But Happy Birthday Anyway," *New York Times*, December 30, 2007.

"Smoking 101 Fact Sheet," American Lung Association; http://www.healthymissouri.net/cdrom/lesson3b/smoking%20Fact%20Sheet.pdf.
Julia Hansen, *A Life in Smoke: A Memoir* (Free Press, 2006).
Juliet Eilperin, "Climate Shift Tied to 150,000 Fatalities," *Washington Post*, November 17, 2005; "WHO | Tobacco Key Facts," n.d.; http://www.who.int/topics/tobacco/facts/en/index.html.
Jane Allshouse, "Indicators: In the Long Run — April 2004," *Amber Waves: The Economics of Food, Farming, Natural Resources, and Rural America*, April 2004, U.S. Department of Agriculture, http://www.ers.usda.gov/AmberWaves/April04/Indicators/inthelongrun.htm.
Deirdre Barrett, *Supernormal Stimuli: How Primal Urges Overran Their Evolutionary Purpose* (W. W. Norton & Company, 2010).
Linda A. Johnson, "Study: Over Half of Americans on Chronic Medicines," Associated Press, May 14, 2008, as published on signonsandiego.com.
Earl S. Ford, Wayne H. Giles, and Ali H. Mokdad, "Increasing Prevalence of the Metabolic Syndrome Among U.S. Adults," *Diabetes Care* 27, no. 10 (October 2004).
"Number of Persons with Diagnosed Diabetes, United States, 1980–2007," Centers for Disease Control and Prevention, n.d.; Margie Mason, "China's Diabetes Epidemic," *Time*, March 25, 2010.
"Guns and Death," Harvard Injury Control Research Center; http://www.hsph.harvard.edu/research/hicrc/fi rearms-research/guns-and-death/index.html.
Scott Anderson, "The Urge to End It All," *New York Times*, July 6, 2008.
Aurelie Raust et al., "Prefrontal Cortex Dysfunction in Patients with Suicidal Behavior," *Psychological Medicine* 37, no. 3 (March 2007).
Dani Brunner and Rene Hen, "Insights into the Neurobiology of Impulsive Behavior from Serotonin Receptor Knockout Mice," *Annals of the New York Academy of Sciences* 836, no. 1 (December 1997).
Richard M. Restak, *Brainscapes: An Introduction to What Neuroscience Has Learned About the Structure, Function, and Abilities of the Brain*

Mark Pittman, "Evil Wall Street Exports Boomed with 'Fools' Born to Buy Debt," Bloomberg.com, October 27, 2008.
Harry G. Frankfurt, *The Importance of What We Care About: Philosophical Essays* (Cambridge University Press, 1988).
Daniel M. Wegner, *White Bears and Other Unwanted Thoughts: Suppression, Obsession, and the Psychology of Mental Control* (Viking, 1989).
Anthony Trollope, *The Way We Live Now* (Wordsworth, 2004).

2. 病的な過剰

ポール・サミュエルソン『経済分析の基礎』(増補版) 佐藤隆三訳、勁草書房、1986年
バーナード・マンデヴィル『蜂の寓話――私悪すなわち公益』泉谷治訳、法政大学出版局、1985年
B・F・スキナー『科学と人間行動』河合伊六ほか訳、二瓶社、2003年
アンドリュー・ソロモン『真昼の悪魔――うつの解剖学』(上・下) 堤理華訳、原書房、2003年
Jonathan M. Samet, J. Michael McGinnis, and Michael A. Stoto, *Estimating the Contributions of Lifestyle-Related Factors to Preventable Death: A Workshop Summary* (National Academies Press, 2005).
Gene M. Heyman, *Addiction: A Disorder of Choice* (Harvard University Press, 2009).
Alan D. Lopez et al., "Global and Regional Burden of Disease and Risk Factors, 2001: Systematic Analysis of Population Health Data," *Lancet* 367, no. 9524 (May 27, 2006).
"Largely Preventable Chronic Diseases Cause 86% of Deaths in Europe," September 16, 2006, http://www.medicalnewstoday.com/articles/52025.php.
David George, *Preference Pollution: How Markets Create the Desires We Dislike* (*Economics, Cognition, and Society*) (Ann Arbor: University of Michigan Press, 2001).

参　考　文　献

※各章ごとに邦訳と原文とにわけ、それぞれ本文の記述順に並べた。

はじめに

Tyler Cowen, "Self-Constraint Versus Self-Liberation," *Ethics 101*, no. 2 (January 1991): 360–73.

1．過剰の民主主義

バルガス＝リョサ『果てしなき饗宴――フロベールと「ボヴァリー夫人」』工藤庸子訳、筑摩書房、1988 年

ウィリアム・J・ベネット編『魔法の糸――こころが豊かになる世界の寓話・説話・逸話 100 選』大地舜訳、実務教育出版、1997 年

ジョン・デューイ『人間性と行為――社会心理学入門』東宮隆訳、春秋社、1960 年（新訳版）

ハリー・G・フランクファート『ウンコな議論』山形浩生訳解説、筑摩書房、2006 年

ジョン・スチュワート・ミル『自由論』塩尻公明・木村健康訳、岩波書店、1971 年、『女性の解放』大内兵衛・大内節子訳、岩波書店、1957 年

プラトン『プラトン全集　8　エウテュデモス、プロタゴラス』山本光雄・藤沢令夫訳、岩波書店、2005 年

David Marquand, "Accidental Hero," *New Statesman*, December 6 2007 ; http://www.newstatesman.com/books/2007/12/mill-british-john-intellectual.

Gary Alan Fine, "Everybody's Business," *The Wilson Quarterly*, Winter 2008, 92.

Daniel Akst, "Losing Control," *The Wall Street Journal*, May 15, 2009.

Robert S. Wilson et al., "Conscientiousness and the Incidence of Alzheimer's Disease and Mild Cognitive Impairment," *Archives of General Psychiatry* 64, no. 10 (October 1, 2007), 1204–12.

事項索引

※「自己コントロール」はほぼ毎ページ出現するので索引より省く。

タ

ナ

ハ

人 名 索 引

著者紹介

ダニエル・アクスト（Daniel Akst）

ジャーナリスト・エッセイスト。ペンシルベニア大学卒業後、ニューヨーク大学にて経済学や金融を学ぶ。「ニューヨーク・タイムズ」「ウォールストリート・ジャーナル」などに寄稿している。主な著書に金融詐欺について描いた*Wonder Boy*、小説*St. Burl's Obituary*, *The Webster Chronicle*などがある。世間の誘惑から逃れるために、妻と息子たちとともにニューヨーク郊外のハドソンバレーに在住。

訳者紹介

吉田利子（よしだ・としこ）

翻訳家。東京教育大学文学部卒業。訳書にジェリー・ヒックス『引き寄せの法則』シリーズ（ソフトバンク クリエイティブ）、ニール・ドナルド・ウォルシュ『神との対話』シリーズ（サンマーク出版）、ビル・エモット『日はまた昇る』（草思社）、オリヴァー・サックス『火星の人類学者』（早川書房）、ジャック・トラウト『独自性の発見』（海と月社）など。

なぜ意志の力はあてにならないのか
自己コントロールの文化史

二〇一一年八月一六日初版第一刷発行

著者 ダニエル・アクスト
訳者 吉田利子
発行者 軸屋真司
発行所 NTT出版株式会社
〒一四一-八六五四
東京都品川区上大崎三-一-一
JR東急目黒ビル
営業本部 電話 〇三-五四三四-一〇一〇
ファクス 〇三-五四三四-一〇〇八
出版本部 電話 〇三-五四三四-一〇〇一
http://www.nttpub.co.jp/

印刷・製本 シナノ印刷株式会社

ISBN 978-4-7571-4264-0 C0011

自由は進化する

ダニエル・C・デネット 著　山形浩生 訳

私たちは自由意志というものがあると信じているが、本当はどうなのか？　哲学上の難問を唯物論・進化論的に説明し、人間を魂の呪縛から解放する、とんでもない本。山形浩生の訳者解説も必読。

四六判　定価 2,940 円（本体 2,800 円＋税）

ISBN 4-7571-6012-7（978-4-7571-6012-5）

誘惑される意志

人はなぜ自滅的行動をするのか

ジョージ・エインズリー 著　山形浩生 訳

人はなぜ迷い、後悔するのか？　お酒、タバコ、ギャンブル、甘いもの……目先の欲望に支配されてしまう人間の本質を「双曲割引」によって解明し、意志の根源にせまる驚愕の一冊。勝間和代氏絶賛。

四六判　定価 2,940 円（本体 2,800 円＋税）

ISBN 4-7571-6011-9（978-4-7571-6011-8）

「意識」を語る

スーザン・ブラックモア 著　山形浩生／守岡桜 訳

人間とは何か。クオリア、自由意志は本当にあるのか。チャーマーズ、クリック、デネット、ペンローズ、ラマチャンドラン、ヴァレラ、……超大物たちにブラックモアが挑む画期的な対談集。めったに聞けない大家たちの本音も満載！

四六判　定価　2,310 円（本体 2,200 円＋税）

ISBN978-4-7571-6017-0

〈反〉知的独占

特許と著作権の経済学

ミケーレ・ボルドリン／デヴィッド・K・レヴァイン 著

山形浩生／守岡桜 訳

知的財産権は、人類進化を阻害する！「すぐれた経済理論家の冷徹な分析による驚きの結論。通説に振り回されずに筋道だって考えたい人、必読。」

——猪木武徳氏推薦

A5 判　定価 2,940 円（本体 2,800 円＋税）

ISBN 978-4-7571-2234-5

定価は 2011 年 8 月現在